박정희 할머니의
행복한 육아일기

박정희 할머니의 행복한 육아일기

저자/ 박정희

1판 1쇄 발행/ 2011년 6월 13일
1판 8쇄 발행/ 2012년 4월 1일

펴낸곳/ 걷는책
펴낸이/ 전상열
만든이/ 최재균
책임편집/ 김현주, 조경국
디자인/ 최혜진, 박상희
마케팅/ 김승환, 이재복

주소/ 서울시 종로구 필운동 289 J&J빌딩 4층 (110-044)
전화/ 02 736-1214   팩스/ 02 736-1217

저작권자 ⓒ 2011, 박정희
여기에 실린 모든 글과 사진은 저작권법에 따라 보호를 받는 저작물이므로 전재와 복제를 금합니다.
이 책 내용의 전부 또는 일부를 이용하려면 반드시 저작권자와 걷는책의 동의를 받아야 합니다.

값은 뒷표지에 있습니다.
ISBN/ 978-89-93818-24-6 03590

걷는책은 포토넷PHOTONET, 포노PHONO와 함께 티앤에프 출판 사업부의 일반, 교양 단행본 브랜드입니다.
독자가 행복해지는 책을 향해 한 걸음 한 걸음 걸어가겠습니다.

홈페이지/ www.mphotonet.com
이메일/ book@mphotonet.com

잘못 만든 책은 구입하신 곳에서 교환해 드립니다.

박정희 할머니의
행복한 육아일기

박정희

걷는책

차례

6 / 발간에 부쳐
12 / 머리말

1부 다섯 남매의 육아일기

18 / 첫째 딸 명애의 육아일기 1945-1951
54 / 둘째 딸 현애의 육아일기 1947-1953
78 / 셋째 딸 인애의 육아일기 1950-1955
104 / 넷째 딸 순애의 육아일기 1952-1958
140 / 막내 아들 제룡의 육아일기 1955-1960

2부 나의 가족 이야기

- 178 나의 약혼
- 192 부모님의 딱한 사정
- 196 평양으로 시집 간 새댁
- 206 삼팔선을 넘은 이야기
- 234 밥상을 걷어찬 이야기
- 238 집을 지은 이야기
- 245 병원을 접고 나서
- 248 우리의 부부생활
- 252 결혼을 앞둔 수첩
- 255 딸, 딸, 딸 딸, 그리고 며느리
- 260 육아일기를 쓰는 모임

- 264 추천의 말

| 발간에 부쳐 |

나만의 사진첩에서
열린 공간으로

누구나 가끔씩 들여다보곤 하는 '마음의 사진첩'이 있을 것이다. 곧 50대를 마감할 나이가 된 나에게도 마음의 사진첩이 있다. 오늘 나는 그것을 펼쳐 본다. 그 속에 담긴 나의 10대로 돌아가면 거기에는 언제나 평안의원이 있다. 진료는 2000년에 아쉽게도 그만 두었지만, 평안의원 건물은 그때에도 지금도 변함없이 인천시 화평동에 위치해 있다. 그곳에서 멀지 않은 빈민가인 화수동에 살던 내게 평안의원 집 식구들의 가정 생활은 내가 이루고 싶은 가정의 이상적 모델로서 선망되었다. 그것은 기도와 음악, 그림 및 유희가 어우러진, 그 당시로서는 흔하지 않은, 서양 동화에서나 봄직한 가정이었다. 그 같은 가정을 연출한 이는 박정희 할머니이고 그 주역은 네 명의 딸들과 한 명의 아들이었다.

내가 그 댁에 드나들기 시작한 것은 중학교 3학년부터가 아닌가 싶다. 남자 형제가 없던 그 가정의 아들과 형·동생처럼, 혹은 친구처럼 같이 지냈으면 하는 마음에 같은 교회를 다니던 나를 부른 것이지 짐작된다. 그렇게 가까이 드나들던 가운데 10대에서 가장 힘든 고3 시절에는 아예 그 댁 4층 방 한 칸에서 지냈다. 거기서 다섯 오누이의 격려와 기대를 받으며 대학입시 준비의 힘겨움을 이겨 낼 수 있었다. 나의 10대의 감수성은 평안의원 집에서 어느 정도 형성되었다고까지 말할 수 있다.

지금도 기억이 선연한 몇 장의 장면이 있다. 고등학교 학생 시절 나는 예민한 데다가 성격이 급해 여러 사람들 앞에서 말을 할 경우 좀 더듬는 경향이 있었던 모양이다. 어느 날, 그 같은 단점을 알아채신 박정희 할머니는 사회에서 큰일 할 사람이 그래서는 안 된다고 지적하시면서 만날 때마다 얘기할 테니 고치라고 하셨다. 나는 그 지적을 받고 의식적으로 노력하여 말을 더듬지 않게 되었다. 이 책에 자주 나오는 성탄절 파티도 잊을 수 없는 기억 중 하나다. 성탄절이 오기 며칠 전 평안의원 식구들과 간호원 그리고 그 댁을 드나드는 가까운 사람들은 미리 제비를 뽑아 성탄절 파티 때 선물을 줄 상대를 정했다. 성탄절 당일에 우리 모두는 안방에 둥그렇게 둘러앉아 오락을 하고 맨 마지막에 준비해 온 선물을 교환했다. 참으로 정겨운 추억거리이다. 또한, 식탁문화도 내 마음의 사진첩에 고이 간직되어 있다. 평안의원 집에서는 식사 때 누가 불쑥 들러도 아무런 문제가 되지 않았다. 있는 밥을 나눠 먹었고 밥이 부족하면 빵이나 고구마 등을 격의 없이 서로 나누었다. 벽에는 며칠 치 세끼 식사 메뉴가 빼곡히 적혀 있었는데 그것도 신기했다. 어렸던 나는 언젠가 가정을 이루면 그 같은 합리적이고 활기 넘치는 생활방식을 꾸려 보리라 마음먹기도 했다.

그 시절의 우리네 일반적인 생활양식에 비춰 보면 그런 분위기는 낯설 정도로 이색적이었다. 지금 생각해 보면 이는 박정희 할머니가 일제시대 경성여자사범을 졸업한 학력과 관련된다. 말하자면 일본제국이란 필터를 통해 여과된 채 도입된 서양 근대문화, 곧 '양식'으로 불리는 생활문화가 평안의원의 가정문화에 깊이 영향을 미쳤다. 그런데 그것만이라면 우리 사회 엘리트층의 문화가 그랬듯이 종종 일반 서민들로부터 거리감을 불러일으키기 쉬웠을 터이나, 그 댁에서는 양식문화가 기독교문화란 누룩의 작용으로 발효되어 박정희표 문화를 빚어냈던 것이다. 나는 이 점을 이 육아일기에 배어 있는 첫 번째 특징으로 본다.

또 다른 특징은, 박정희 할머니가 체현하고 있는 기록의 소중함이다. 이 책에는 그림 육아일기 형태(1부)로 또 저자가 회고한 가족에 관한 에세이 형태(2부)로 우리 시대의 '작은 역사'가 문자나 그림 사진에 의해 알뜰하게 기록되어 있다. 기록문화에 무덤덤한 우리 풍토에서 값진 자료라 하겠다.

역사를 가르치고 연구하는 것을 직업으로 삼고 있는 나는 '역사하다'를 몸에 익혀야 한다고 기회 있을 때마다 강조한다. '철학하다'란 어휘는 간혹 쓰이지만, '역사하다'란 어휘는 쓰인 적이 없는 신조어이다. 그것은 현재라는 때를 시간의 흐름 속에서 느끼고 의식하는 태도를 뜻하는데, 개인이 각자의 일상을 치밀하게 기록하는 데서 매우 잘 구현된다.

저자는 이 책에서 자식들에게 육아일기를 쓰는 목적을 "너희 일생을 통해 큰 힘"이 되리라고 믿기 때문이라고 말했다. 나중에 자식들이 일기를 보면 "자기의 존재가 퍽 고맙고 귀하다고 생각하고 기쁘겠기에" 쓴 것이다. 한 마디로 자기에 대한 사랑과 믿음의 원천을 제공하려는 것이다. 이것이 바로 우리가 '역사하다'를 일상생활에서 체현해야 하는, 달리 말하면 역사를 배우고 익혀야 하는 핵심적 이유이다. 역사를 통해 현재 우리의 정체성(identity)을 확인하고 바람직한 미래의 우리를 세울 수 있는 근원적인 힘을 얻기 위함이다.

저자가 기록한 일상생활 속의 '작은 역사'를 통해서 우리 현대사의 커다란 흐름에서 소홀히 취급되었던 삶의 진실을 캐내는 묘미도 이 책이 지닌 장점이다. 일제 통치 시기와 해방 직후 서울과 평양의 소소한 일상사, 6·25전쟁 시기 피난의 신산한 삶과 그 속에서 일궈 낸 일상의 기쁨, 전후 경제발전이 중산층의 생활상에 준 변화 등 시대상의 디테일이 생생하게 묘사된다. 그러나 내게는 그 무엇보다도 여성사의 줄기가 단연 돋보인다.

식민지 시기 경성여자사범을 우등으로 졸업했을 뿐만 아니라, 활동적이고 헌신적으로 여교사 생활을 한 엘리트 여성, 멀리 떨어져 평양에 사는 결혼 상대자에게 결혼 전에 자기를 소개하는 표(일종의 조사서)를 항목별로 적어 보내고 그에 상응하는 답을 얻어 내는 당돌한 인텔리 여성으로서, 평양의 가난한 의사에게 시집간 뒤로 여섯 형제의 시댁 식구, 남쪽으로 피난온 뒤 25명의 대가족을 돌보느라 "내가 글씨를 잃어버린 것"이 아닌가 스스로 당황해 할 정도로 힘겨운 시집살이를 감당한다. 그뿐만 아니라, 줄이어 네 명의 딸을 낳고 힘들어 하다가 다섯 번째로 아들을 낳고 기뻐하는 모습, 가사노동을 분담해야겠다고 다짐하지만 그 실마리가 좀처럼 풀리지 않아 애타하는 모습 등은 우리 여성사의 주된 흐름이기에 가슴 아프게 공감된다.

누구에게나 깊이 공감을 불러일으키는 이 작은 이야기들이 지닌 매력은 박정희 할머니의 개성 있는 삶, 특히 여성으로서 부닥친 어려움에 걸려 넘어지지 않고 그를 넘어서려 한 아름다운 삶 그 자체에 있다. 저자는 "모든 생활이 공부"라는 마음가짐을 갖고 살아왔다. 그리고 힘든 가정생활 속에서도 육아일기를 쓰는 등 살림살이 자체를 예술창작인 양 승화시켜 냈다.

이 책에서는 잘 드러나지 않지만, 딸들의 증언에 따르면, 저자는 "때로는 참기 어려운 고통도 당하셨으며, 너무나 오랫동안 간구해야 하는 기도 제목도 가지고 계시다." 그런데 바로 이런 시련을 감당하면서 "언제나 기쁘고 반갑고 황홀하고 재미있는" 생활을 꾸려 왔기에 그의 삶의 기록이 그만큼 더 값진 것이다.

저자의 육아일기를 다룬 방송을 본 시청자 반응에 "박정희 할머니를 뵙고 늙는 것이 두렵지 않고 인생이 아름답다고 느끼게 되었다."는 내용이 있었다고 한다. 핵심을 찌른 감상이다.

아흔 살을 바라보는 나이에도 박정희 할머니는 여전히 왕성하게 그림 그리기에 몰두하는 동시에 주위 사람들에게 그림 그리기를 지도한다. 뿐만 아니라 그림 지도를 통해 얻은 소득으로 가계를 돕고 시각장애인 단체를 위한 기부활동에 앞장선다. 그런 생활이야말로 우아하게 늙는다는 것의 모범 사례가 아닐 수 없다. 요란한 꾸밈에 의존해 나이 듦에 거역해 보려는 풍조와 달리, 자연스럽게 늙으며 젊었을 때처럼 존경 받는 삶을 사는 것이다. 그것은 노년기를 맞은 사람이 보여주는, 새로운 방식의 자아 창출의 길이요 아름답게 늙기의 가능성이 아닐까.

　1950-60년대에 쓴 육아일기가 2001년에 한번 출간되었다가 이제 다시 새로운 모습으로 다듬어져 간행된다. 일찍부터 아이들을 위해 과자를 굽고 옷을 지어 입히고 재활용품을 이용해 장난감을 만들었을 뿐만 아니라 직접 육아일기를 쓴 저자의 결실은 자기 철학을 갖고 자녀를 키우려는 지금의 젊은 어머니들은 물론이고 아름다운 삶을 추구하고자 하는 누구에게나 감동적인 선물이 될 것이다.

　'마음의 사진첩'에 담아 둔 채 혼자만 가끔씩 들여다보던 평안의원의 4층 방. 나의 10대 시절 꿈을 키워 주던 그 방이 이 책의 출간을 계기로 나만의 사진첩을 넘어 누구나 찾아와 서로 소통할 수 있는 열린 공간이 될 것으로 기대되어 벌써부터 마음이 설렌다.

백영서, 연세대 사학과 교수, 국학연구원 원장

| 머리말 |

나의 아름다운 유산

좋은 동화책을 찾아다니다가 구할 수가 없어 직접 만들어 보자고 마음먹었다. 그래서 글도 쓰고 그림도 그려 넣은 〈육아일기〉를 만들어 아이들에게 주었다. 꼭 필요한 것만 기록했었는데, 아이들이 한글을 깨우치는 데 큰 몫을 했고 덤으로 아이들은 모두가 그림 선수가 되었다. 물론 어머니에게 극진한 사랑을 받았다는 징표도 되었다.

자식들이 유명한 사람, 부모에게 효도하는 사람이 되기보다는 스스로의 삶을 즐기는 행복한 어른으로 크길 바라는 마음이 컸다. "너희 일생을 통해 큰 힘"이 되리라고, 나중에 자식들이 일기를 보면 "자기의 존재가 퍽 고맙고 귀하다고 생각하고 기쁘겠기에" 썼다. 그렇게 명애, 현애, 인애, 순애, 제룡의 육아일기가 만들어졌고 세상에도 알려지게 되었다.

큰딸인 명애가 다 커서 연애를 하는 중에 남자친구와 제 육아일기를 들여다 보면서 했던 말들이 지금도 생각난다.

나의 맏사위가 된 명애의 남자친구는 그때 이렇게 말했다.

"어어, 아가씨(나의 맏사위는 내 딸을 이렇게 불렀다.)는 어려서부터 남달랐구나! 여기 명애의 시(詩)라는 일기는 여섯 살 때 얘기 아냐? 그러니까, 화가가 되고 싶었구나!"

1979년, 내가 마흔일곱 살 되던 해 《주부생활》이라는 여성 잡지에 몇 달에 걸쳐 육아일기가 연재되기도 했다. 2000년에는 〈사랑, 박정희 할머니의 육아일기〉

라는 프로그램으로 방송이 만들어졌다. 연이어 육아일기가 책으로도 묶여 나왔다. 5, 60년 전에 남들도 다 쓴 줄 알았던 일기, 아이들이 읽고 또 읽으며 우리 집 안방에서 굴러다니던 것이 이토록 귀중한 기록물로서 대우를 받게 될 줄은 꿈에도 몰랐던 일이다.

오랜만에 찾아온 손님이 "언제 봐도 재미있으니 묘하지. 몇 해 전에도 굴러다니는 것을 읽었는데 볼수록 재미있으니!" 하는 얘기를 들었다.

회갑을 넘긴 맏사위가 가보(家寶)라고까지 해서 더 유명해진, 너덜너덜 닳은 다섯 아이의 육아일기. 89세의 나이가 된 지금, 이 육아일기를 다시 책으로 출간하게 되어 기쁘기도 하고 낯부끄럽기도 하다.

나의 아버지는 한글 점자를 창안한 송암 박두성 선생이다. 어려운 형편에서도 앞을 못 보는 사람들을 살게 해주겠다는 특별한 뜻을 가진 부모의 딸로 태어나 가난한 의사의 아내가 되고, 어미가 되고, 네 명의 사위와 외며느리를 만났다. 그 다섯 남매의 식구가 열한 명의 손자를 낳았다. 그 손자들이 자라서 사랑을 하고 가정을 이루고 일곱 명의 증손자를 낳았다. 그때그때 감사하고 감격하면서 살아왔고 이제는 모두가 할머니라고 우대해 주니 고맙고 기쁘다.

출간을 앞두고 2001년에 나왔던 〈육아일기〉를 다시 꺼내 보았다. 겉장 안에 '유영호 박사님 2001년 4월 24일 마누라 올림'이라고 직접 펜으로 써서 지금은 작고한 남편에게 선물한 책이었다. 남편이 빼곡히 주필을 넣어 놓았으니 놀라

왔다. '연애편지 읽듯 정독을 했네.'라는 생각이 드니 가슴이 뭉클했다. 나도 며칠을 껴안고 구석구석 다시 읽었다.

  2011년, 다섯 권의 육아일기를 묶어 새롭게 한 권의 책으로 출판하게 되니 그 쓰임이 많을 것으로 믿는다. 어머니들, 젊은이들, 아이들에게 이 책이 보여질 것을 생각하니 참 감개무량하다.

박정희 / 2011. 6.

자녀들에게 무엇을 물려줄까 고민하는
이 시대의 부모들에게 이 책을 드립니다

일러두기

육아일기는 1945년부터 1960년대 중반에 씌어졌으며,
다섯 남매가 태어날 때부터 일곱 살 때까지를 기록한 것입니다.

이 책의 1부는 명애, 현애, 인애, 순애, 제룡의 육아일기로 구성되었으며,
일기의 원본 전체를 그대로 보는 것에 의의를 두고 편집하였습니다.

명애, 현애, 인애의 육아일기는 오른쪽에서 왼쪽으로 읽어 가는 세로쓰기로 되어 있고
우철 방식으로 제책되었습니다. 현대의 가로쓰기와 달라 일기 본문의 오른쪽 하단에 페이지를 표시하여
글 흐름이 혼돈되지 않도록 하였습니다.

일기의 원문은 현대의 맞춤법에 맞게 고쳐 실었으나 가능한 저자의 고유한 문투를
살리고자 하였습니다. 북한어의 경우 괄호 안에 현대어를 병기하였습니다.

각 일기의 맨 앞에 실린 짧은 글은 《나의 수채화 인생》(미다스북스, 2005)에서 부분 발췌하였습니다.

이 책의 2부는 1944년부터 2000년까지 60여 년에 걸쳐 회고한 가족의 이야기로 구성되었습니다.
이 글들은 2001년 한국방송출판에서 발간된 《박정희 할머니의 육아일기》에 실렸던 것을
재편집하였습니다.

1부 다섯 남매의 육아일기

이 세상에 태어나서 제 손으로 글씨를 쓸 줄 알 때까지의 일을 몇 가지 적어 놓으련다. 어떻게 낳고 자랐나, 어떤 분들의 극진한 사랑을 받으며 컸나, 이런 이야기들을 적는 것은 이 일기가 너의 일생을 통해 큰 힘이 되리라고 믿기 때문이다.

이야기 첫 번째

재줏덩이가
되어 달라고?
아니다

명애야, 하나님께서 너를 나에게 맡기셨으나
나는 힘이 부족하여 실수가 많았을 것이다.
뜨겁게 기대하는 마음이 컸다.
재줏덩이가 되어 달라고? 아니다.
내 늙은 후 나를 잘 위해 달라고? 아니다.
유명해져 달라고? 아니다.
하나님 기쁘게 할 수 있는 여성이 되어다오.
이웃 사람들의 빛이 될 수 있는 사람이 되어다오.

첫째 딸 명애의 육아일기

명애의 육아일기, 1945-1951년. 19.3×26.8cm. 52쪽.

화가가 된 맏딸
명애

아이들을 키우고, 아이들과 생활하는 것이 나에게는 더 없는 행복이었다. 4녀 1남, 다섯 명의 아이들을 사랑으로 키우기 위해서 힘써 왔다. 육아일기에 썼듯이 하나님께서 아이들을 나에게 맡기셨기에, 실수가 많고 힘이 부족하더라도 노력하였다. 나는 그저 나의 아이들과 남편을 사랑으로 돌보는 것이 나의 직업이라 생각하고 그 일을 할 수 있도록 해 주신 하나님께 감사드리면서 살아왔다.

행복이라 느끼면서 살다보니, 내가 아이들에게 주었던 사랑을 어느 순간부터 아이들이 나에게 베풀고 있었다. 나는 어머니라는 권위로 혼내고 다그치기보다는, 함께 즐기고 어떻게 하면 서로 즐거울 수 있는지만을 생각해 왔다. 그래서일까? 지금 나이에 생각해 보면, 아이들을 키우면서 만든 소중한 추억들이 너무나 많다. 맏딸 명애부터 막내 아들 제룡까지, 내가 아이들에게 준 것보다 더 크고 귀한 것을 나는 선물 받았다.

맏딸 명애가 나를 기쁘게 했던 기억 가운데 하나는 초등학교 3학년 때 유네스코 아동미술전에서 대상을 받았을 때이다.

당시 아이 아빠가 마산에 있는 군의관 학교에 훈련을 받으러 간 적이 있었다. 때마다 위문편지를 보내면서 우리 집 뒤켠에 있는 닭장을 그린 그림도 함께 보내곤 했다.

고된 훈련을 모두 마치고 집으로 돌아온 아빠는 착착 접어서 주머니에 늘 넣고 다녔다면서 명애의 그림을 꺼내 놓았다.

우리 집 아이들은 방학이면 1주일에 한 장씩은 꼭 그림을 그리며 지냈다. 여름 방학이 끝났을 때 그 그림들 중에서 15매 정도를 골라서 〈닭장〉이라는 이름으로 그림 앨범을 만들어 학교에 가지고 가게 했다. 선생님들이 칭찬을 많이 해 주시고, 유네스코 아동미술전에도 출품했는데 그것이 대상을 받게 된 것이다.

상품으로는 어른용 은수저 한 벌과 놋주발 대접이었다. 이렇듯 나와 함께 그림을 그리던 어린 시절의 정서들로 말미암아 큰딸이 화가가 되리라 결심한 것은 아닐까 생각한다.

맏딸 명애가 화가가 된 또 하나의 계기가 있었다면 몇십 년 전 나와 우리 가족을 유명하게 만들어 준 '육아일기' 덕분이다.

명애야, 하나님께서 너를 나에게 맡기셨으나 나는 힘이 부족하여 실수가 많았을 것이다.
그러나 어머니는 네가 자라는 것을 볼 때 언제나 바라는 마음이 컸다.
뜨겁게 기대하는 마음이 컸다. 재줏덩이가 되어 달라고? 아니다. 내 늙은 후 나를 잘 위해 달라고?
아니다. 유명해져 달라고? 아니다. 하나님 기쁘게 할 수 있는 여성이 되어다오.
이웃 사람들의 빛이 될 수 있는 사람이 되어다오. 어머니는 너희들과 아버지 시중을 열심히 하는 것을
내 직업으로 알고, 이러한 일을 하게 해 주신 하나님께 감사를 드리노라.

이야기의 가지가지
너를 낳았을 때의 아버지 1, 너를 낳았을 때의 어머니 2, 할아버지와 할머니 3,
아버지와 어머니의 사진 4, 너를 낳았을 때의 식구들 5, 서평양 교회 6, 우리나라와 세계의 일 7-10,
집 11-14, 옷 15-17, 돌 날 18, 아가 때 말 18, 장난감 19, 명애의 공부 21-25, 한 살 때 26,
이름, 너를 낳은 시간 27, 두 살 때 28, 명애와 고양이 29-30, 먹는 것 31, 세 살 때 32-33,
율목동 집 34, 명애의 시 35-36, (계속)

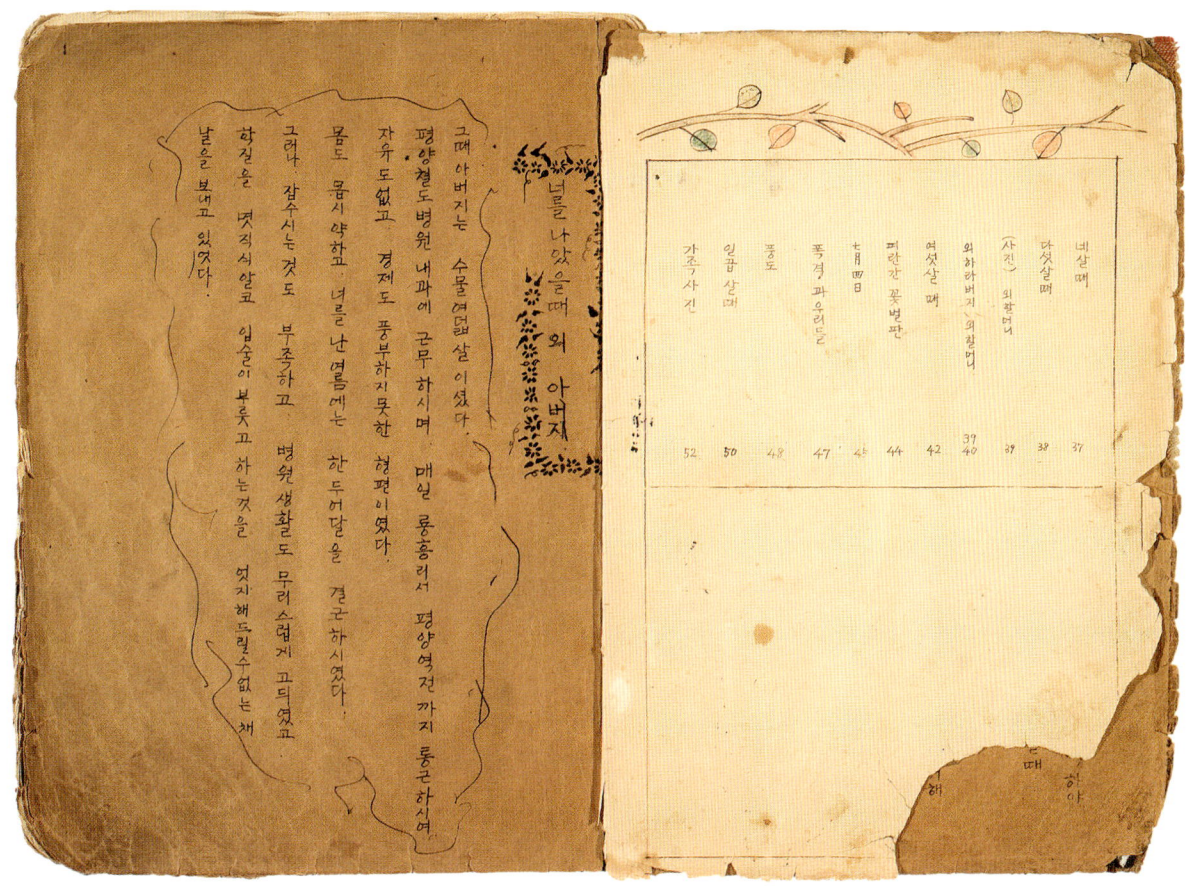

네 살 때 37/ 다섯 살 때 38/ (사진) 외할머니 39/ 외할아버지 외할머니 39-40/
여섯 살 때 42/ 피란 간 꽃벌판 44/ 7월 4일 45/ 폭격과 우리들 47/
풍도 48/ 일곱 살 때 50/ 가족사진 52

너를 낳았을 때의 아버지

그때 아버지는 스물여덟 살이셨다. 평양 철도병원 내과에 근무하시며
매일 룡흥리에서 평양역까지 통근하셨는데, 자유도 없고 경제도 풍부하지 못한 형편이었다.
몸도 몹시 약하고 너를 낳은 여름에는 한두어 달을 결근하셨다.
그러나 잡수시는 것도 부족하고 병원 생활도 무리스럽게 고되었는지 학질을 며칠씩 앓고,
입술도 부르트고 하는 것을 어찌 해드릴 수 없는 채 날을 보냈다.

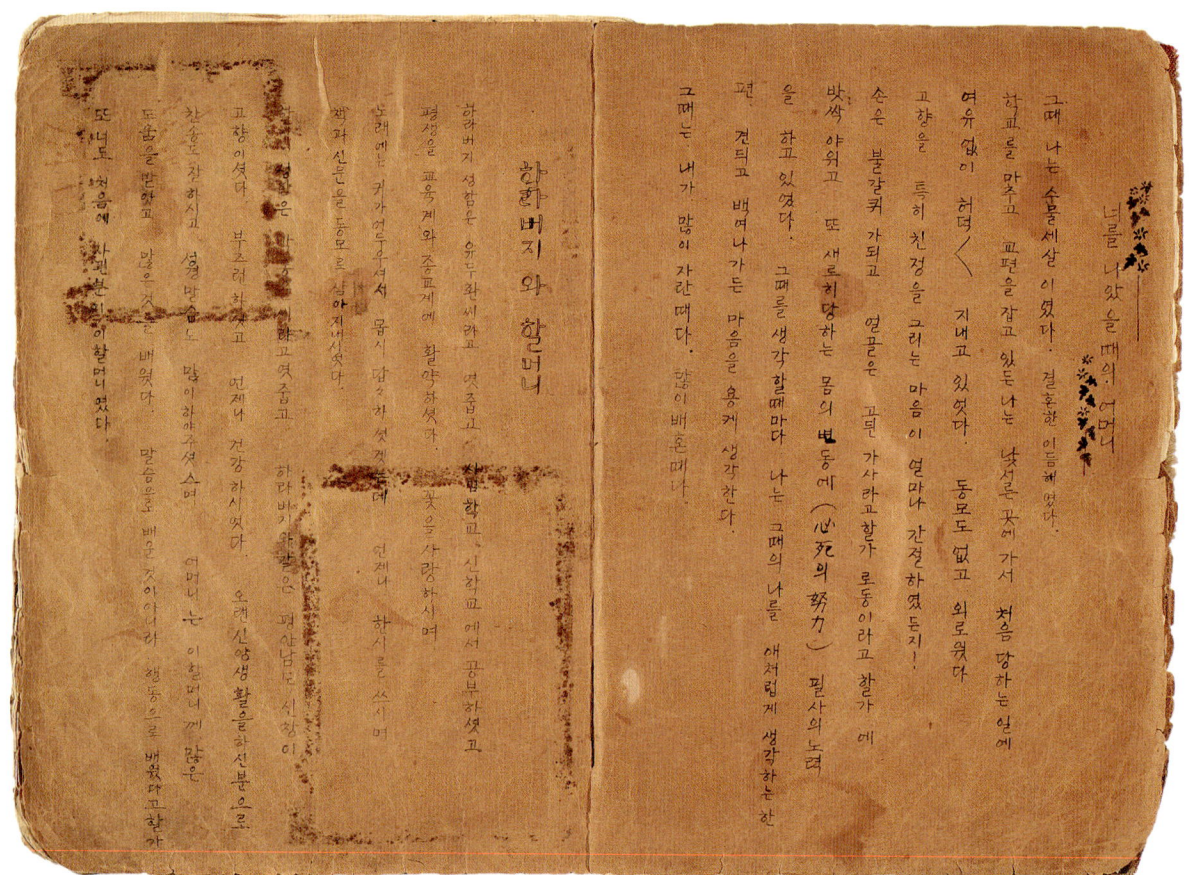

너를 낳았을 때의 어머니

그때 나는 스물세 살이었다. 결혼 이듬해였다. 학교를 마치고 교편을 잡고 있던 나는, 낯선 곳에 가서
처음 당하는 일에 여유 없이 허덕이며 지내고 있었다. 동무도 없고 외로웠다. 고향을, 특히 친정을 그리는 마음이
얼마나 간절하였던지! 손은 불갈퀴가 되고 얼굴은 고된 가사라고나 할까, 노동이라고나 할까에 바싹 야위고
또 새로 당하는 몸의 변화에 필사의 노력을 하고 있었다. 그때를 생각할 때마다 나는 그때의 나를 애처롭게
생각하는 한편, 견디고 배겨 나갔던 마음을 용케 생각한다. 그때는 내가 많이 자란 때다. 많이 배운 때다.

할아버지와 할머니

할아버지 성함은 유두환 씨고, 사범학교, 신학교에서 공부하셨고 평생을 교육계와 종교계에서 활약하셨다.
꽃을 사랑하시며 노래에는 귀가 어두우셔서 몹시 답답하셨겠으나 언제나 한시를 쓰시며 책과 신문을 동무 삼아
지내셨다. 할머니 성함은 박동윤 씨고, 할아버지와 같은 평안남도 신창이 고향이다. 부지런하셨고 언제나 건강하셨다.
오랜 신앙생활을 하신 분으로 찬송도 잘하시고 성경 말씀도 많이 해 주셨다. 어머니는 할머니께 많은 도움을 받았고
많은 것을 배웠다. 말씀으로 배운 것이 아니라 행동으로 배웠다고 할까. 또 너도 처음에 사귄 분이 할머니였다.

(사진)
(오른쪽) 아버지 34세 때, 병원에서 작은 아버지가 찍음.
(왼쪽) 병원 진찰실에서 작은 아버지와 찍음.
(아래) 엄마 29세 때 현재네 외삼촌이 찍음.

명애를 낳았을 때의 식구들
① 할아버지, ② 할머니, ③ 아버지, ④ 어머니, ⑤ 넷째 삼촌,
⑥ 오채 삼촌 ⑦ 영록 삼촌 ⑧ 일룡 오빠 ⑨ 인화, ⑩ 인명, ⑪ 셋째 삼촌
(인화, 인명은 너를 낳은 후에 는 식구다)

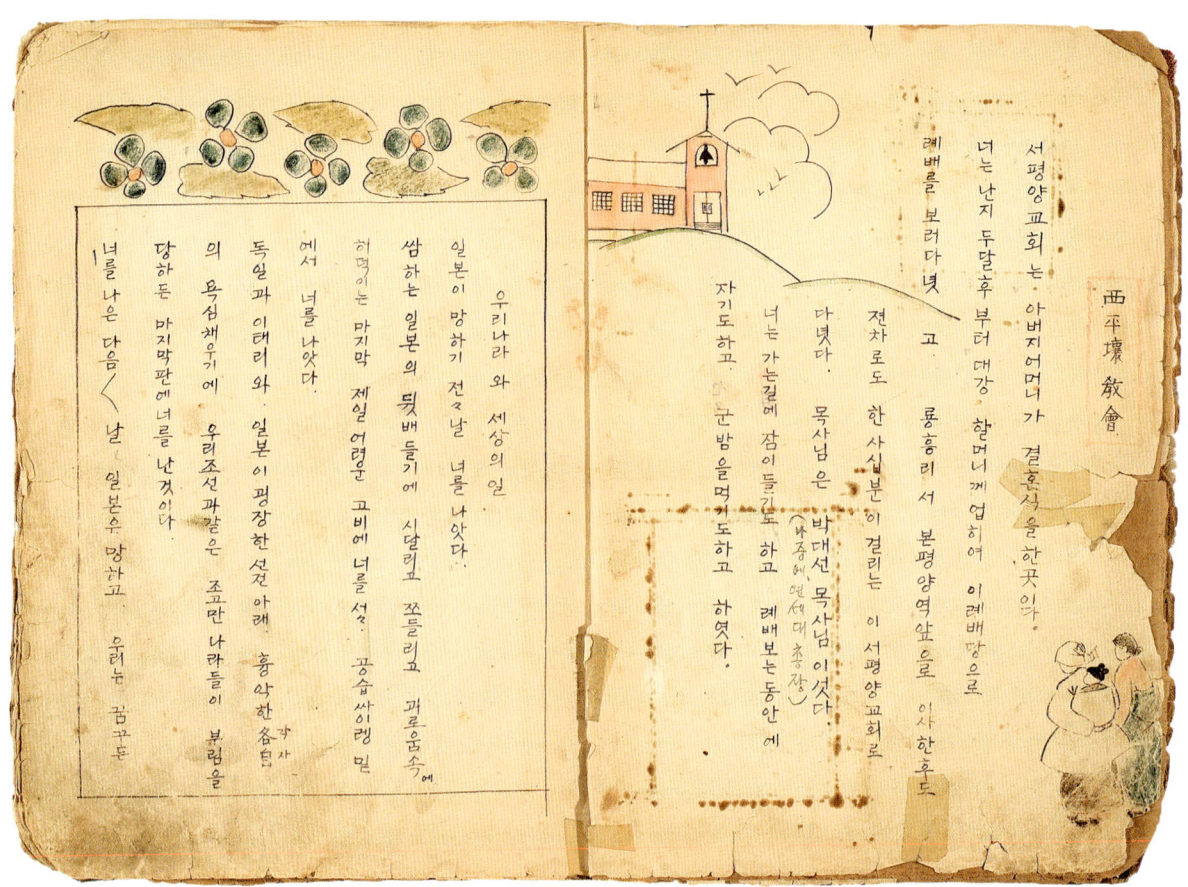

서평양 교회
서평양 교회는 아버지, 어머니가 결혼식을 한 곳이다.
너는 태어난 지 두 달 후부터 할머니께 업혀 이 예배당으로 예배를 보러 다녔고
룡흥리서 본평양역 앞으로 이사한 후에도, 전차로 40분이 걸리는 이 서평양 교회로 다녔다.
목사님은 박대선 목사님이었다. 너는 가는 길에 잠이 들기도 하였고 예배 보는 동안에
자기도 하고 군밤을 먹기도 하였다.

우리나라와 세상의 일
일본이 망하기 전날 너를 낳았다. 싸움하는 일본의 뒷배들기에
시달리고 쪼들리고 괴로움 속에 허덕이는 마지막 제일 어려운 고비에 너를 임신했고,
공습 사이렌 속에서 너를 낳았다. 독일과 이탈리아와 일본이 굉장한 선전 아래 흉악한 각자의 욕심 채우기에
우리 조선과 같은 조그마한 나라들이 부림을 당하는 마지막 판에 너를 낳았다.
너를 낳은 다음다음날 일본은 망하고 우리는 꿈꾸는 해방을 맞이했던 것이다. (계속)

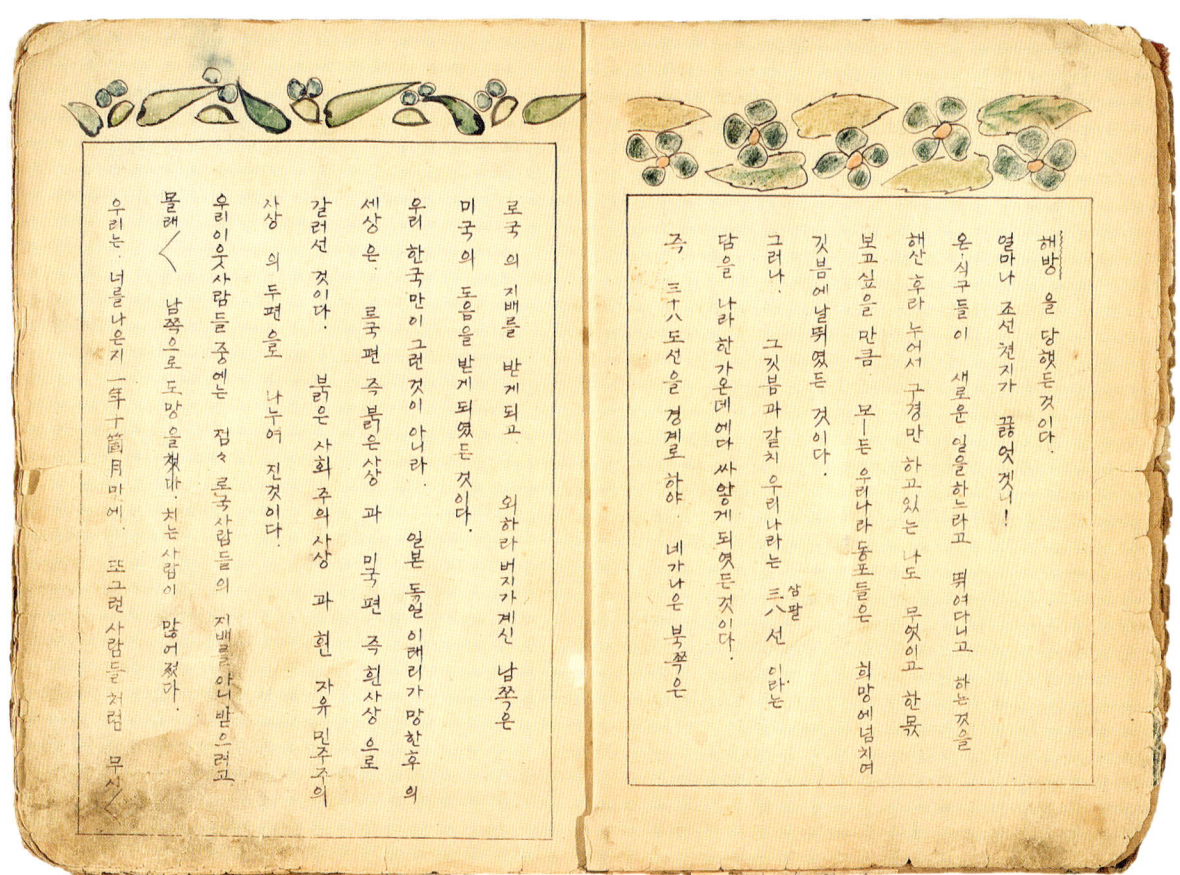

얼마나 조선 천지가 끓었겠니! 온 식구들이 새로운 일을 하느라고 뛰어다니는 것을,
해산 후라 누워서 구경만 하고 있는 나도 무엇이고 한몫 보고 싶을 만큼 모든 우리나라 동포들은
희망에 넘쳐 기쁨에 날뛰었던 것이다.
그러나 그 기쁨과 함께 우리나라는 삼팔선이라는 담을 나라 한가운데에 쌓게 되었다.
즉 삼팔선을 경계로 하여 네가 태어난 북쪽은 노국(露國_러시아)의 지배를 받게 되고
외할아버지가 계신 남쪽은 미국의 지배를 받게 되었던 것이다. 우리 한국만이 그런 것이 아니라
일본, 독일, 이탈리아가 망한 후의 세상은 노국 즉, 사회주의 사상과 미국의 자유민주주의 사상
두 편으로 나뉜 것이다. 우리 이웃 사람들 중에는 점차 노국 사람들의 지배를 받지 않으려고
몰래몰래 남쪽으로 도망을 치는 사람이 많아졌다.
우리는 너를 낳은 지 1년 10개월 만에 또 그런 사람들처럼 무시무시한 (계속)

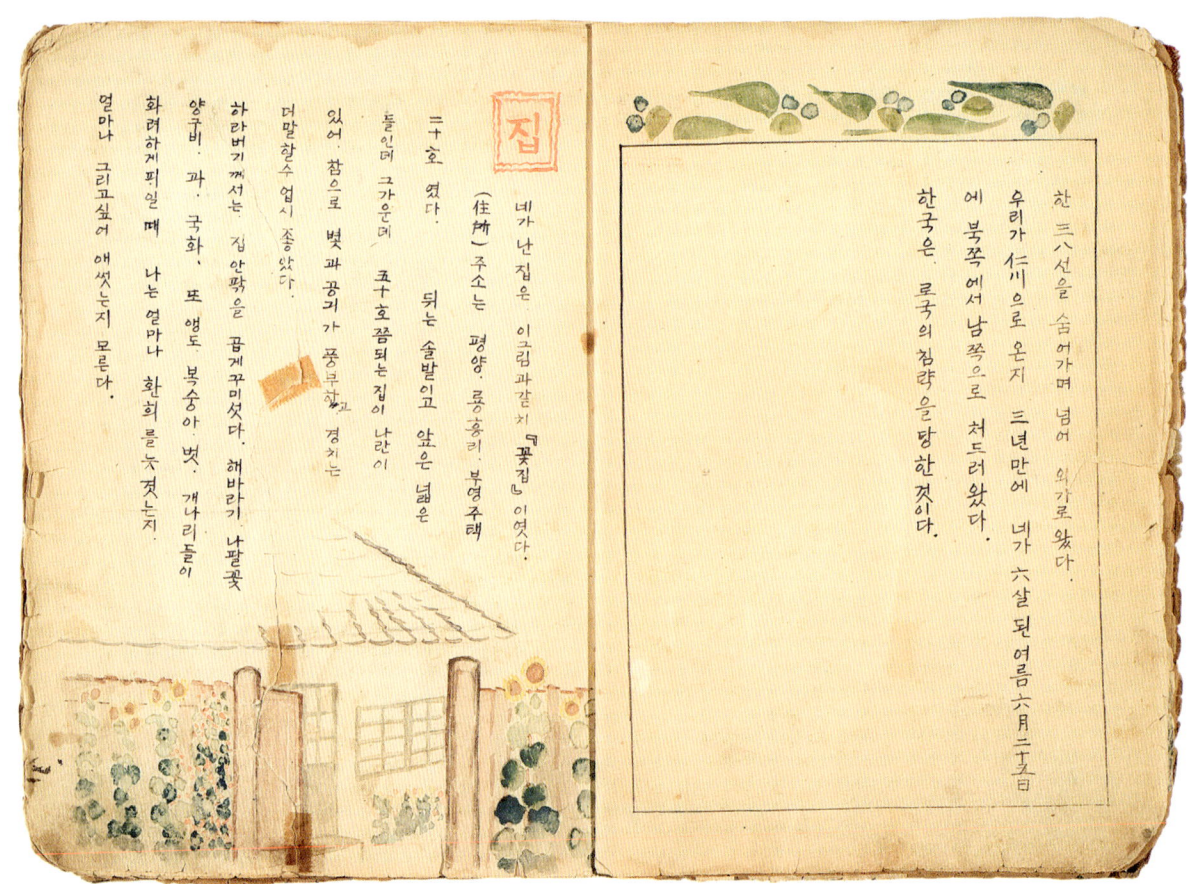

삼팔선을 숨어 가며 넘어서 외가로 갔다.
우리가 인천으로 온 지 3년 만에, 네가 여섯 살 되던 해 여름 6월 25일에 북쪽에서 남쪽으로 쳐들어왔다.
한국은 노국의 침략을 당한 것이다.

집

네가 태어난 집은 이 그림과 같이 '꽃집'이었다. 주소는 평양 룡흥리 부영주택 20호였다.
뒤는 솔밭이고 앞은 넓은 들인데, 그 가운데 50호쯤 되는 집이 나란히 있어 볕과 공기가 참으로
풍부하고 경치는 더 말할 수 없이 좋았다. 할아버지께서는 집 안팎을 곱게 꾸미셨다.
해바라기, 나팔꽃, 양귀비, 과꽃, 국화, 앵두, 복숭아, 벚, 개나리 들이 화려하게 필 때
나는 얼마나 환희를 느꼈는지, 얼마나 그리고 싶어 애썼는지 모른다. (계속)

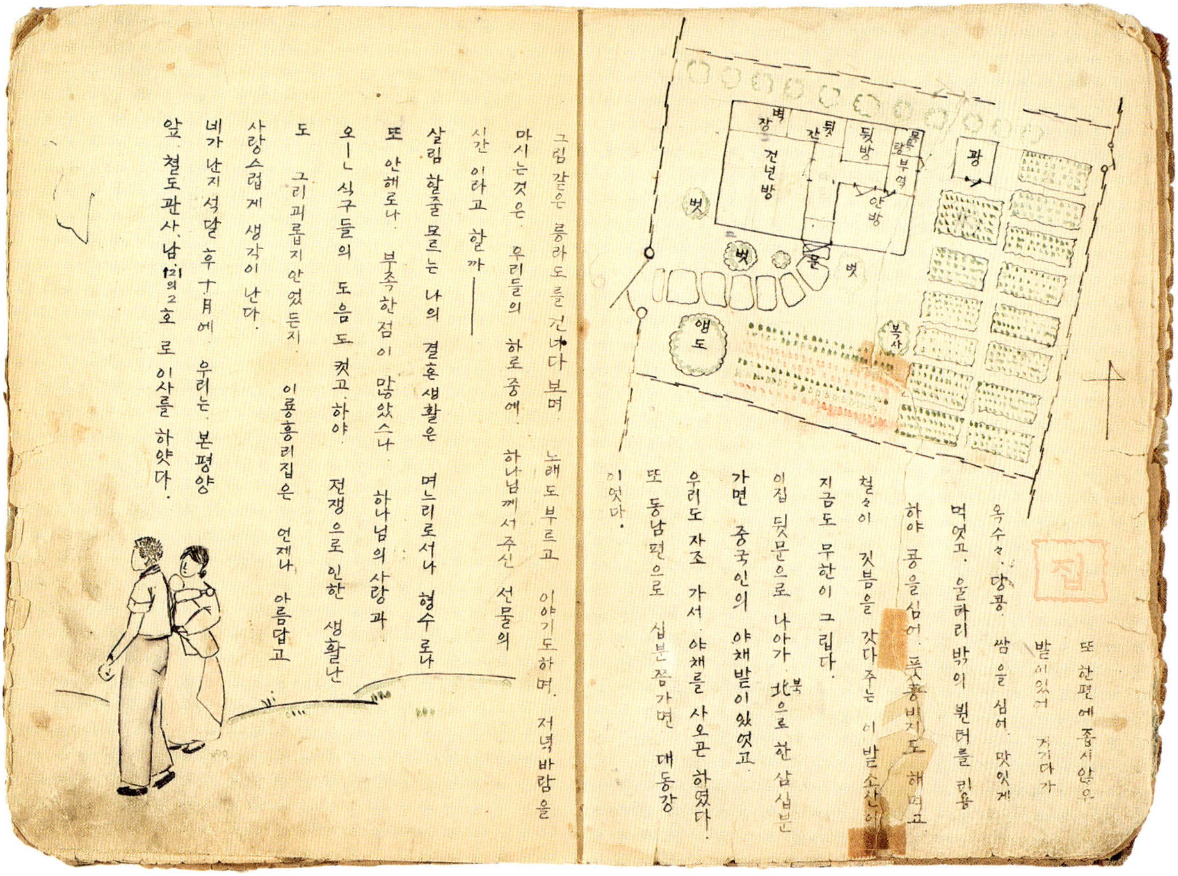

또 한편에 좁지 않은 밭이 있어 거기다가 옥수수, 당콩(강낭콩), 쌈을 심어 맛있게 먹었고
울타리 밖의 빈터를 이용하여 콩을 심어 풋콩비지도 해 먹었는데 철철이 기쁨을 갖다주는 이 밭 소산이
지금도 무한히 그립다. 이 집 뒷문으로 나가 북으로 30분쯤 가면 중국인의 야채밭이 있었고,
우리도 자주 가서 야채를 사 오곤 하였다. 또 동남쪽으로 10분쯤 가면 대동강이었다.
그림 같은 릉라도를 건너다보며 노래도 부르고 이야기도 하며 저녁 바람을 마시는 것은
우리들의 하루 중에 하나님께서 주신 선물의 시간이라고 할까.
살림할 줄 모르는 나의 결혼 생활은 며느리로서, 형수로서, 또 아내로서 부족한 점이 많았으나
하나님의 사랑과 온 식구들의 도움도 컸고 전쟁으로 인한 생활난도 그리 괴롭지는 않았다.
그래서인지 이 룡흥리 집은 언제나 아름답고 사랑스럽게 생각이 난다.
네가 태어난 지 석 달 후 10월에 우리는 본평양 앞 철도 관사 남 2-2호로 이사를 하였다.
(계속)

철도 관사 집은 관사 맨
끝집이었다. 바로 기찻길
앞이라 연기와 그을음이
대단했고 '빽-' 소리가
요란했다.
그러나 터가 넓어서
룡흥리에서처럼
감자, 콩, 옥수수, 부초,
쑥갓, 상추를 심어서
잘 먹었다.
이 관사에서는
1년 일곱 달을 살고
인천으로 왔다.

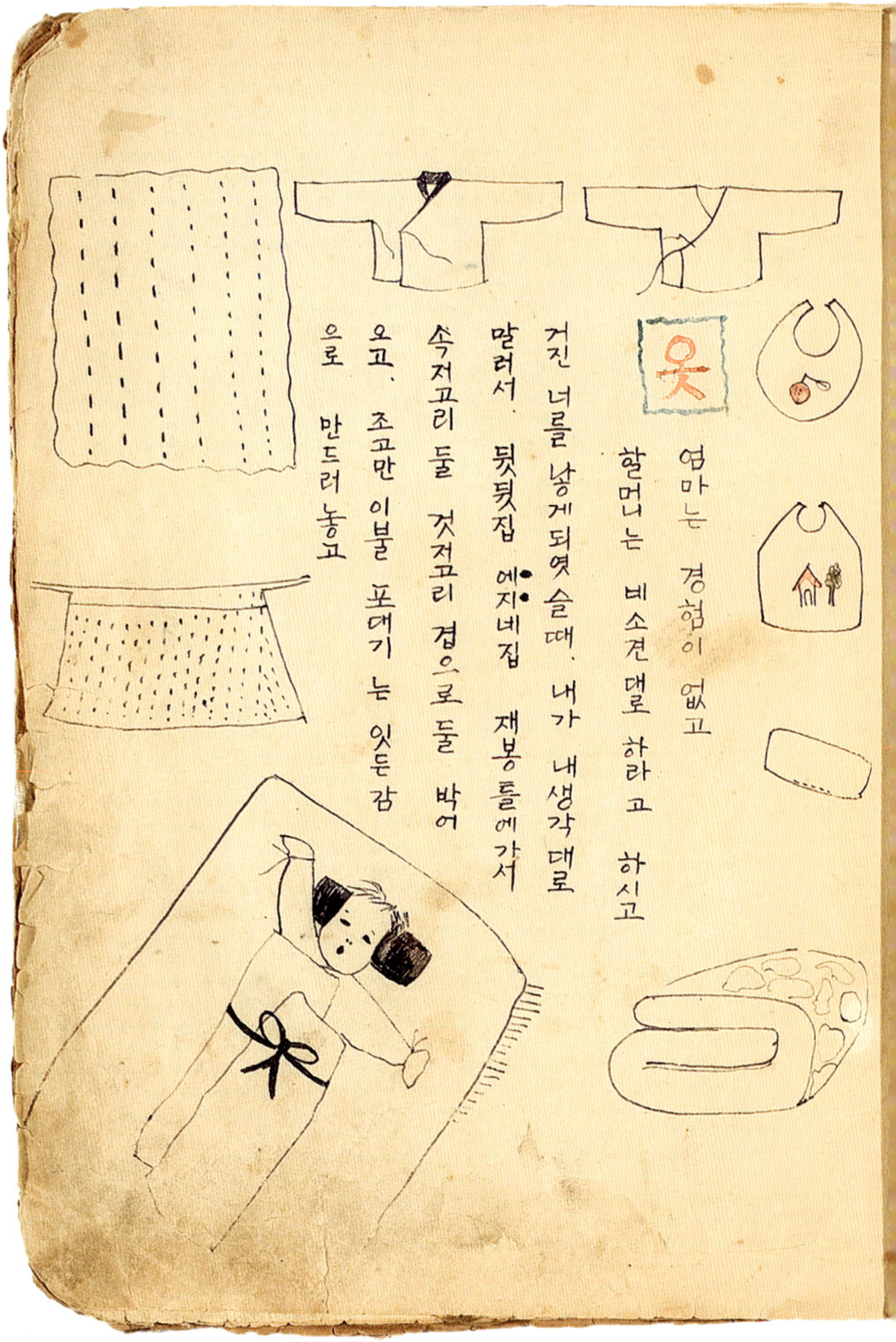

철도 관삿집은. 판사 맨ㄴ 끝집이였다. 바로 기찻길 앞이라. 연기와. 그으름이
대단 햇고. 빽ㅅ 소리가 요란 햇다. 그러나 터가 넓어서. 룡흥리서처럼. 감자.
콩. 옥수수. 부초. 쑥갓 상추 를 심어서. 잘먹엇다.
이 관사에서는. 一년 일곱달 살고. 인천으로 왓다.

옷

엄마는 경험이 없고
할머니는 나의 소견대로
하라고 하셨다.
거의 너를 낳게 되었을
때 내가 내 생각대로
말라 뒷뒷집 에지네
집 재봉틀에 가서
속저고리 둘, 겉저고리
겹으로 둘 박아 오고
조그만 이불 포대기는
있던 감으로
만들어 놓고 (계속)

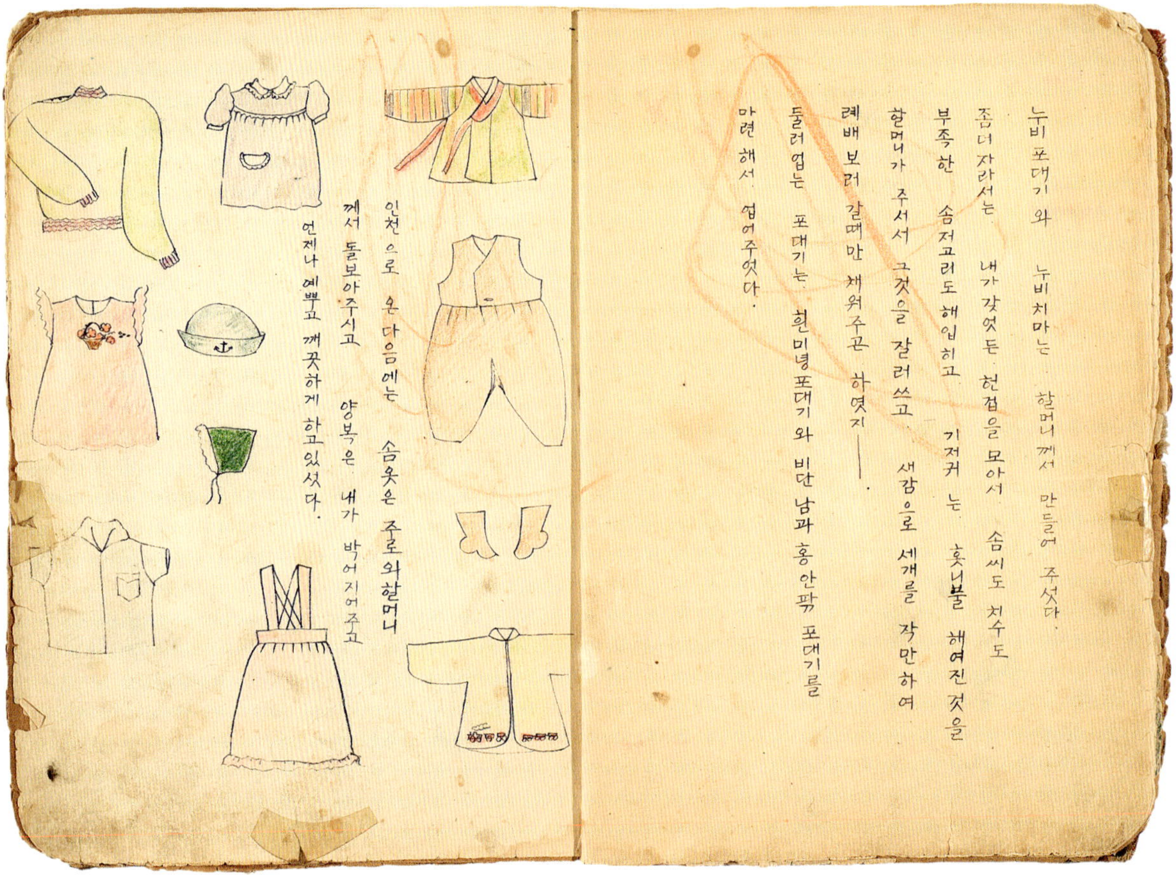

누비 포대기와 누비 치마는 할머니께서 만들어 주셨다.
좀 더 자라서는 내가 가지고 있던 헝겊을 모아서 솜씨도 치수도 부족한 속저고리도 해 입히고
기저귀는 홋이불 헤진 것을 할머니가 주셔서 그것을 잘라 쓰고
새감으로 세 개를 장만하여 예배 보러 갈 때만 채워 주곤 하였다.
둘러 업는 포대기는 흰 무명 포대기와 비단 남과 홍 안팎 포대기를 마련해서 업어 주었다.
인천으로 온 다음에는, 솜옷은 주로 외할머니께서 돌보아 주시고 양복은 내가 박아 지어 주어
언제나 예쁘고 깨끗하게 하고 다녔다.

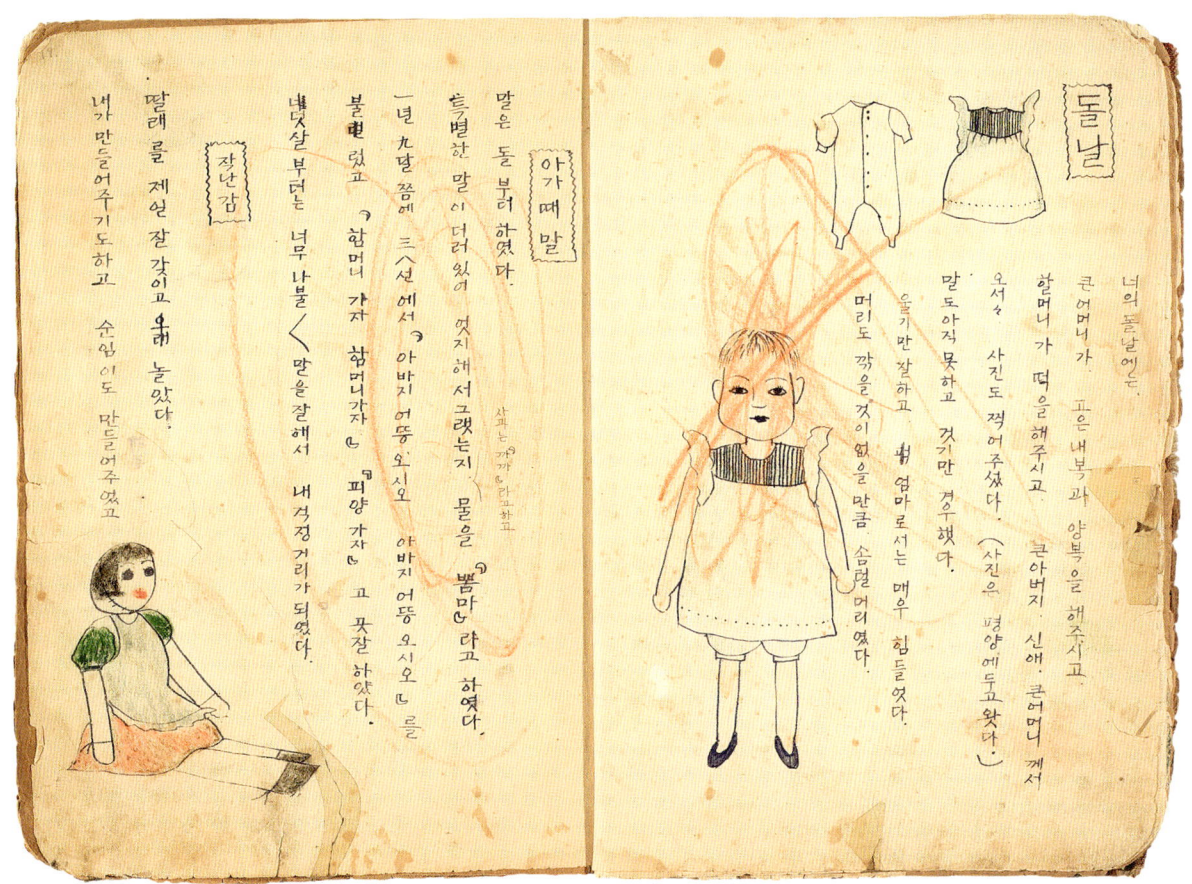

돌 날
너의 돌 날에는 큰어머니가 고운 내복과 양복을 해 주시고 할머니가 떡을 해 주시고 큰아버지, 신애, 큰어머니께서 오셔서 사진도 찍어 주셨다.(사진은 평양에 두고 왔다.) 말도 아직 못하고 걷기만 겨우 했다. 울기만 잘해서 엄마로서는 매우 힘들었다. 머리도 깎을 것이 없을 만큼 솜털 머리였다.

아가 때 말
말은 돌부터 했다. 특별한 말이 더러 있어 어째서 그랬는지 '사과'는 '까까'라고 하고 '물'을 '뽐마'라고 하였다. 1년 9개월 쯤에는 삼팔선에서 '아바지 어뚱 오시오. 아바지 어뚱 오시오.'를 불렀고 '함머니 가자, 함머니 가자.' '피양 가자.'고 곧잘 했다. 네댓 살부터는 너무 나불나불 말을 잘해서 내 걱정거리가 되었다.

장난감
딸래(인형)를 제일 잘 가지고 놀았다. 내가 만들어 주기도 하고 순임이도 만들어 주었고 (계속)

저도 만들었으나
어느 것이나 완전하지
못한 장난감으로
오래 가지고 있지는 못했다.
서울 이모가 와서 위와 같은
나무 인형도 사 주었으나
왜 그런지 달갑게
갖고 놀지 않았다.
조가비나 병마개로
소꿉장난을 하였는데
역시 소꿉을 건사할 줄은
몰랐다. 어떻게 지도할까
하고 많이 애를 썼으나
이루지 못하였다.
색종이를 제일 사랑했다고
할까. 네 살 때쯤부터
오리기도 하고 접기도
하였다. 접었던 것을
잘 펴서 두었다가 또 쓰고
하였다. 그러나
내가 칭찬하고 싶을 만큼
아낄 줄은 몰랐다.

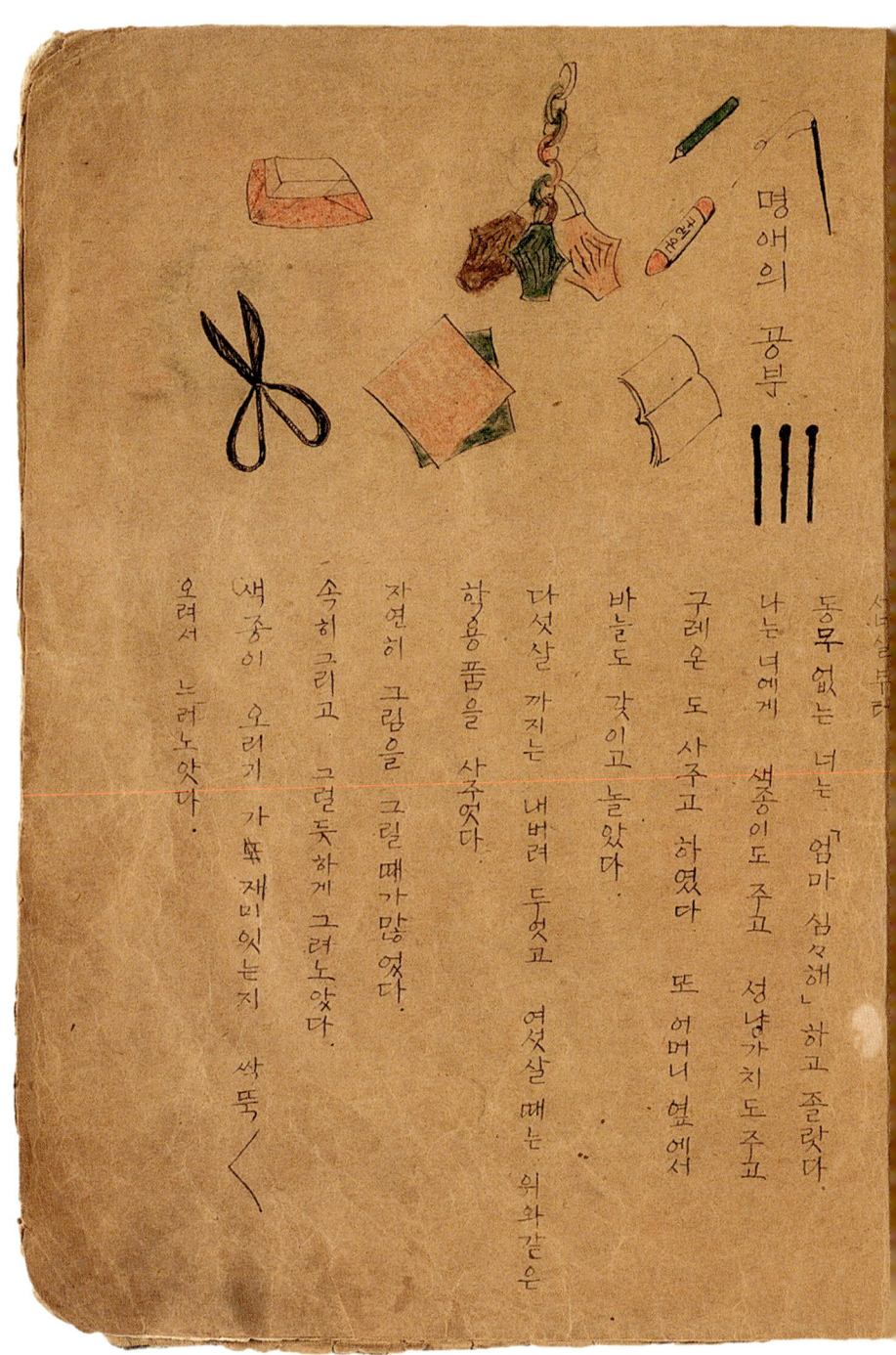

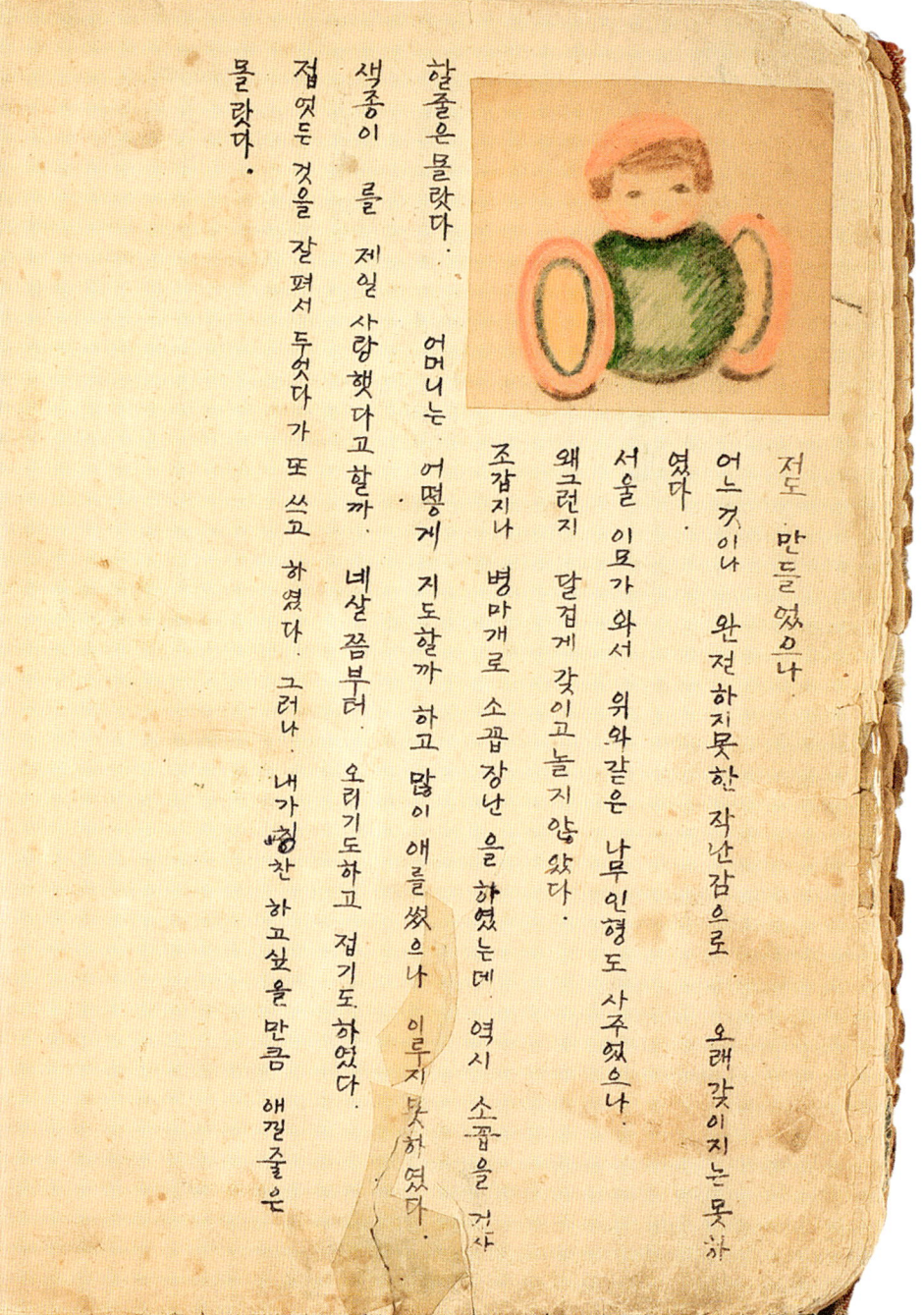

명애의 공부

서너 살부터 동무 없는
너는 "엄마 심심해." 하고
졸랐다.
나는 너에게 색종이도 주고
성냥개비도 주고
크레용도 사 주고 하였다.
또 내 옆에서 바늘도
가지고 놀았다.
다섯 살까지는 내버려두었고
여섯 살 때는 위와 같은
학용품을 사 주었다.
자연히 그림을 그리는
때가 많았다. 속히 그리고
그럴듯하게도 그렸다.
색종이 오리기가
재미있는지 싹뚝싹뚝
오려서 늘어놓았다.

(계속)

일곱 살 되던 해 봄부터 나는 수(數)도 일러 주고 한글도 가르쳐 주었다.
수는 성냥, 손가락으로 배우고 한글은 내가 그려 준 그림책으로 배웠다. 그림 수공은 집에서 나와 함께 그렸다. 박은영 씨네 아가들 수자, 수희, 희문이도 와서 같이 그렸다.
노래는 '음치'라는 삼촌들의 별명을 들을 지경이었으나 박은영 씨 부인의 지도와 사촌들의 영향으로 그닥 서투르지 않게 불렀다. 바늘 장난은 꽤 잘하는 편으로 주머니도 달아 입고 벗은 양말도 징그고 또 보도모고 빨래도 뜯고 하였다. 무슨 동작이나 재고 가벼운 편이 못 되고 더디고 정성스러웠다.

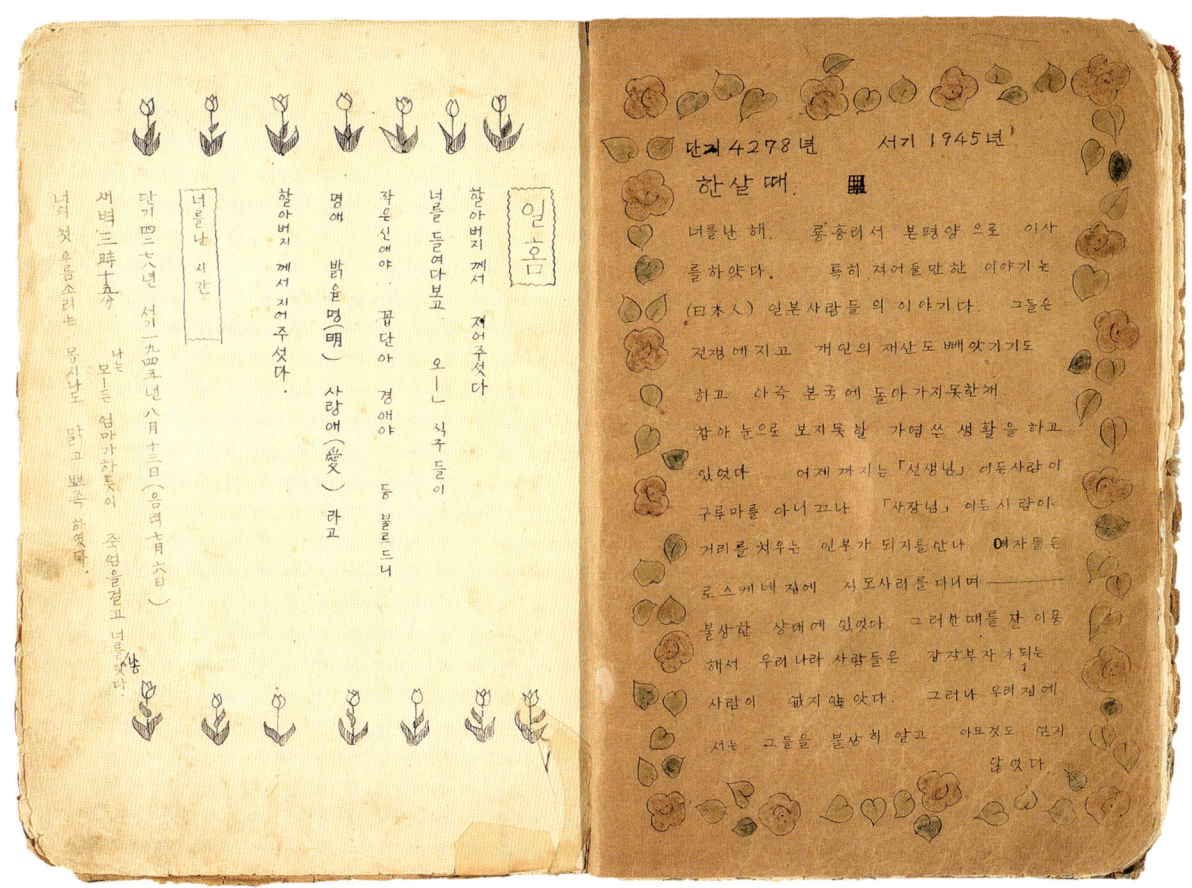

한 살 때

너를 낳은 해, 룡흥리에서 본평양으로 이사를 했다. 특히 적어 둘 만한 얘기는 일본 사람들의 이야기이다. 그들은 전쟁에 지고 개인의 재산도 빼앗기고 하면서 아직 본국에 돌아가지 못한 채 차마 눈으로 보지 못할 가엾은 생활을 하고 있었다. 어제까지는 '선생님'이던 사람이 '구루마'(수레)를 아니 끄나 '사장님'이던 사람이 거리를 치우는 인부가 되기도 했고 여자들은 로스키네 집에 식모살이를 다니며 불쌍한 상태였다. 우리나라 사람들은 그러한 때를 잘 이용해서 갑작부자(벼락부자)가 되는 사람이 없지 않았다. 그러나 우리 집에서는 그들을 불쌍히 알고 아무것도 얻지 않았다.

이름

할아버지께서 지어 주셨다. 너를 들여다보고 온 식구들이 작은 신애야, 곱단아, 경애야 등으로 부르더니
명애, 밝을 명(明) 사랑 애(愛)라고 할아버지께서 지어 주셨다.

너를 낳은 시간

단기 4278년, 서기 1945년 8월 13일(음력 7월 6일), 새벽 3시 15분.
나는 모든 엄마가 하듯이 죽음을 걸고 너를 낳았다. 너의 첫 울음소리는 몹시 맑고 뾰족하였다.

두 살 때

본평양 철도 관사에서
산 해이다. 이 해
여름에 비가 오래 와서
물난리가 났다.
아버지는 숙직이어서
병원에 계시고
우리는 마당의 장독들이
빙빙 떠도는 것을 보고
축혀 얹기 시작했다.
부엌의 것을 마루로,
마루도 못 견디겠어서
쌀, 책, 옷 등 마루와
방의 것을 천정으로 옮기며
야단법석을 했다.
밤중에 밥을 해서
먹고 꾸리고 덤비는 차에
아버지가 사루마다 바람으로
오셔서 "얼른, 몸을
피해야지! 어린애는 어떻게
하려고 그저 집에 있지?"
하며 나무라시어
다리가 다 잠기는 길을
너하고 나하고
할머니 작은삼촌과 같이
병원으로 피난을 갔다.
이튿날 잠겼던 수문을
열어 무사해졌다.

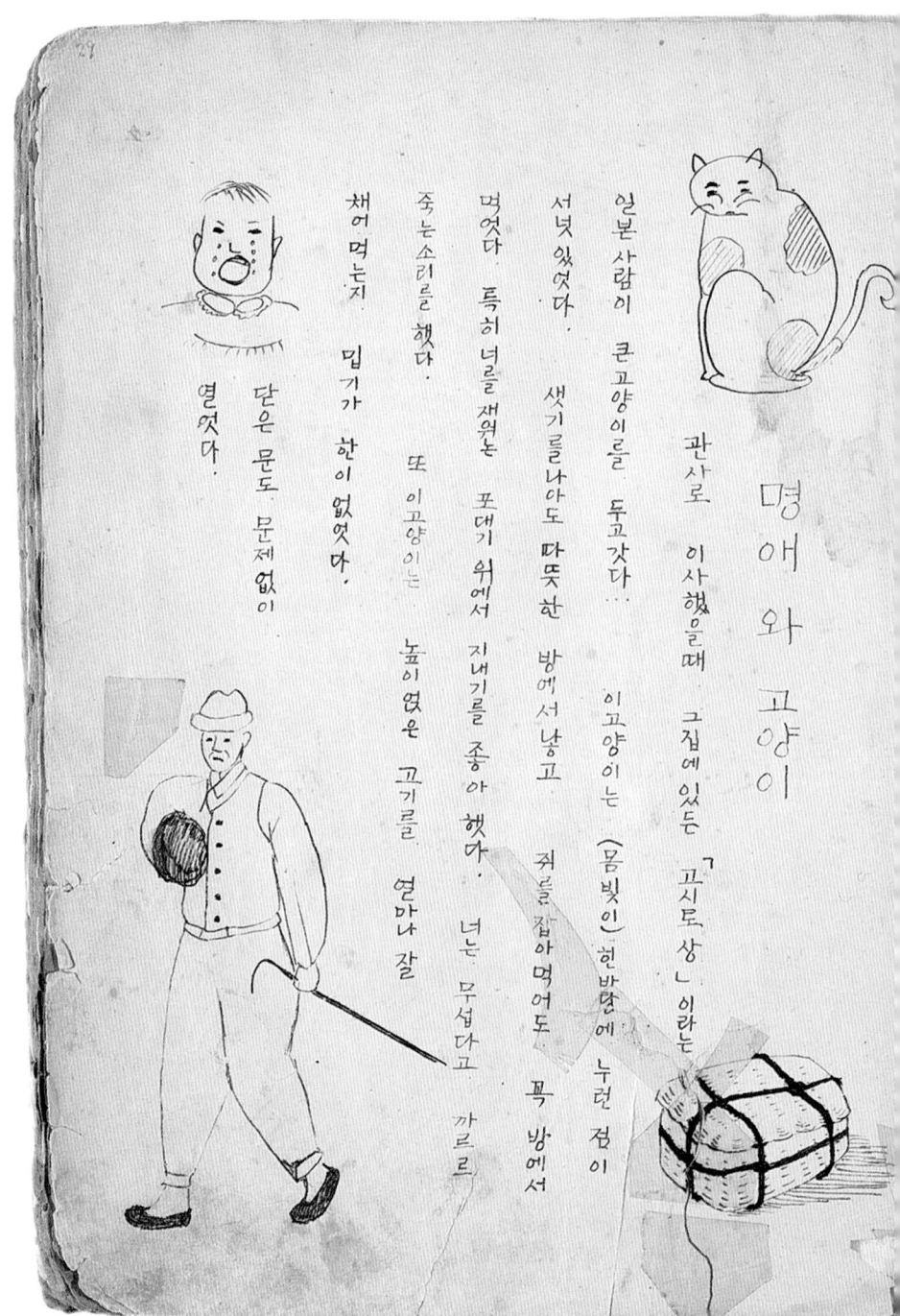

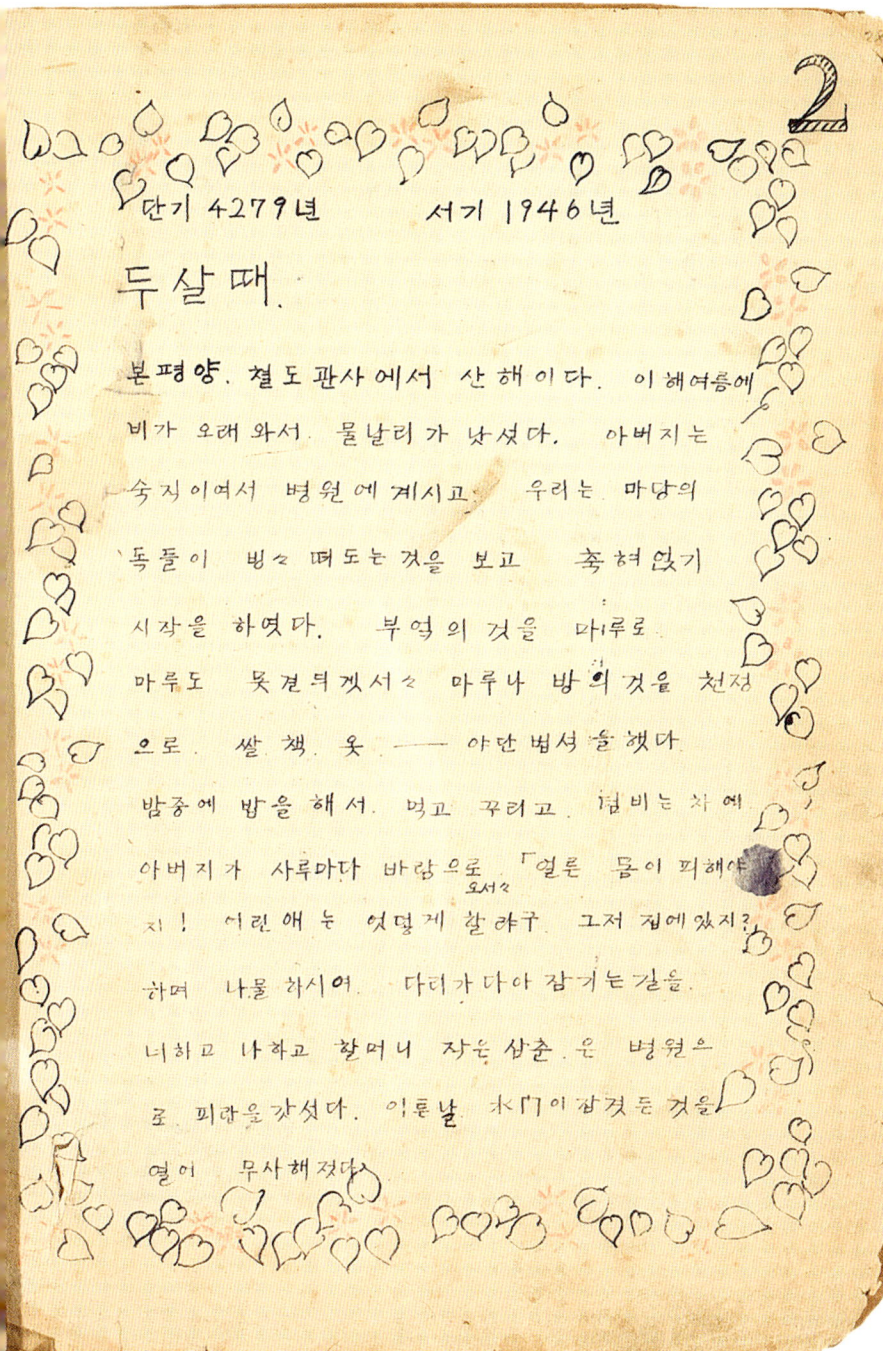

명애와 고양이

관사로 이사했을 때
그 집에 있는
'고시로상'이라는
일본 사람이 큰 고양이를
두고 갔다.
이 고양이는 몸빛이
흰 바탕에 누런 점이
서넛 있었다.
새끼를 낳아도
따뜻한 방에서 낳고
쥐를 잡아먹어도
꼭 방에서 먹었다.
특히 너를
재워 놓은 포대기 위에서
지내기를 좋아했다.
너는 무섭다고
까르르 죽는 소리를 했다.
또 이 고양이는
높이 얹어 놓은
고기를 얼마나 잘 채어
먹는지 밉기가
한이 없었다.
닫은 문도 문제없이
열었다. (계속)

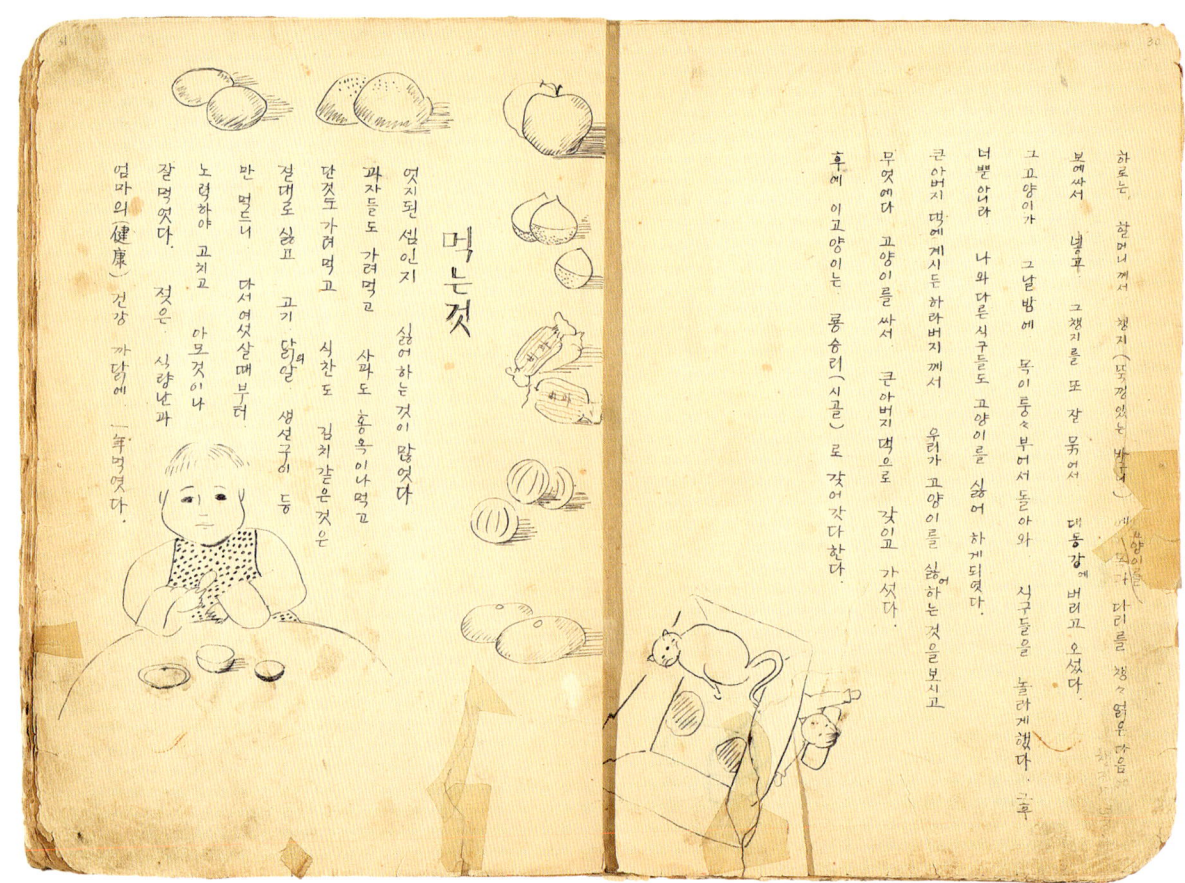

하루는, 할머니께서 챙지(뚜껑 있는 바구니)에 고양이 목과 다리를 넣은 다음에
보에 싸서 넣고 그 챙지를 또 잘 묶어서 대동강에 버리고 오셨다.
그 고양이가 그날 밤에 목이 퉁퉁 부어서 돌아와 식구들을 놀라게 했다. 그후 너뿐 아니라
나와 다른 식구들도 고양이를 싫어하게 되었다. 큰아버지 댁에 계시던 할아버지께서
우리가 고양이를 싫어하는 것을 보시고 무엇에다 고양이를 싸서 큰아버지 댁으로 가지고 가셨다.
후에 이 고양이는 룡승리(시골)로 가져갔다고 한다.

먹는 것

어찌된 셈인지 싫어하는 것이 많았다. 과자들도 가려 먹고 사과도 홍옥이나 먹고
단것도 가려 먹고 식찬도 김치 같은 것은 절대로 싫고 고기, 닭알, 생선구이 등만 먹더니
대여섯 살 때부터 노력하여 고치고 아무것이나 잘 먹었다.
젖은 식량난과 엄마의 건강 까닭에 1년 먹였다.

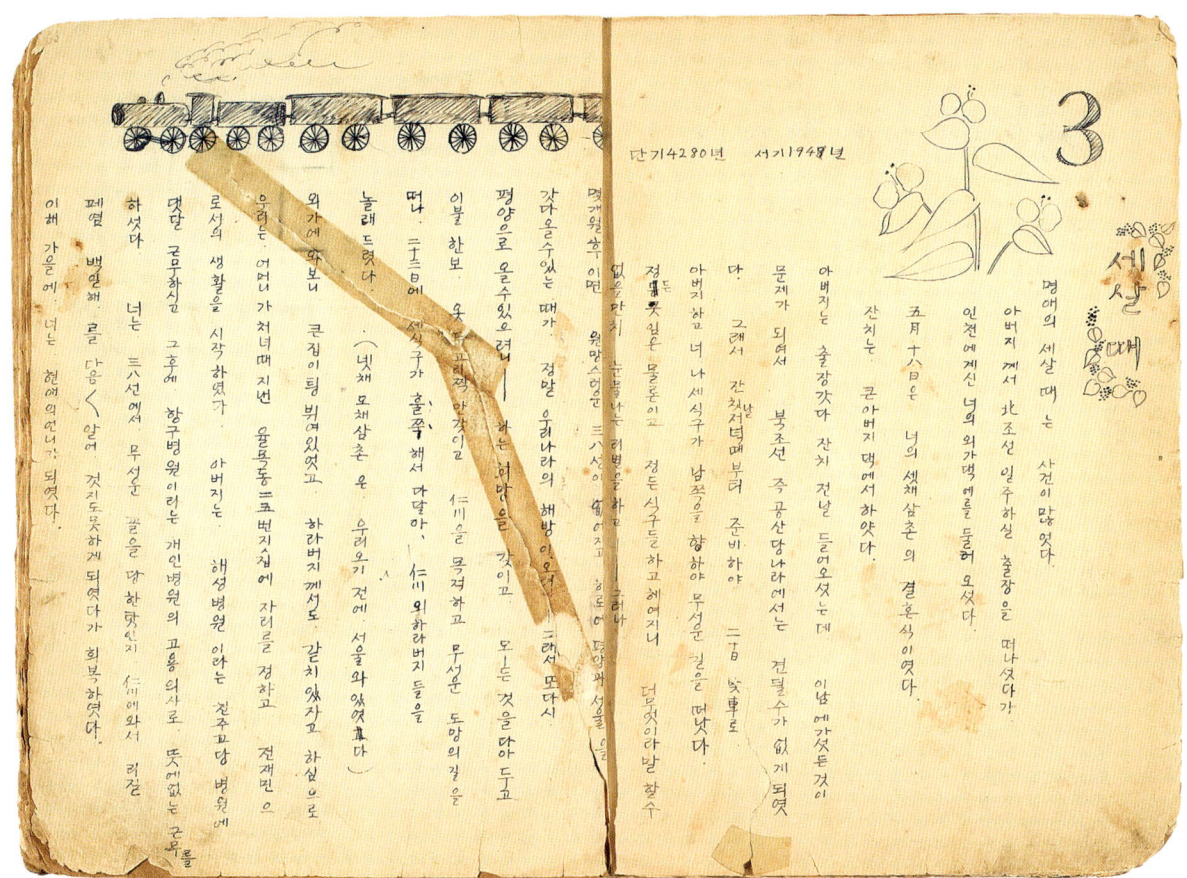

세 살 때

명애의 세 살 때는 사건이 많았다. 아버지께서 북조선 일주하는 출장을 떠나셨다가 인천에 있는 너의 외가에 들렀다 오셨다. 5월 18일은 너의 셋째 삼촌 결혼식이었다. 잔치는 큰아버지 댁에서 하였다. 아버지는 출장 갔다 잔치 전날 돌아오셨는데, 이남에 갔었던 것이 문제가 되어 북조선에서는 견딜 수가 없게 되었다. 그래서 잔칫날 저녁 때부터 준비하여 20일 낮 차로 아버지하고 너, 나 세 식구가 남쪽을 향하여 무서운 길을 떠났다. 정든 곳임은 물론이고 정든 식구들하고 헤어지니 무엇이라 말할 수 없을 만큼 눈물이 나는 이별이었다. 그러나 몇 개월 후면 원망스러운 삼팔선이 없어지고 하루에 평양과 서울을 갔다 올 수 있는 때가, 정말 우리나라의 해방이 오려니…, 그래서 또 다시 평양으로 올 수 있으려니… 하는 희망을 갖고 모든 것을 다 두고 이불 한 보, 옷 두 고리씩만 갖고 인천을 목적으로 무서운 도망의 길을 떠났다. 23일에 세 식구가 홀쭉해져서 인천에 다다라 외할아버지들을 놀라게 했다.(넷째, 다섯째 삼촌은 우리가 오기 전에 서울에 와 있었다.) 외가에 와 보니 큰 집이 텅 비어 있었고 할아버지께서도 같이 있자고 하심으로 우리는 내가 처녀 때 지낸 율목동 25번지 집에 자리를 정하고 전재민으로서의 생활을 시작하였다. 아버지는 해성병원이라는 천주교당 병원에 댓달 근무하시고 그 후에 항구병원이라는 개인병원의 고용 의사로 뜻에 없는 근무를 하셨다. 너는 삼팔선에서 무서운 꼴을 당한 탓인지 인천에 와서 이질, 폐렴, 백일해를 앓아 걷지도 못하게 되었다가 회복하였다. 이 해 가을에 너는 현애의 언니가 되었다.

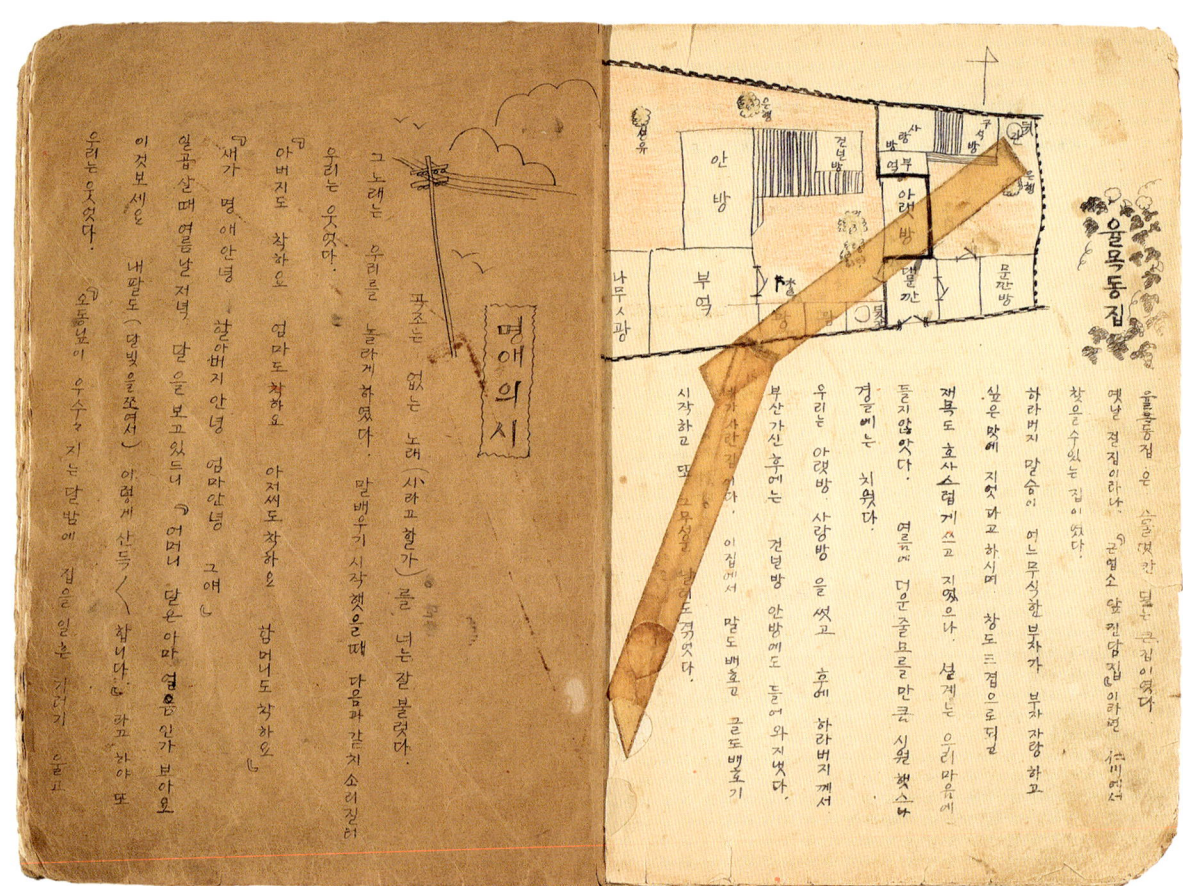

율목동 집

율목동 집은 스물댓 칸 되는 큰 집이었다. 옛날 절집이라나. '근업소 앞 진담집'이라면 인천에서 찾을 수 있는 집이었다. 할아버지 말씀이 어느 부자가 부자 자랑하고 싶은 맛에 지었다고 하시며 창도 세 겹으로 하고 재목도 호사스럽게 쓰고 지었으나 설계는 우리 마음에 들지 않았다. 여름에 더운 줄 모를 만큼 시원했으나 겨울에는 추웠다. 우리는 아랫방, 사랑방을 썼고 후에 할아버지께서 부산에 가신 후에는 건넌방, 안방에도 들어와 지냈다. 네가 자란 집이다. 이 집에서 말도 배우고 글도 배우기 시작했고 또 그 무서운 난리도 겪었다.

명애의 시

곡조가 없는 노래(시라고 할까)를 너는 잘 불렀다. 그 노래는 우리를 놀라게 하였다. 말을 배우기 시작했을 때 다음과 같이 소리를 질러 우리는 웃었다. "아버지도 착해요, 엄마도 착해요, 아저씨도 착해요, 함머니도 착해요." "새가 명애 안녕, 할아버지 안녕, 엄마 안녕 그애." 일곱 살 때, 여름 날 저녁 달을 보고 있더니 "어머니, 달은 아마 얼음인가 보아요. 이것 보세요. 내 팔도 (달빛을 쪼여서) 이렇게 산득산득합니다." 하여 또 우리는 웃었다. "오동잎이 우수수 지는 달밤에 집을 잃은 기러기가 울고 갑니다. 가도가도 끝없는 넓은 하늘로 엄마 엄마 부르며 날아갑니다." 라는 노래를 낭독하고 눈물을 흘리어 또 우리를 놀라게 했다. 어린 명애는 시인이었다.

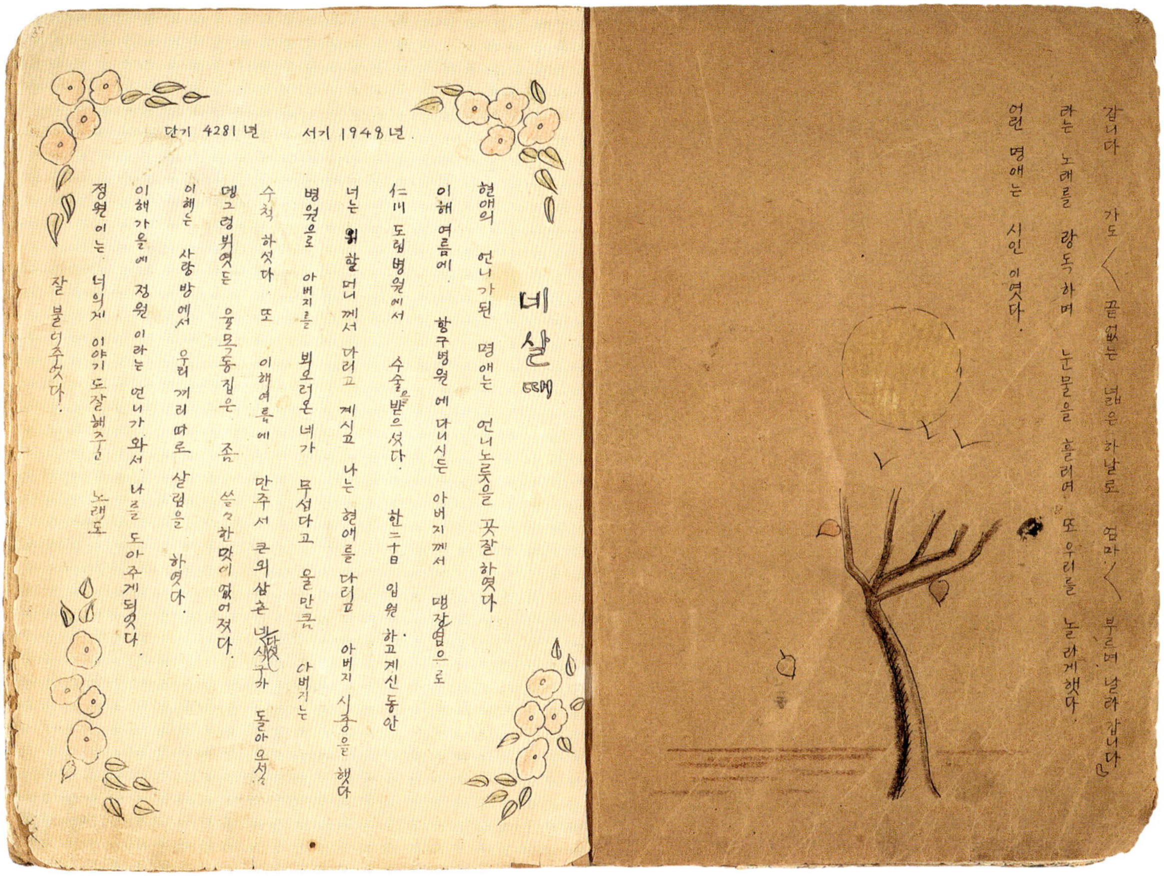

네 살 때

현애의 언니가 된 명애는 언니 노릇을 곧잘 했다.
이 해 여름에 항구병원에 다니시던 아버지께서 맹장염으로 인천 도립병원에서 수술을 받으셨다.
20여 일을 입원하고 계신 동안 너는 외할머니께서 데리고 계시고,
나는 현애를 데리고 아버지 시중을 했다.
병원에 아버지를 뵈러 온 네가 무섭다고 울 만큼 아버지는 수척하였다.
또 이 해 여름에 만주에서 큰외삼촌네 네댓 식구가 돌아오셔서
뎅그렁 비었던 율목동 집은 좀 쓸쓸한 맛이 없어졌다. 이 해에는 사랑방에서
우리끼리 따로 살림을 하였다.
가을에 정원이라는 언니가 와서 나를 도와주게 되었다.
정원이는 너에게 얘기도 잘 해 주고 노래도 잘 불러 주었다.

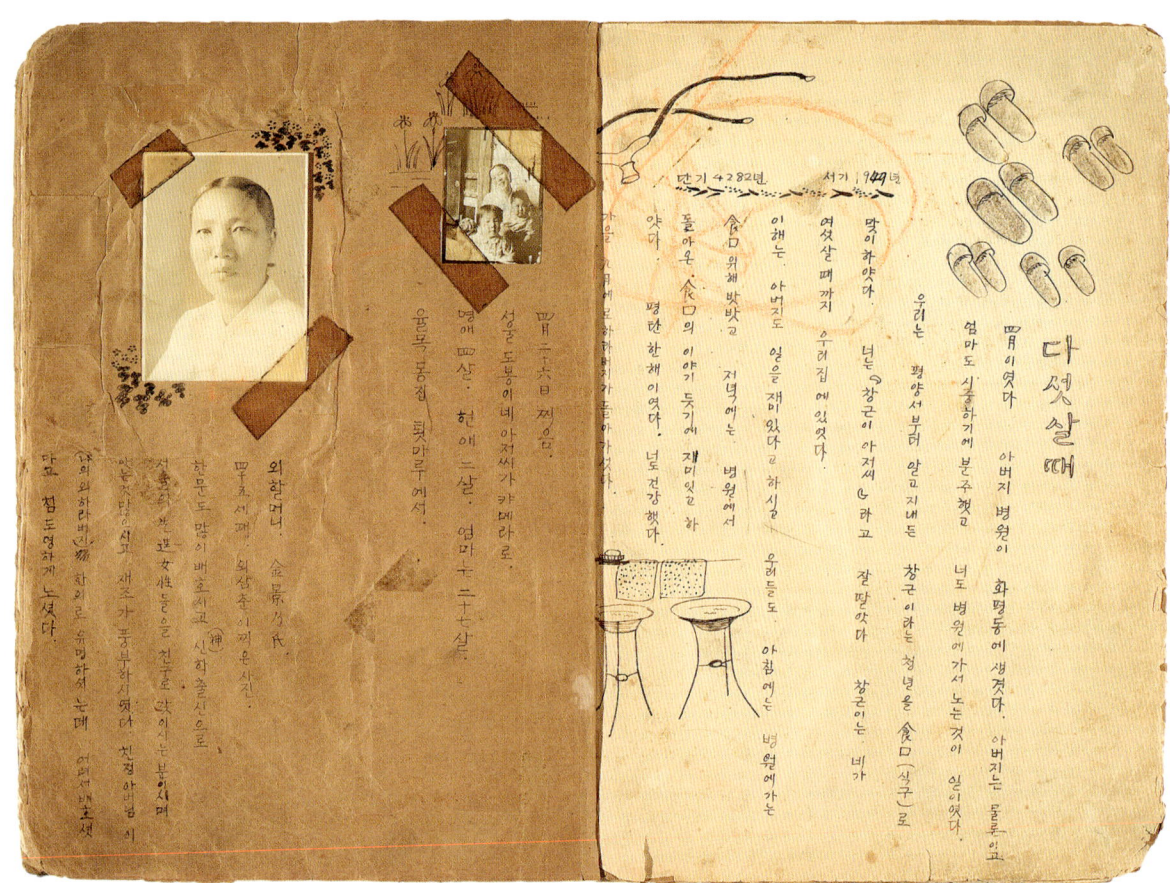

다섯 살 때

4월이었다. 아버지의 병원이 화평동에 생겼다. 아버지는 물론이고 엄마도 돕기에 분주했고 너도 병원에 가서 노는 것이 일이었다. 우리는 평양서부터 알고 지내던 창근이라는 청년을 식구로 맞이했다. 너는 "창근이 아저씨" 하고 잘 따랐다. 창근이는 네가 여섯 살 때까지 우리 집에 있었다. 이 해에는 아버지도 일이 재미있다고 하시고 우리들도 아침에는 병원에 가는 식구를 위해 바빴고 저녁에는 병원에서 돌아온 식구의 이야기를 듣기에 재미있었다. 평탄한 해였다. 너도 건강했다. 가을 9월에 노할아버지(증조할아버지)가 돌아가셨다.

(사진)

(오른쪽) 4월 26일, 서울 도봉이네 아저씨가 찍음.
명애 네 살, 현애 두 살, 엄마는 스물일곱 살. 율목동 집 툇마루에서.
(왼쪽) 외할머니 김경내 씨 45세 때, 외삼촌이 찍은 사진. 한문도 많이 배우시고
신학교 출신으로 서울의 선진 여성들을 친구로 삼은 분이며 아는 것이 많고 재주가 풍부하셨다.
친정 아버님이 한의로 유명하셨는데 어려서 배우셨다고 침도 영하게 놓으셨다.

(사진)
(위쪽) 외할아버지 50세 때, 외삼촌이 찍은 것. 영화학교에서.
(아래쪽) 명애 여섯 살, 현애 네 살 때 넷째 삼촌이 데리고 찍음.

외할아버지

엄마를 길러 주신 너의 외할아버지의 성함은 박두성 씨고 경기도의
교동이라는 섬에서 태어나셨다. 서울 한성사범학교에서 공부하시고 구남매의 맏형님으로
동생들 시중 많이 하시고 평생을 교육계, 특히 맹인 교육계에 계시며
부지런히 일 많이 하신 분이시다. 여러 사람의 존경을 받으시며 언제나
뭇사람들에게 빛을 보여 주셨다. 언제나 여성의 힘으로
세상은 좌우된다고 하시면서 여성에 대한 기대가 많으셨다.

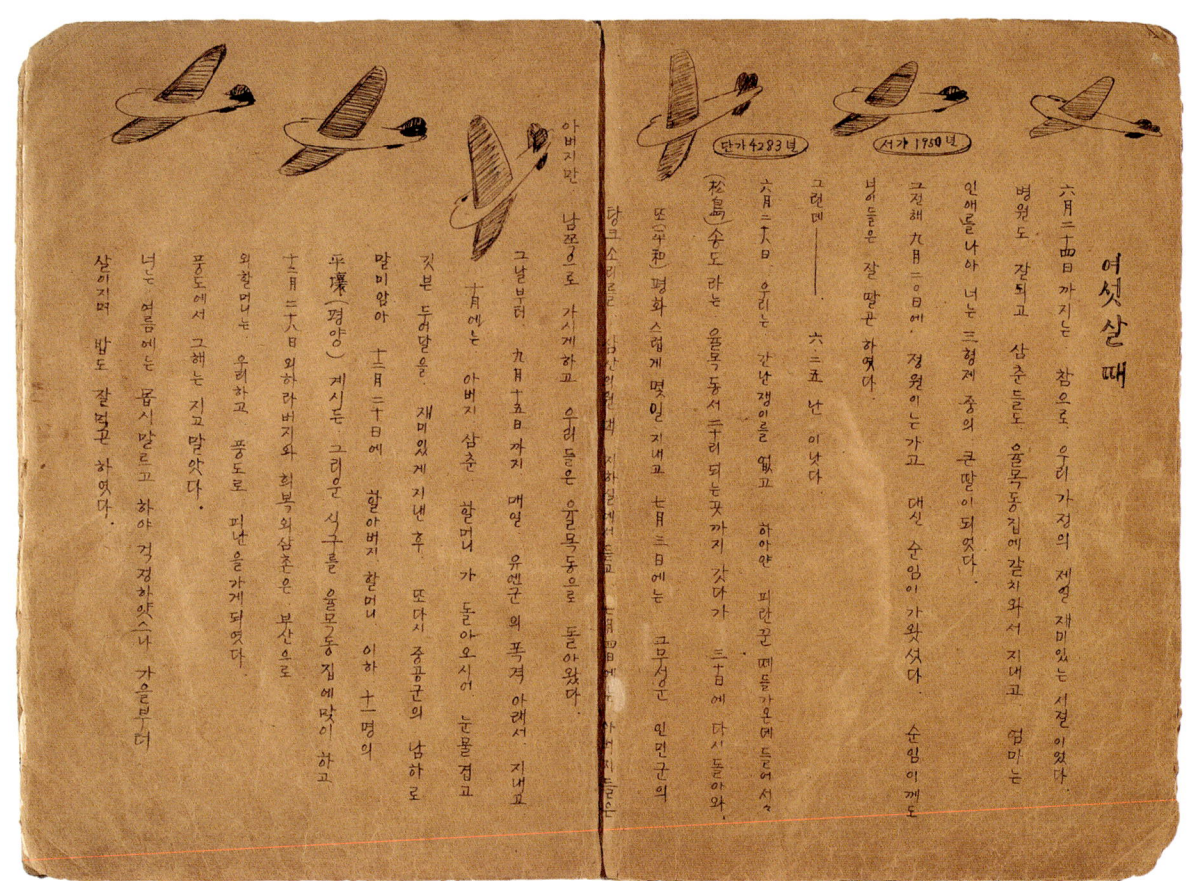

여섯 살 때

6월 24일까지는 참으로 우리 가정의 제일 재미있는 시절이었다. 병원도 잘되고 삼촌들도 율목동 집에 와서
같이 지내고 엄마는 인애를 낳아서 너는 삼형제 중의 큰딸이 되었다. 그 전 해 9월 20일에 정원이 가고 대신
순임이 왔다. 순임에게도 너희들은 잘 따르곤 하였다. 그런데, 6·25 난이 났다. 6월 26일 우리는 갓난쟁이를 업고
하얀 피난민들 가운데에 들어서 송도라는, 율목동에서 20리 되는 곳까지 갔다가 30일에 다시 돌아왔다.
그리고 또 평화스럽게 며칠 지내고, 7월 3일에는 그 무서운 인민군의 탱크소리를 삼산의원 댁
지하실에서 듣고, 7월 4일 아버지만 남쪽으로 가시고 우리들은 율목동으로 돌아왔다.
그날부터 9월 15일까지 매일 유엔군의 폭격 아래서 지냈다. 10월에는 아버지, 삼촌, 할머니가 돌아오시어
눈물겹고 기쁜 두어 달을 재미있게 지낸 후에 또다시 중공군의 남하로 말미암아 12월 20일에 할아버지, 할머니
이하 열한 명의 평양에 계시던 그리운 식구를 율목동 집에서 맞이했다. 12월 28일 외할아버지와 희복 외삼촌은
부산으로, 외할머니는 우리하고 풍도로 피난을 가게 되었다. 풍도에서 그 해는 지고 말았다.
너는 여름에는 몹시 마르고 하여 걱정하였으나 가을부터 살이 찌며 밥도 잘 먹곤 하였다.

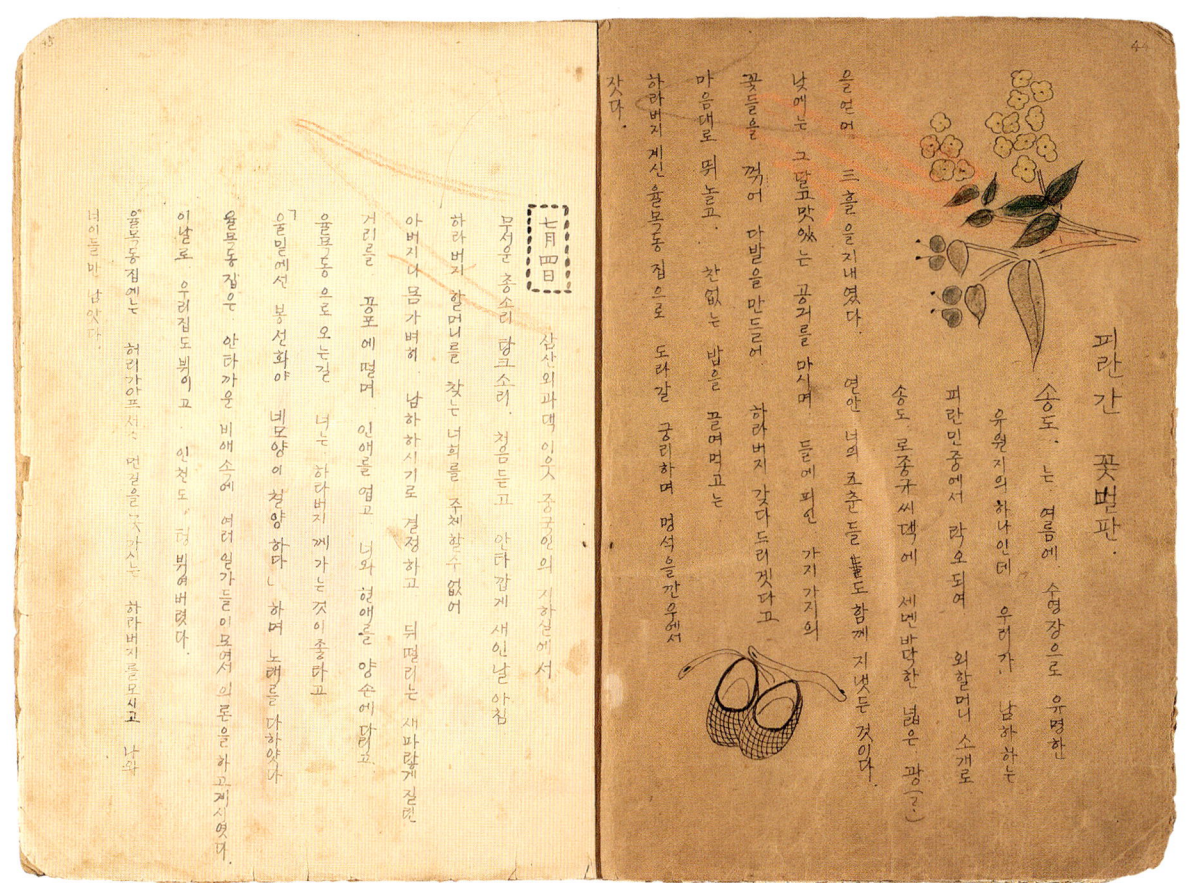

피란 간 꽃벌판

송도는 여름에 수영장으로 유명한 유원지의 하나인데 우리가 남하하는 피란민 중에서 낙오되며 외할머니 소개로 송도 노종규 씨 댁에 시멘트 바닥의 넓은 광(?)을 얻어 사흘을 지냈다. 연안 너의 오촌들도 함께 지냈던 것이다. 낮에는 그 달고 맛있는 공기를 마시며 들에 핀 가지가지의 꽃들을 꺾어 다발을 만들어 할아버지 갖다 드리겠다며 마음대로 뛰놀고. 찬 없는 밥을 끓여먹고는 할아버지 계신 율목동 집으로 돌아갈 궁리를 하며 멍석을 깐 위에서 잤다.

7월 4일

삼산 외가댁 이웃 중국인의 지하실에서 무서운 총소리, 탱크소리를 처음 듣고 안타깝게 샌 날 아침, 할아버지 할머니를 찾는 너희를 주체할 수 없어 아버지만 몸 가벼이 남하하기로 결정하고 나는 뒤떨리는 새파랗게 질린 거리를 공포에 떨며 인애를 업고 너와 현애를 양손에 데리고 율목동으로 오는 길, 너는 할아버지에게 가는 것이 좋다고 "울 밑에선 봉선화야 네 모양이 처량하다." 하며 노래를 다 하였다. 율목동 집은 안타까운 비애 속에 여러 일가들이 모여서 의논을 하고 있었다. 이 날로 우리 집도 비고 인천도 텅 비어 버렸다. 율목동 집에는 허리가 아프셔서 먼 길을 못 가시는 할아버지를 모시고 나와 너희들만 남았다.

폭격과 우리들

'꽝', '꽝'. 야! 무서운 소린데…. "저건 나쁜 사람들을 죽이려고 하나님이 폭탄을 떨어뜨리시는 거야." "잘못해서 다른 데로 떨어지면 어떻게 해요." "하나님 나라로 가지. 하나님 나라는 아름다운 꽃도 많고 먹고 싶은 것은 무엇이든 많아요." "우리 재미있게 피란 가는 장난하자!"
너희들은 이러한 소리를 매일 했고 할아버지는 지붕에서 유엔군의 비행기들이 폭격하는 모습을 구경하시고, 나와 순임이는 벼를 매에 갈아 현미밥을 짓고 보리쌀을 곱게 갈아 죽도 쑤고 고구마 순을 다듬어 된장국도 끓이고 하여 무서운 생각은 안 하고 캘캘대며 날을 보냈다.

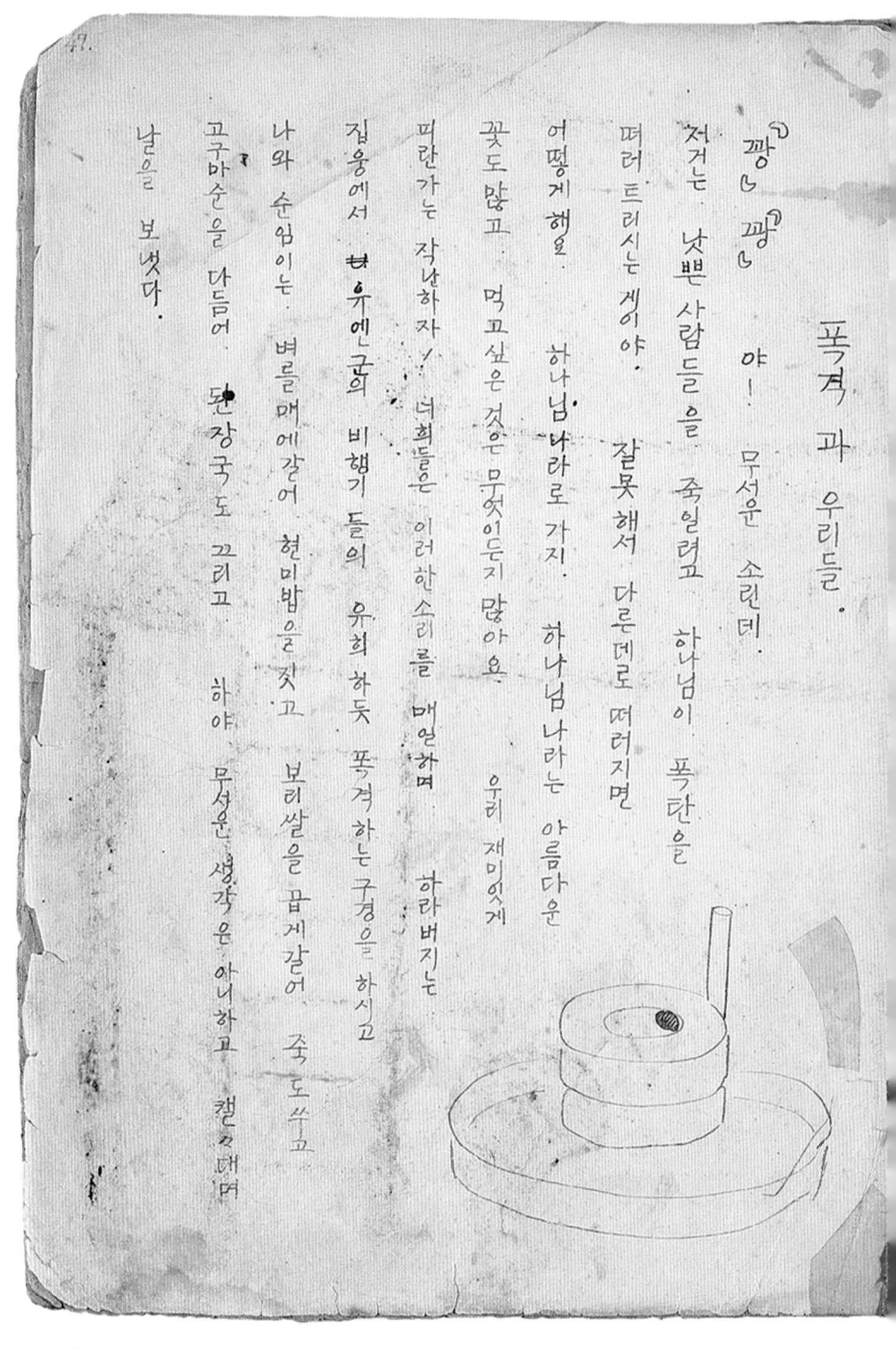

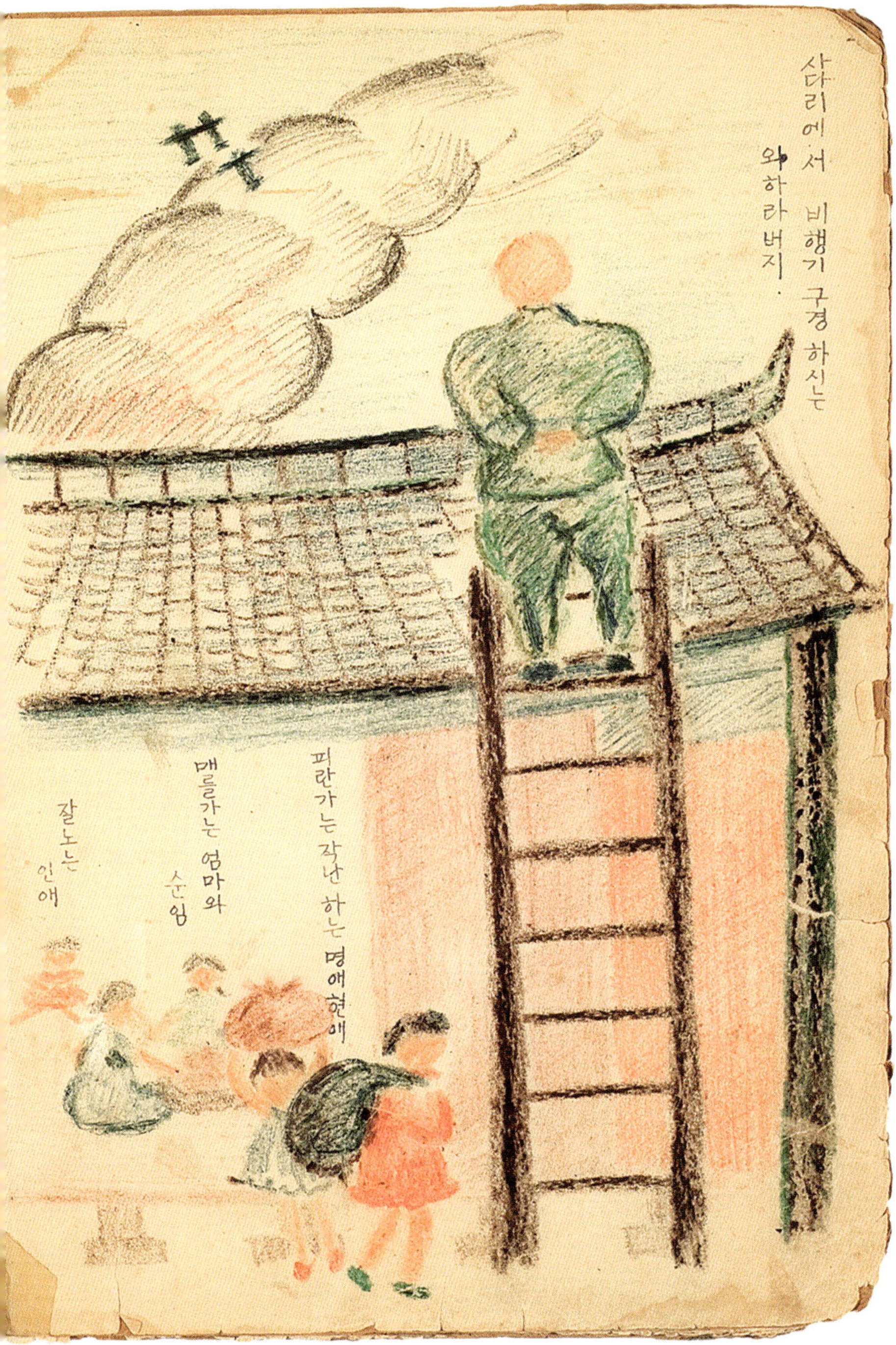

(그림)

사다리에서
비행기 구경하는
외할아버지.
피란 가는 장난하는 명애,
현애. 매를 가는
엄마와 순임.
잘 노는 인애.

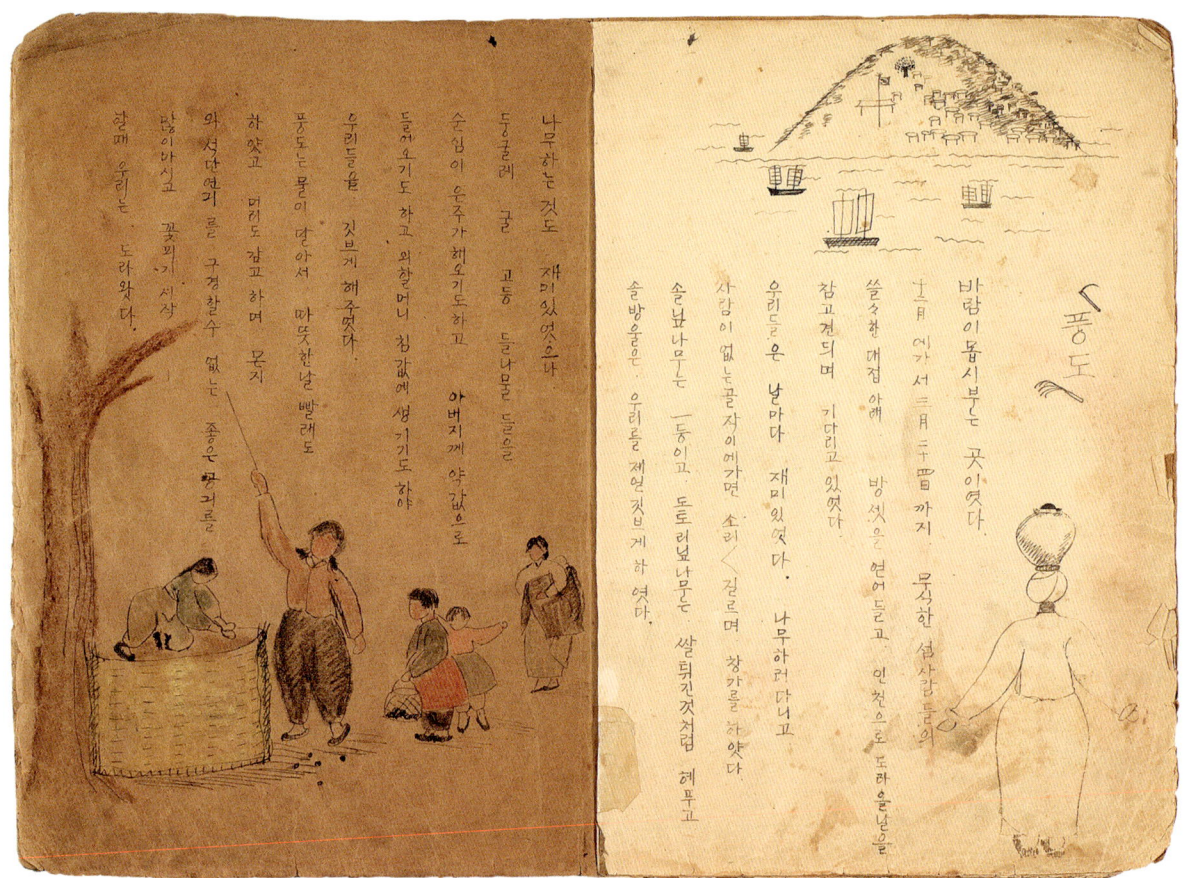

풍도

바람이 몹시 부는 곳이었다.
12월에 가서 다음 해 3월 24일까지 무심한 섬 사람들의 쓸쓸한 대접 아래 방 셋을 얻어
인천으로 돌아갈 날만을 참고 견디며 기다리고 있었다. 우리들은 날마다 재미있었다.
나무 하러 다니고 사람이 없는 골짝에 가면 소리소리 지르며 창가를 하였다.
솔잎 나무는 일등이고 도토리잎 나무는 쌀 튀긴 것처럼 헤프고 솔방울은 우리를 제일 기쁘게 하였다.
나무 하는 것도 재미있었다. 둥굴레, 굴, 고둥, 들나물 들을 순임이, 은주가 해 오기도 하고
아버지께 약값으로 들어오기도 하고 외할머니 침값에 생기기도 하여 우리들을 기쁘게 했다.
풍도는 물이 달아서 따뜻한 날 빨래도 하였고 머리도 감고 하며
먼지와 석탄 연기를 구경할 수 없는 좋은 공기를 많이 마시고 꽃 피기 시작할 때 우리는 돌아왔다.

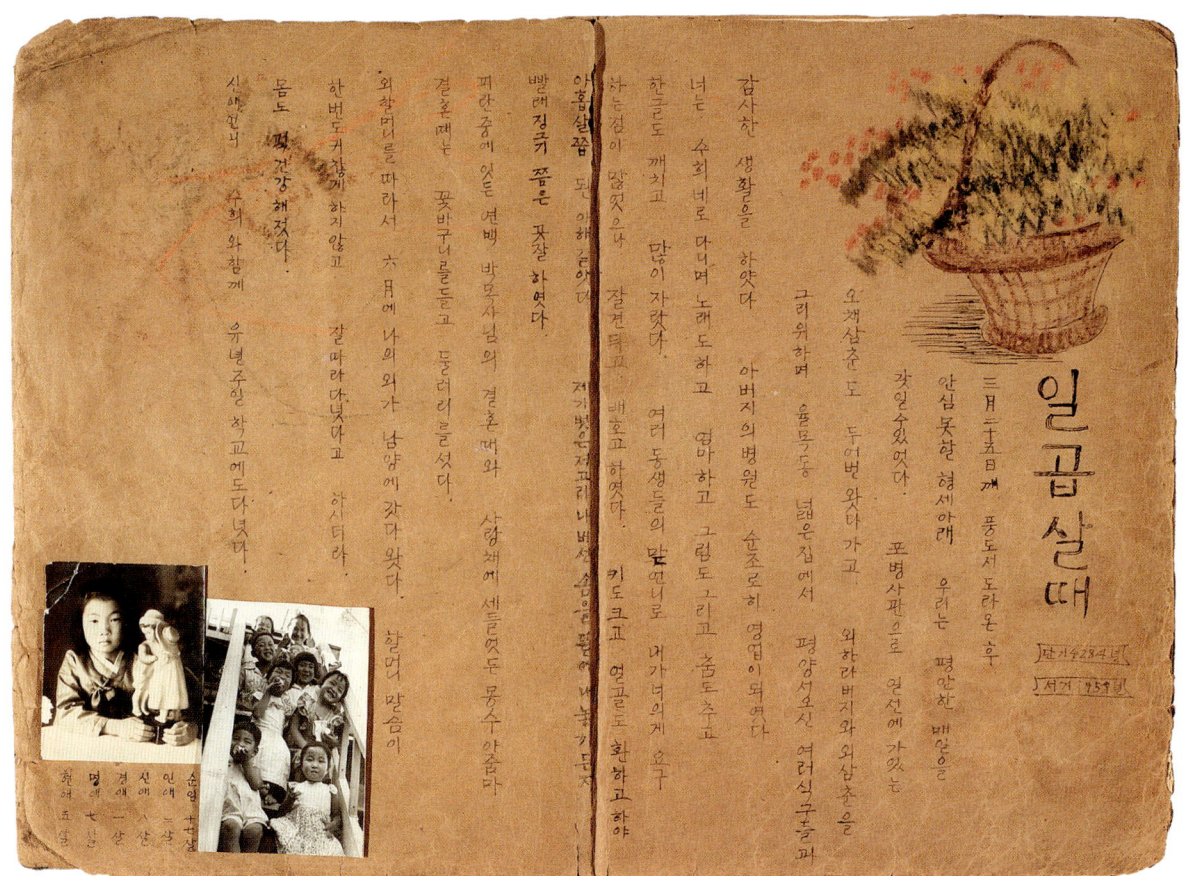

일곱 살 때

3월 25일께 풍도에서 돌아온 후 안심 못할 형세 아래에서도 우리는 평안한 매일을 보낼 수 있었다.
포병 사관으로 일선에 가 있는 다섯째 삼촌도 두어 번 왔다 갔고 외할아버지와 외삼촌을 그리워하며
율목동 넓은 집에서 평양서 온 여러 식구들과 감사한 생활을 하였다. 아버지의 병원도 순조로이 영업이 되었다.
너는 수희네로 다니며 노래도 하고 엄마하고 그림도 그리고 춤도 추고 한글도 깨치며 많이 자랐다.
여러 동생들의 맏언니로 내가 너에게 요구하는 점이 많았으나 잘 견디고 배웠다.
키도 크고 얼굴도 환해 아홉 살쯤 되는 아이 같았다. 제가 벗은 저고리나 버선 솜을 뜯어 내놓기 든지
빨래 징그기 쯤은 곧잘 했다. 피난 중에 있던 연백 박목사님의 결혼 때와 사랑채에 세 들었던
몽수 아줌마 결혼 때는 꽃바구니를 들고 들러리를 섰다. 외할머니를 따라서 6월에 나의 남양 외가에 갔다 왔다.
할머니 말씀이 한 번도 귀찮게 하지 않고 잘 따라다녔다고 하시더라. 몸도 퍽 건강해졌다.
신애 언니, 수희와 함께 유년 주일 학교에도 다녔다.

(사진)

현애 다섯 살/ 명애 일곱 살/ 경애 한 살/ 신애 여덟 살/ 인애 두 살/ 순임 열일곱 살

(사진)

율목동 집 앞 불 탄 자리에서.

일곱 살 때 다섯째 삼촌이 일선에서 다니러 오셨을 때다. 고원 사진관에서 와서 찍었다.

우리 온 식구 : 할아버지(71), 할머니(59), 외할머니(57), 큰아버지(36), 아버지(34),

작은아버지(29), 넷째 삼촌(26), 다섯째 삼촌(23), 막내 삼촌(15), 큰어머니(33), 어머니(29), 작은어머니(24),

신애(8), 명애(7), 형룡(6), 현애(5), 경룡(4), 홍룡(3), 인애(2), 양룡(1), 경애(1)

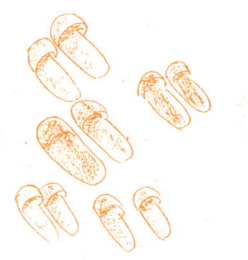

현숙한
여인이
되어다오

"감이 익기 전에 따려면 여간 힘을 들여도
잘 떨어지지 않지만,
다 익은 뒤에는 살짝 건드리기만 해도 떨어진다.
아기를 낳는 것도 마찬가지다.
자연히 힘이 주어질 때 힘을 주는 게지
사람이 억지로 해서는 안 되는 법이다.
조용히 기다리다가 자연의 힘으로 행동하면 되는 것이니라."
나는 아버님의 설명이
지혜로우신 말씀이라고 생각하며 둘째 아이를 순산했다.
젖도 잘 먹고, 잠도 잘 자고,
포동포동 살이 오르는 것이 얼마나 예쁜지 몰랐다.

둘째 딸 현애의 육아일기

현애의 육아일기, 1947-1953년, 18×26cm, 30쪽.

현애의 일화

둘째 딸 현애가 중학교 1학년이 되던 해였다. 학교에서 돌아온 현애가 다급하게 나를 불렀다.

"어머니, 제가 잘못한 건 아닌지 모르겠어요. 국어 시간에 선생님께서 너희들 중에 자기 손으로 쓴 일기 말고 자기의 일을 누가 써 준 일이 있는 사람! 하셔서, 다른 아이들도 들겠지 생각하고 손을 들었는데 저 혼자였어요. 어떤 것이냐고 물으셔서, 어머니께서 아기 때부터 학교 가기 전까지의 일을 써 주셨다고 했더니 내일 가지고 올 수 있느냐고 하셔서 그러겠다고 했어요."

"물론 가지고 가도 되지만, 철자법도 엉망이고 부끄럽지 않겠니?"

이렇게 해서 〈현애〉라는 이름이 붙은 조그만 기록물이 많은 사람들에게 선보였다. 내가 아이들을 키울 때에는 지금 같은 육아일기라는 것이 있던 때가 아니었다.

언제던가. 현애에 대해서 기억에 남는 또 다른 일화가 있다. 아마도 현애가 초등학교 5학년 때였을 것이다. 그때 음악 선생님께서 담임을 하셨는데 학기 초에 나를 부르셨다.

"현애 어머니께서 옛날에 미술 특기 교사였다고 들었는데 저를 좀 도와주시면 현애에게 피아노를 가르치겠습니다. 저는 피아노만 잘 치지, 미술은 잘 모르거든요. 어머니께서 한 학기만 도움을 주시면 답답한 것은 면할 것 같습니다."

너무도 솔직한 그분의 부탁을 쾌히 받아들이기로 하였다.

"지도안은 써서 미리 전해 드리고, 시범 작품도 전해 드릴 터이니 아이들 앞에서 수업을 하시면, 저는 집에서 장을 보러 간다고 나와서 교실에서 아이들 사이로 다니면서 지도를 할게요. 절대로 비밀은 지켜야 합니다."

선생님과 약속한 시간은 4월부터 7월까지 매주 목요일 오후의 두 시간이었다.

나는 즐거운 마음으로 장바구니를 들고 가서 선생님의 조수 역할을 했다. 그리는 소재들은 '우리 선생님, 내 친구, 꽃, 교정에서, 복도에서, 우리 가족, 내 가방, 운동회, 과일, 비 오는 날, 내 얼굴, 꽃밭, 신발, 필통, 주전자와 컵, 운동장에서' 같은 것들이다.

나는 지도안과 시범 작품도 준비해 드렸고, 비밀도 잘 지켜졌다. 수업이 끝날 때에는 꼭 비평회를 하였다. 선생님은 그림을 한 장씩 들고 말씀하셨다.

"얘들아- 이 그림, 어떻니?"

"우와- 잘 그렸어요."

"에이- 무엇인지 잘 모르겠는데요?"

"너무 조그맣게 그려서 나빠요."

이렇듯 아이들을 참여시키는 수업을 하니, 선생님의 수고가 좀 덜 해졌다. 1학기가 끝난 후부터 나는 매주 목요일을 잊고 지냈다. 그러던 중, 10월의 어느 날 현애의 담임선생님으로부터 전화가 걸려 왔다.

"현애 어머니, 큰일 났습니다. 이번에 교내 사생대회를 했는데 우리 반에서 입선이 절반이나 나왔고요. 최우수상, 우수상, 장려상이 모두 나왔어요. 그래서 선생님들께서 음악하고 미술이 통한다며 저더러 미술부장을 맡으라는 거예요. 양심이 괴로워서 사실대로 밝힐까 봐요."

"말도 안 되는 일이에요. 약속을 깨면 전 큰일 납니다. 절대로 안 돼요."

나는 선생님의 입장이 난처해질 것이 걱정되어 단호하게 잘라 말했다. 하지만, 나 스스로는 기뻐서 소리를 지르고 싶었다.

선생님께서는 내내 마음이 쓰였는지 모르겠다.

하지만, 서로에게 '하얀 거짓말'이었다고 믿는다. 서로에게 도움이 되었다면 비밀은 밝혀지지 않기에 더욱 아름답게 기억될 수 있을 테니 말이다.

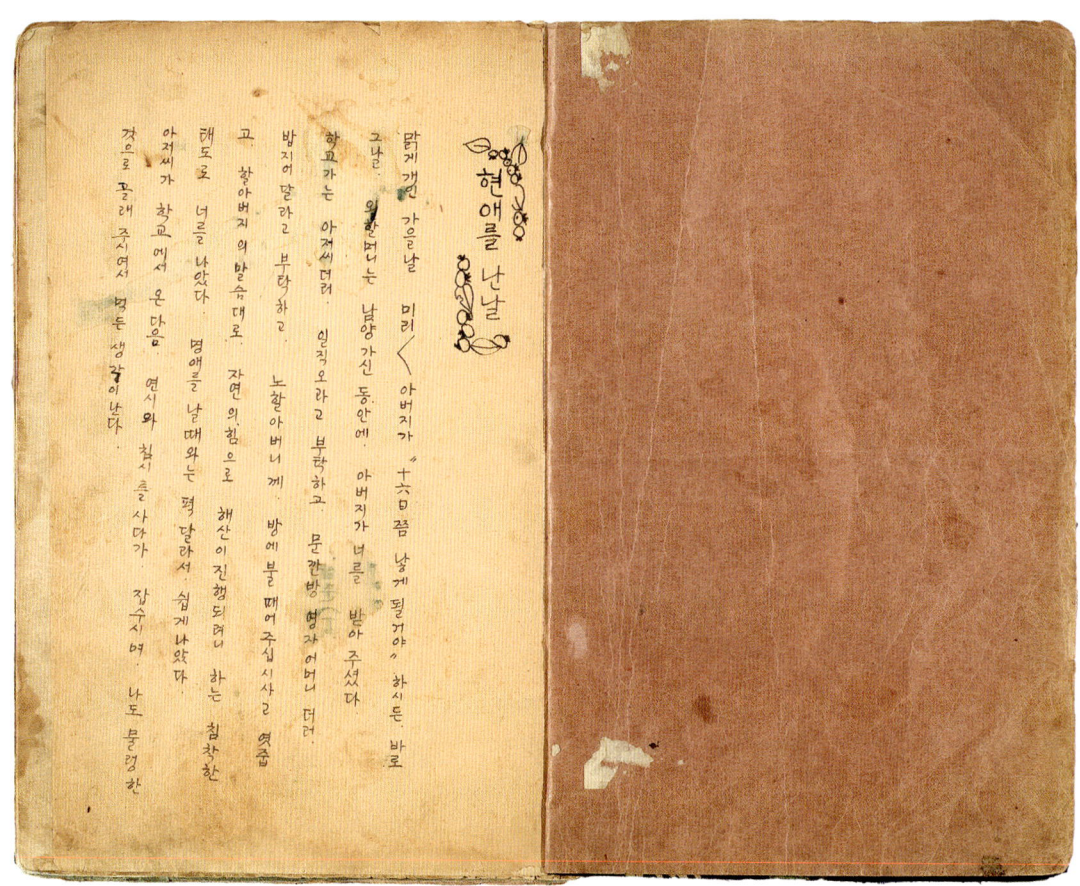

현애를 낳은 날

맑게 갠 가을 날, 아버지가 미리 "16일쯤 낳게 될 거야." 하시던 바로 그 날,
외할머니가 남양에 가신 동안에 아버지가 너를 받아 주셨다.
학교 가는 아저씨더러 일찍 오라고 부탁하고, 문간방 영자 어머니더러 밥 지어 달라고 부탁하고,
노할아버지께는 방에 불을 때 주십사 여쭙고, 할아버지의 말씀대로
자연의 힘으로 해산이 진행되려니 하는 침착한 태도로 너를 낳았다.
명애를 낳을 때와는 퍽 달리 쉽게 낳았다.
아저씨가 학교에서 온 다음, 연시와 침시(沈柿)를 사다가 잡수시며 나에게도
물렁한 것으로 골라 주시어 먹던 생각이 난다. (계속)

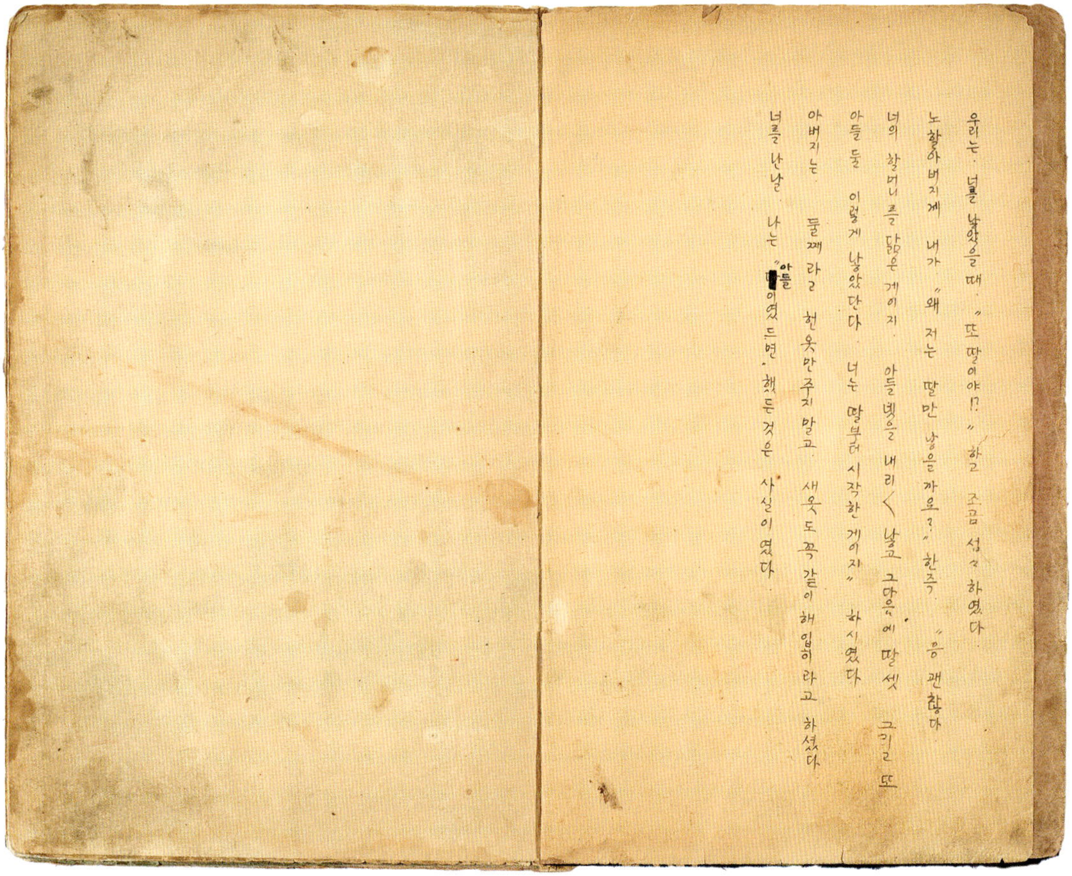
우리는 너를 낳았을때 "또 딸이야!?" 하고 조금 섭섭하였다
노할아버지께 내가 "왜 저는 딸만 낳을까요?" 한즉 "응 괜찮다
너의 할머니를 닮은 게이지. 아들넷을 내리〈 낳고 그다음에 딸셋 그리고 또
아들 둘 이렇게 낳았단다. 너는 딸부터 시작한 게이지" 하시였다.
아버지는 둘째라고 헌옷만 주지 말고 새옷도 꼭 같이 해입히라고 하셨다
너를 난날 나는 "아들이였드면" 했든것은 사실이였다.

4 / 3

우리는 너를 낳았을 때 "또 딸이야!" 하고 조금 섭섭해 했다.

노할아버지께 내가 "저는 왜 딸만 낳을까요?" 한즉, "응 괜찮다. 너의 할머니를 닮은 게지.

아들 넷을 내리 낳고 그 다음에 딸 셋, 그리고 또 아들을 둘, 이렇게 낳았단다.

너는 딸부터 시작한 게지." 하셨다.

아버지는 둘째라고 헌 옷만 주지 말고 새 옷도 꼭 같이 해 입히라고 하셨다.

너를 낳은 날, 나는 '아들이었으면.' 했던 것이 사실이다.

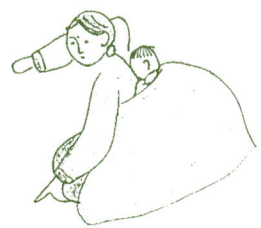

현애라는 이름

외할머니께서 지어 주셨다.
외할아버지는
어질 현(賢), 사랑 애(愛)
두 자를 써 주셨다.
유현애. 네 이름은
써 보나 읽어 보나
참 좋은 이름이다.

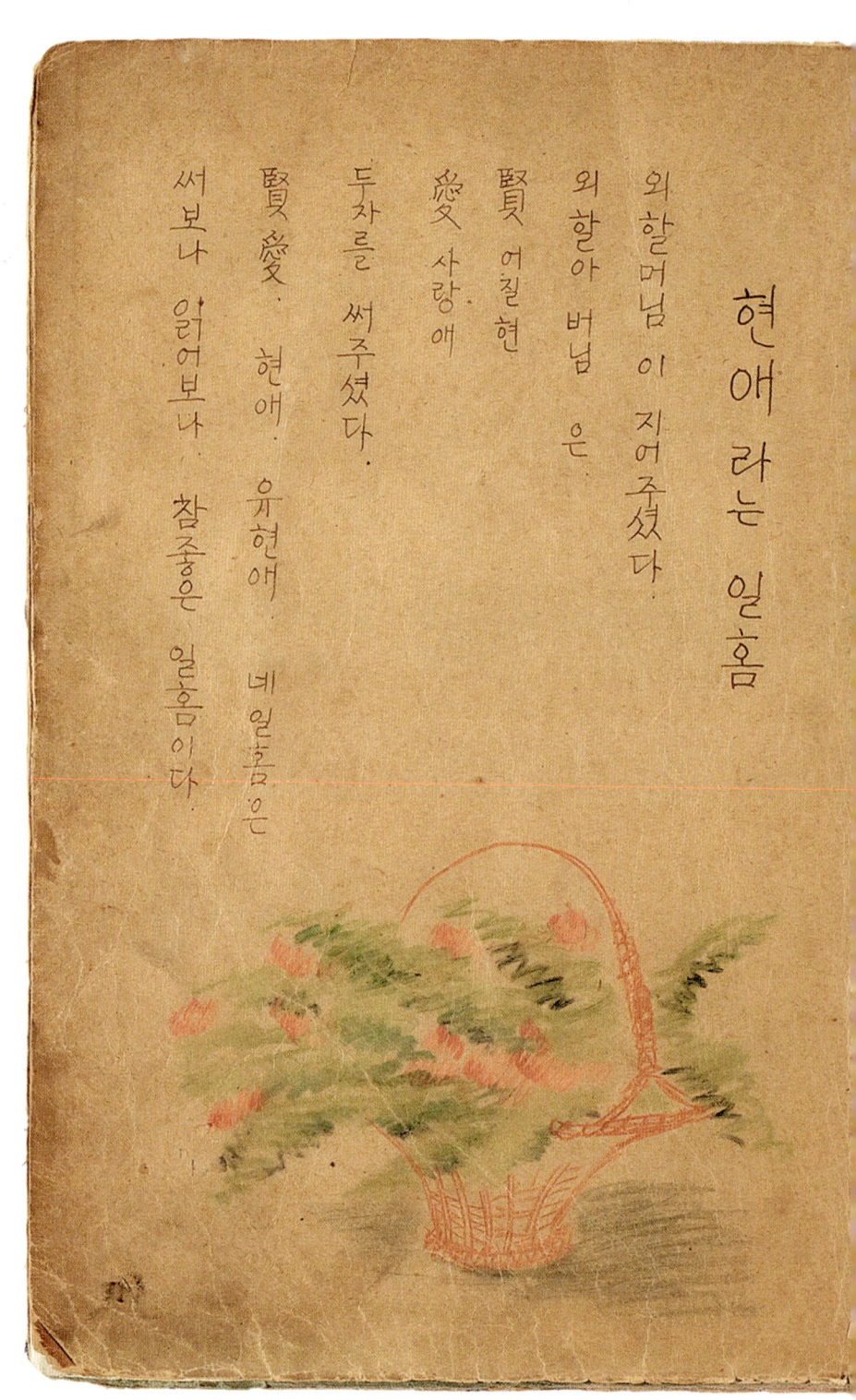

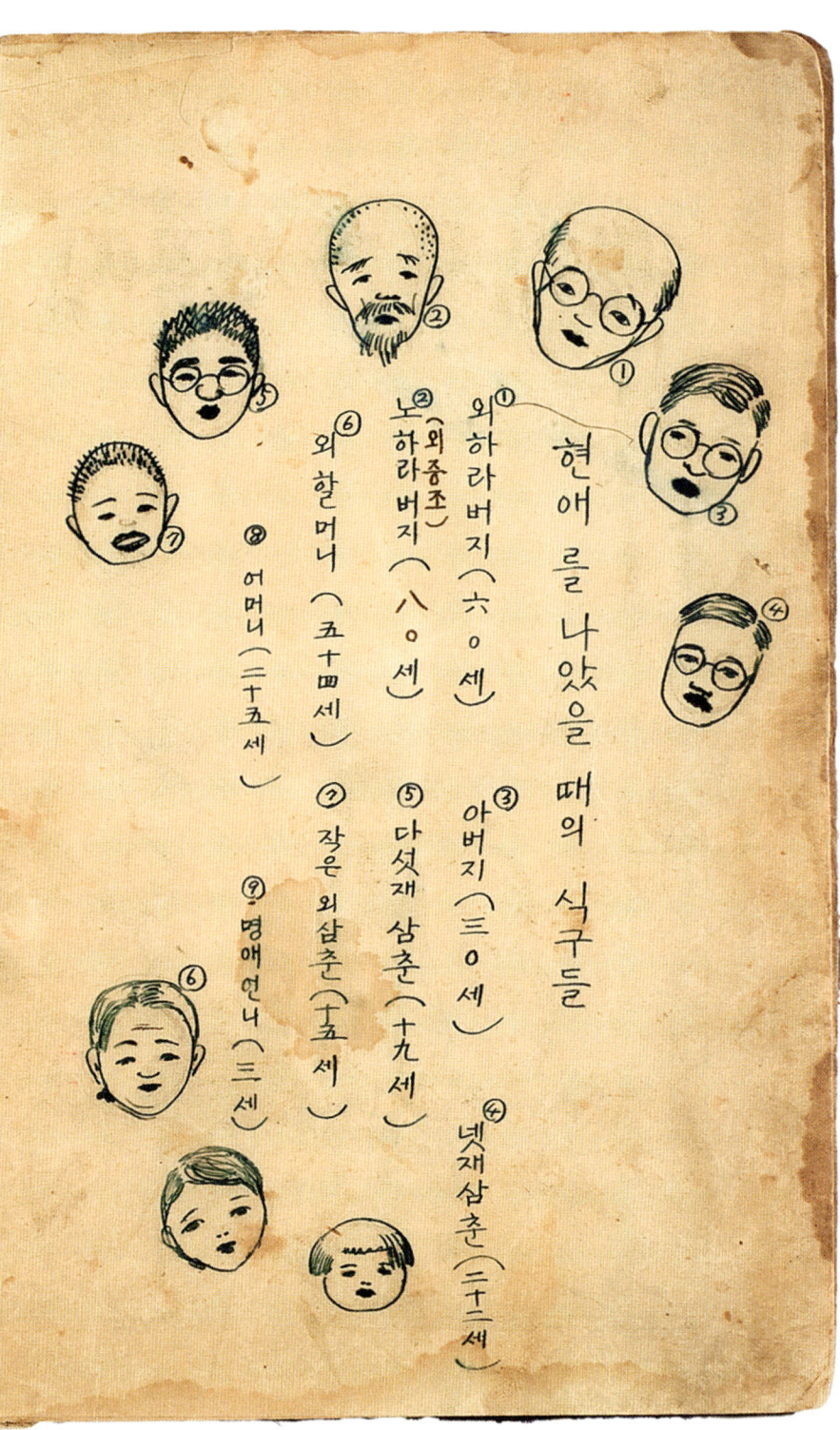

현애를 낳았을 때
식구들
① 외할아버지(60세)
② 노할아버지(외증조 80세)
③ 아버지(30세)
④ 넷째 삼촌(22세)
⑤ 다섯째 삼촌(19세)
⑥ 외할머니(54세)
⑦ 작은 외삼촌(15세)
⑧ 어머니(25세)
⑨ 명애(3세)

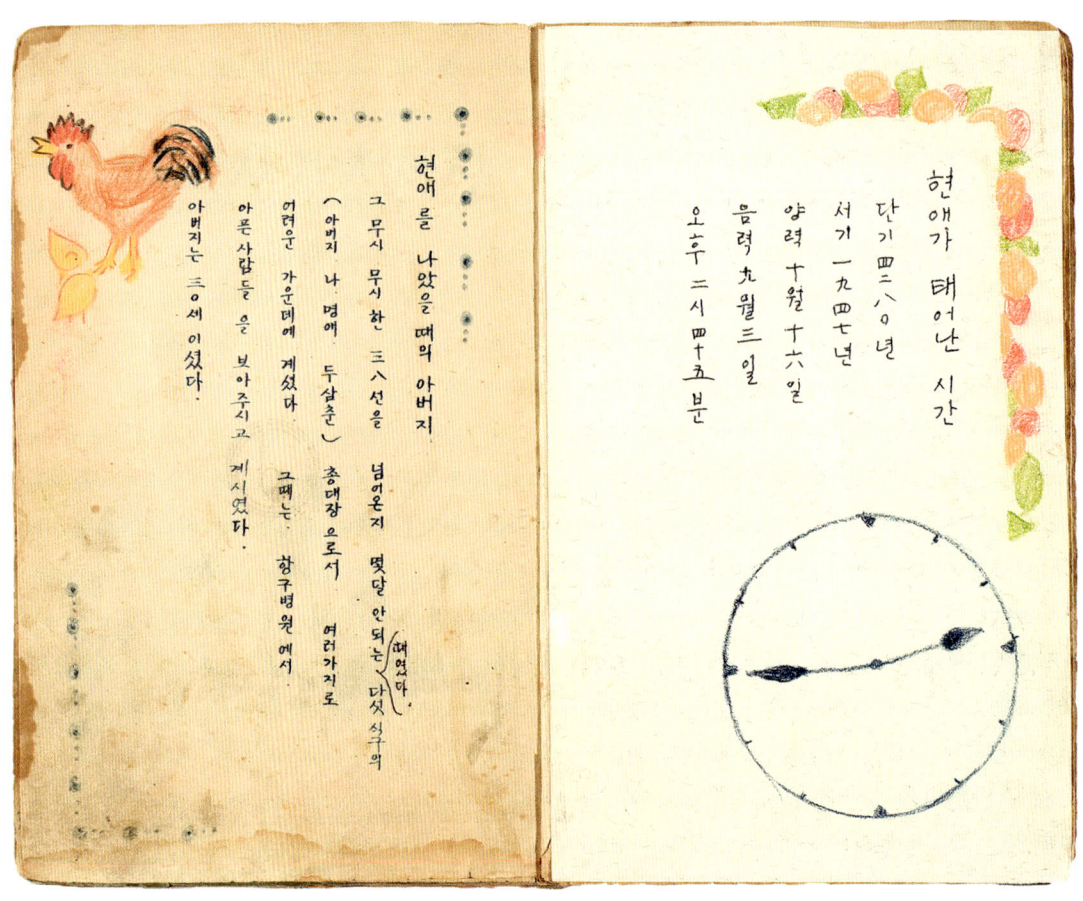

현애가 태어난 시간
단기 4280년, 서기 1947년 양력 10월 16일(음력 9월 3일) 오후 2시 45분.

현애를 낳았을 때 아버지
그 무시무시한 삼팔선을 넘어온 지 몇 달 안 된 때였다.
아버지는 다섯 식구(아버지, 나, 명애, 두 삼촌)의 총대장으로서 여러 가지로
어려운 가운데에 계셨다. 그때는 항구병원에서 아픈 사람들을 봐 주시고 계셨다.
아버지는 30세였다.

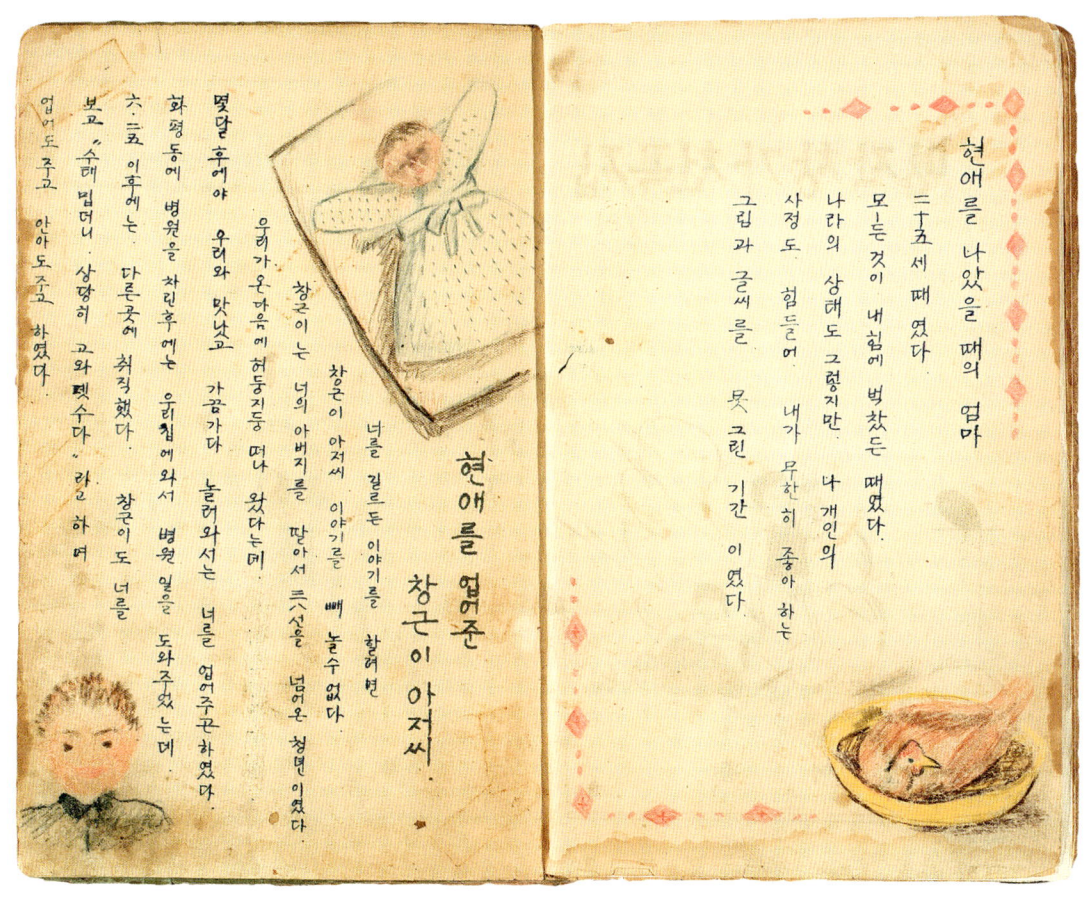

현애를 낳았을 때 엄마

25세 때였다. 모든 것이 내 힘에 벅찼던 때였다.
나라의 상태도 그렇지만 나 개인의 사정도 힘들어, 내가 무한히 좋아하는 그림과 글씨를
못 그린 기간이었다.

현애를 업어 준 창근이 아저씨

너를 기르던 이야기를 하려면 창근이 아저씨 이야기를 빼놓을 수 없다.
창근이는 너의 아버지를 따라서 삼팔선을 넘어온 청년이었다. 우리가 온 다음에 허둥지둥 떠나 왔다는데 몇 달 후에야 우리와 만났고 가끔 가다 놀러 와서는 너를 업어 주곤 하였다.
화평동에 병원을 차린 후에는 우리 집에 와서 병원 일을 도와주었는데 6·25 이후에는 다른 곳에 취직했다.
창근이도 너를 보고 "수태 밉더니, 상당히 고와뎃수다." 하며 업어도 주고 안아도 주고 하였다.

현애를 길러 주신 외할머니

너를 낳을 때는 당미(나의 외가) 가서 안 계셨으나, 갓난아기 때 너를 씻기고 입히고, 좀 큰 후에도 길러 주신 외할머니는 네가 늘 따르고 '내 할머니야.'라고 했듯이 현애의 할머니였다.

교회 생활에나 또 개인적으로나 몹시 바쁘신 (침으로 환자를 고치셨다) 생활이었으나 너희들을 곱게 거두어 주시느라 옛날 색헝겊을 꺼내어 저고리도 마련해 주시고 수버선도 손수 해서 신겨 주시고 스웨터도 떠 입혀 주시곤 하였다. 네가 울어서 온 집안이 밉다고 해도 외할머니는

너를 덮어 주시고 사랑해 주셨다.

(사진)

(위쪽) 1951년. 풍도에서 돌아온 해 여름. 율목동 집 맞은편 불탄 자리에서. 일선에서 다니러 온 다섯째 삼촌과 같이 피난민 생활하던 첫 해의 대가족. 외조모한테 기대어 있는 현애가 오목조목 예쁘구나.
(아래쪽) 1953년 12월. 율목동 집 안방에서, 인애(왼쪽)와 현애(오른쪽).

(사진)
(위쪽) 1952년 5월. 명애(8세), 현애(6세), 인애(3세), 어머니(30세).
(아래쪽) 피난 온 황 선생님 누님 결혼식에 조인순(趙仁順)과 꽃 들러리 선 현애(창영교회에서).

한 살 때

우리는 삼팔선을 넘어 온 해, 너를 낳았기 때문에 너의 별명은 '삼팔네'라고 했단다.
평양서 서기 시작한 너를 율목동 집에 와서 낳았는데, 외할아버지들이 길러 주시게 될 줄은
꿈에도 생각지 않던 일이다. 그 해 겨울 갓 낳은 너를 두고 청대(靑竹) 한 마차를 사러 갔다 오니
(장작 대신 싸다고 해서 만 원 주고 샀다) 너는 배가 너무 고파서 몹시 울고 있었던 생각이 난다.
아랫방을 우리가 쓰고 있었는데 웃풍이 몹시 셌던 것도 생각이 난다.

율목동 집

너를 낳아서 기른
이 율목동 집은 동리에서
제일 큰 집이었다.
'근업소 앞 긴 돌담집'
이라고 하면 되었다.
이 집은 엄마가
열다섯 살에 이사 와서
자라고, 평양으로
시집 갈 때도 이 집에서
갔다. 6·25와 1·4 후퇴 때
우리는 이 큰 집이
그대로 남아서
우리들을 살게 해준 것을
얼마나 여러 번 하나님께
감사드렸는지 모른다.

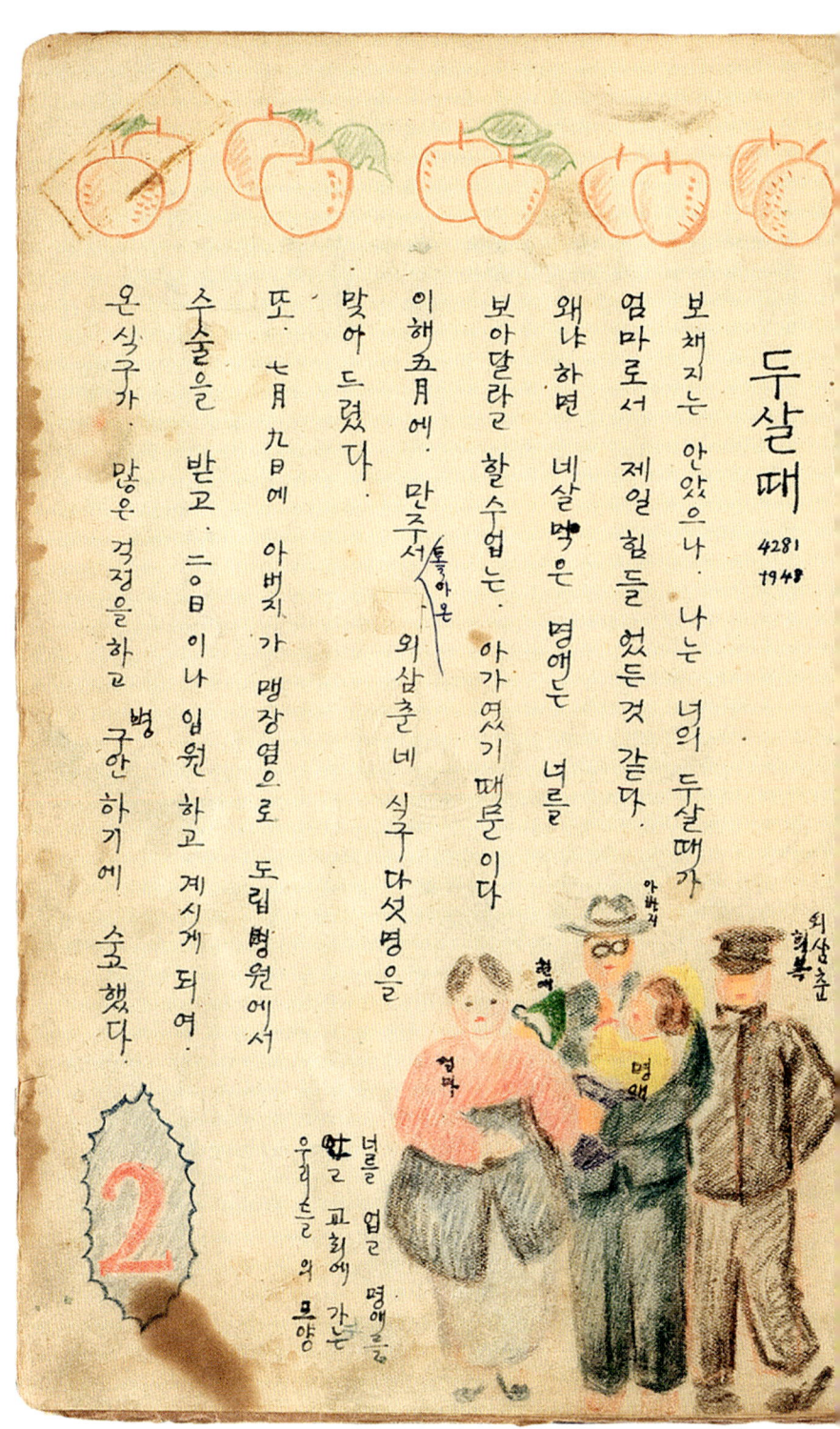

두살때 4281 1948

보채지는 안았으나. 나는 너의 두살때가 엄마로서 제일 힘들었든것 같다. 왜냐하면 네살먹은 명애든 너를 보아달라 할수없는. 아가였기 때문이다 이해 五月에. 만주서 돌아온 외삼춘네 식구 다섯명을 맞어드렸다. 또. 七月 九日에 아버지가 맹장염으로 도립병원에서 수술을 받고. 二○日이나 입원 하고 계시게 되여. 온 식구가. 많은 걱정을 하고 병 구완 하기에 숨 했다.

너를 업고 명애를 안고 교회에 가는 우리들의 모양

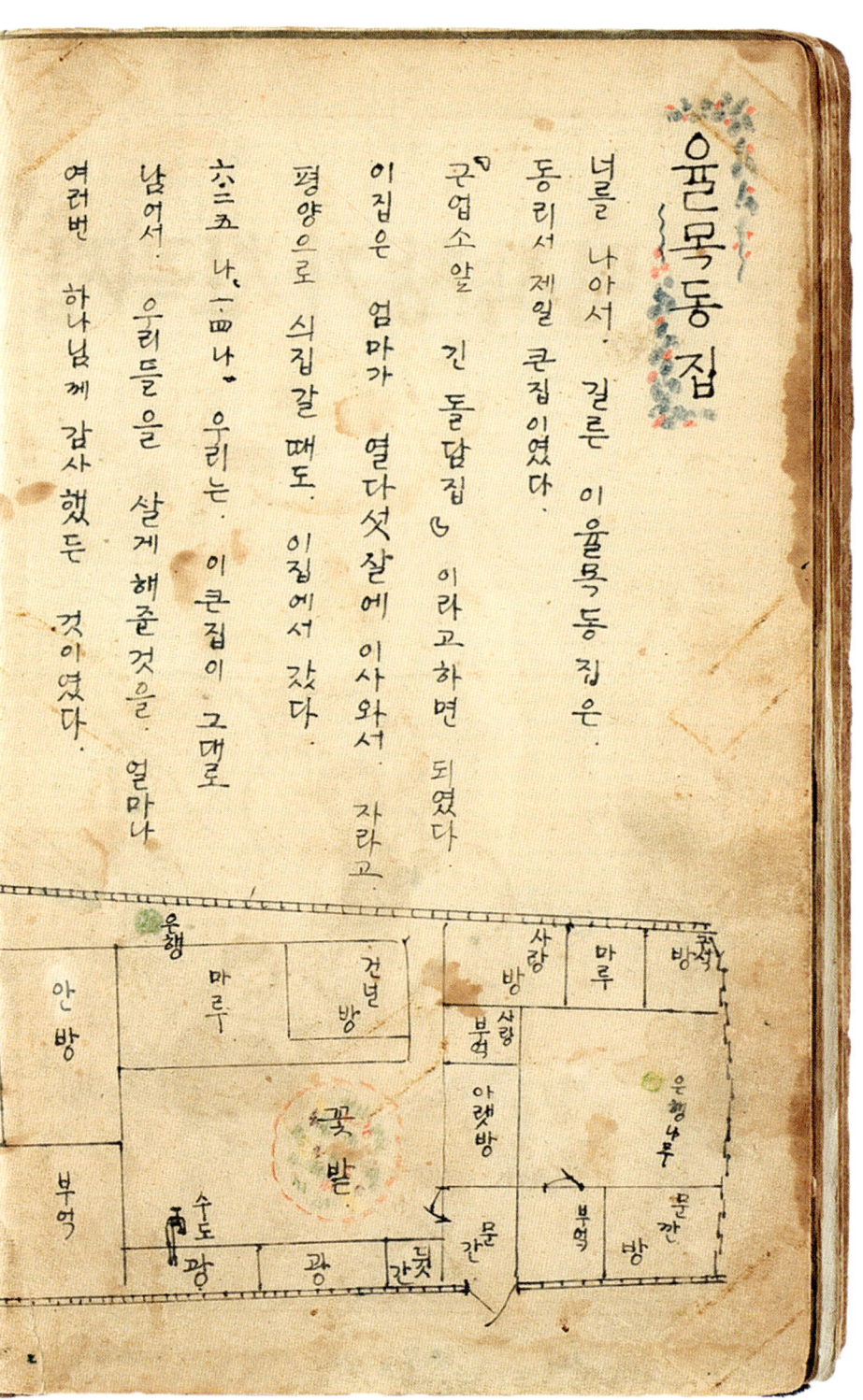

두 살 때

보채지는 않았으나 나는 너의 두 살 때가 엄마로서 제일 힘들었던 것 같다. 왜냐하면 네 살 먹은 명애는, 너를 봐 달라고 할 수 없는 아가였기 때문이다. 이 해 5월에 만주에서 돌아온 큰외삼촌의 다섯 식구를 맞아들였다.
또 7월 9일에 아버지가 맹장염으로 도립병원에서 수술을 받고 20일이나 입원하시게 되어 온 식구가 많은 걱정을 하고 병구완하기에 수고했다.

현애의 첫돌

떡과 나물을 준비하고
국도 끓이고 해서
할아버지, 할머니를 모시고
일가 아주머니들을
청했다. 밤에는 아버지
친구 몇 분을 청했다.
손님들은 "갓 낳아서는
밉더니 좀 고와졌다."고
하시며 "양반의 자식은
늦자란다더니,
네가 그렇구나." 하셨다.
윤모네 아주머니가
놋주발, 희순네 아주머니가
놋주발, 자선 소아과
박 선생님이 은수저,
사돈 보경이네 아주머니가
은수저, 큰외삼촌 댁이
치마저고리.
이러한 선물을 받았다.

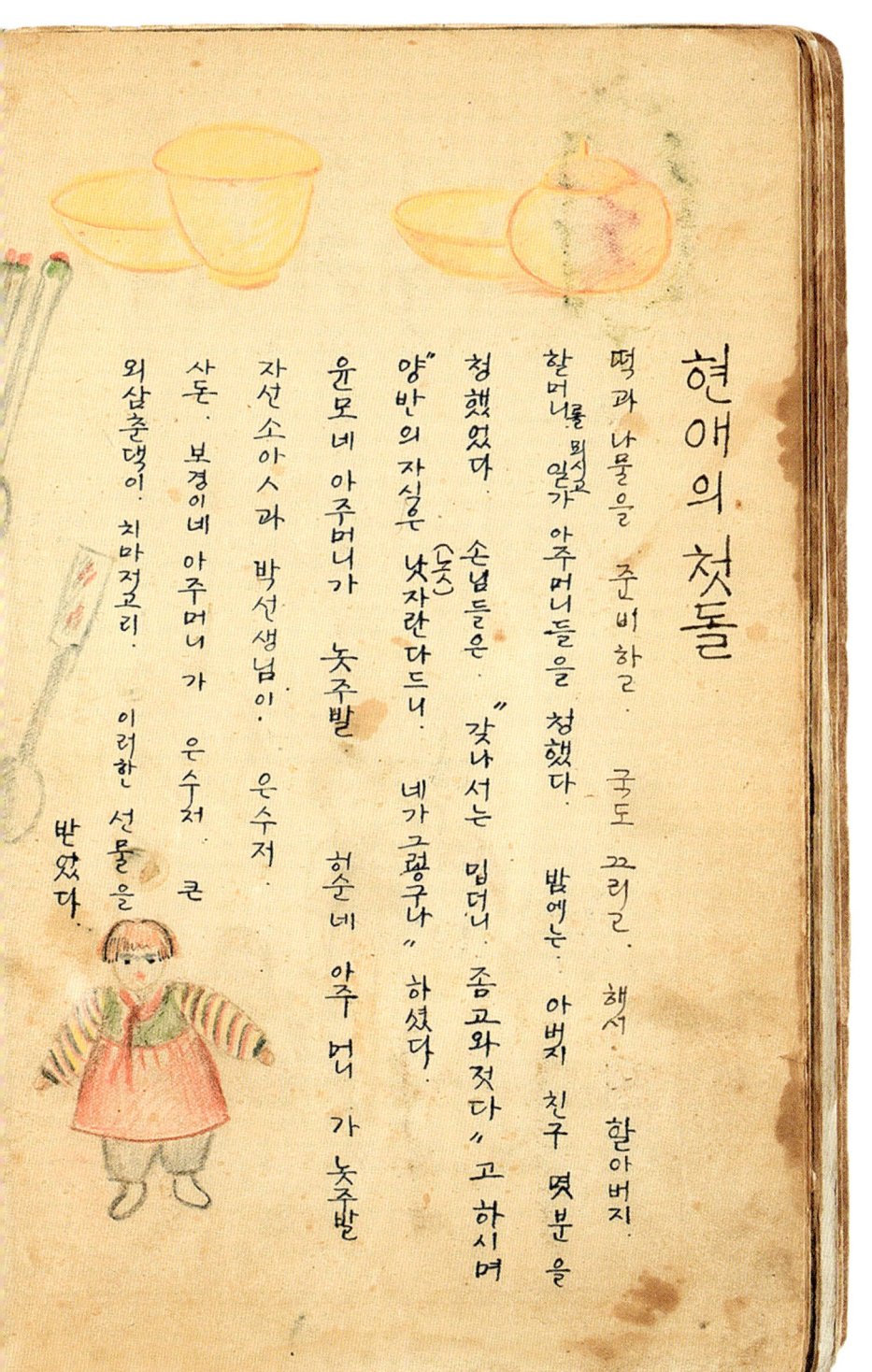

세 살 때

이 해 봄, 만주에서 오셔서 율목동 집에 계시던 큰외삼촌네 식구가 (다섯 식구) 따로 나시고, 우리는 화평동에 병원을 가졌다. 여름부터 노할아버지께서 몹시 편찮으시더니 가을(9월 9일)에 돌아가셨다. 너는 바쁘게 다니는 어른을 귀찮게 하지 않고 명애하고 잘 놀아 어른들께 칭찬을 들었다.

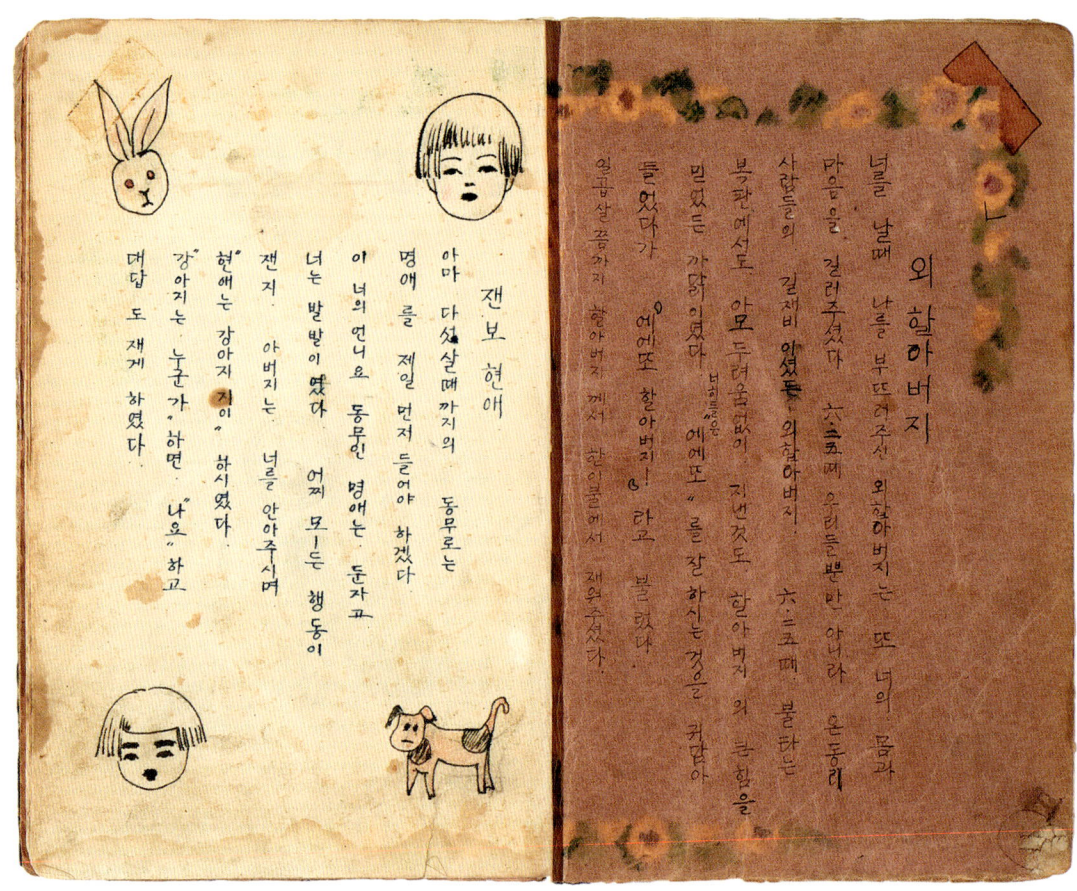

외할아버지
너를 낳을 때, 나를 붙들어주신 외할아버지는 또 너의 몸과 마음을 길러 주셨다.
6·25때 우리들뿐만 아니라 온 동리 사람들의 길잡이었던 외할아버지.
6·25때 불 타는 복판에서도 아무 두려움 없이 지낸 것은 외할아버지의 큰 힘을 믿었던 까닭이다.
너희들은 '에에 또'를 잘하시는 것을 귀담아들었다가 '에에 또 할아버지'라고 불렀다.
일곱 살 때까지 외할아버지께서 한 이불에 재워 주셨다.

잰보 현애
아마도 다섯 살 때까지의 동무로는 명애를 제일 먼저 들어야겠다.
너의 언니요, 동무인 명애는 둔자고 너는 발발이었다. 모든 행동이 어찌나 잰지 아버지는
너를 안아 주시며 "현애는 강아지" 하셨다. "강아지는 누군가?" 하면
"나요." 하고 대답도 재게 하였다.

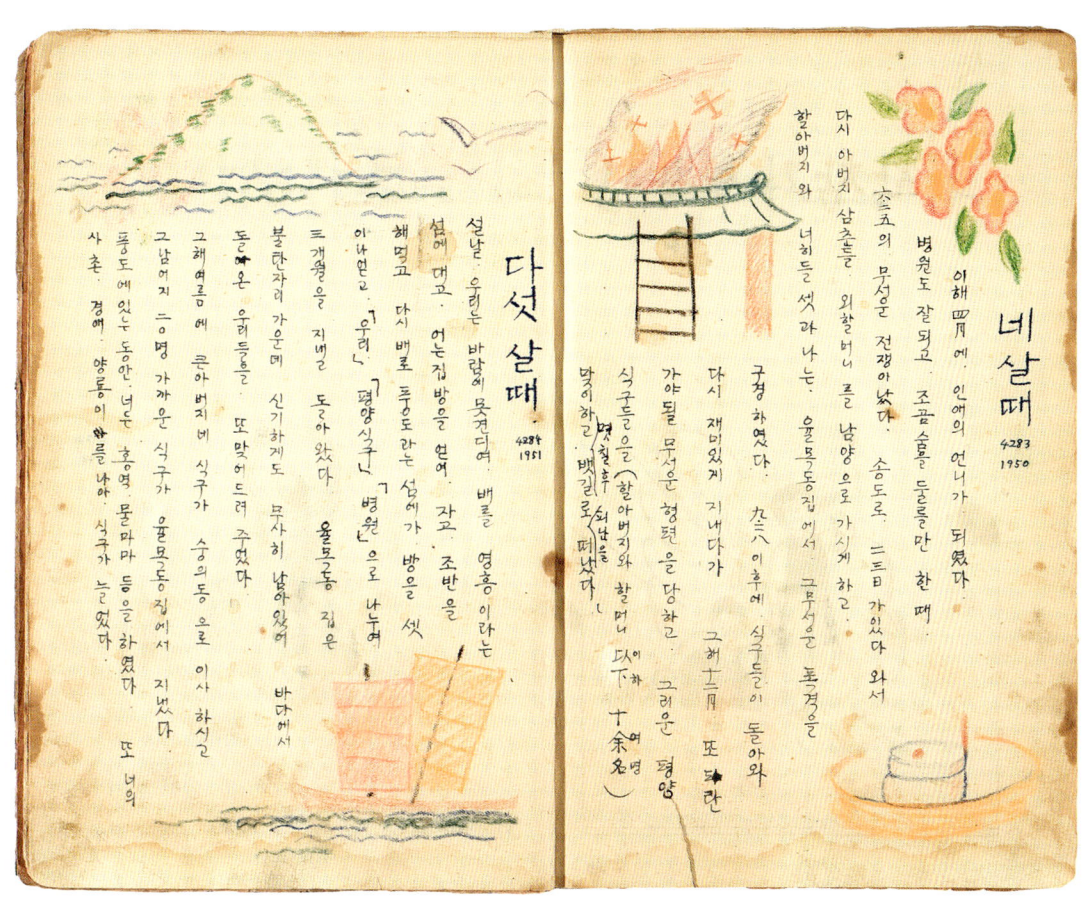

네 살 때
이 해 4월에 인애의 언니가 되었다. 병원도 잘되고 조금 숨을 돌릴 만한 때에 6·25의 무서운 전쟁이 났다.
송도로 2, 3일 가 있다 와서는 다시 아버지, 삼촌들, 외할머니를 남양으로 가시게 하고 할아버지와 너희들 셋과
나는 율목동 집에서 그 무서운 폭격을 구경하였다. 9·28 수복 이후에 식구들이 돌아와 다시 재미있게
지내다가 그 해 12월 또 피난 가야 할 무서운 형편을 당하였다. 그리운 평양 식구들
(할아버지와 할머니 이하 아홉 명)을 맞이하고 며칠 후 뱃길로 피난을 떠났다.

다섯 살 때
설날, 우리는 바람에 못 견디어 배를 영흥이라는 섬에 대고 어느 집 방을 얻어 자고 조반을 해 먹은 후
다시 풍도라는 섬으로 갔다. 방을 셋이나 얻고 우리, 평양 식구, 병원 식구로 나뉘어 3개월을 지내고 돌아왔다.
율목동 집은 불탄 자리 가운데 신기하게도 무사히 남아 있어, 바다에서 돌아온 우리들을 또 맞아 주었다.
그 해 여름에 큰아버지네 식구가 숭의동으로 이사하고, 그 나머지 20여 명 가까운 식구가 율목동 집에서 지냈다.
풍도에 있는 동안 너는 홍역, 물마마(수두) 등을 앓았다. 또 너의 사촌 경애, 양룡이가 태어나 식구가 늘었다.

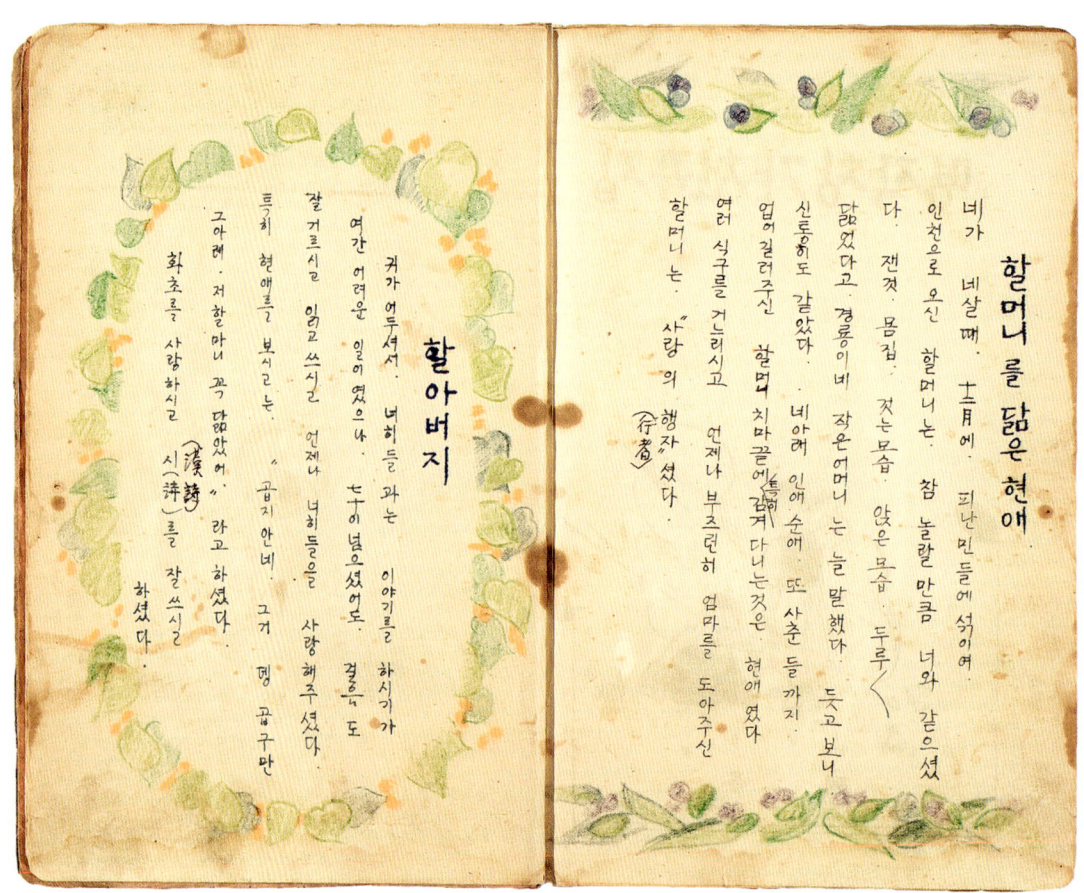

할머니를 닮은 현애

네가 네 살 때 12월, 피난민들에 섞이어 인천으로 오신 할머니는 참 놀랄 만큼
너와 같은 데가 있었다. 잰 것, 몸집, 걷는 모습, 앉은 모습이 두루두루 닮았다고 경룡이네 작은어머니가
늘 말했다. 듣고 보니 신통하게도 같았다. 너 아래 인애, 순애 또 사촌들까지 업어 길러 주신
할머니의 치마 끝에 특히 감겨 다니는 것은 현애였다. 여러 식구들을 거느리고 언제나 부지런히
엄마를 도와주신 할머니는 사랑의 행자(行者)였다.

할아버지

귀가 어두우셔서 너희들과 이야기를 하시기가 여간 어려운 일이 아니었겠으나
(칠순이 넘으셨어도 걸음도 잘 걸으시고 읽고 쓰시고) 언제나 너희들을 사랑하셨다.
특히 현애를 보시고는 "곱지 않네. 그거 뎅 곱구만. 그 아래, 저 할머니 꼭 닮았어."라고 하셨다.
화초를 사랑하시고 한시(漢詩)를 잘 쓰셨다.

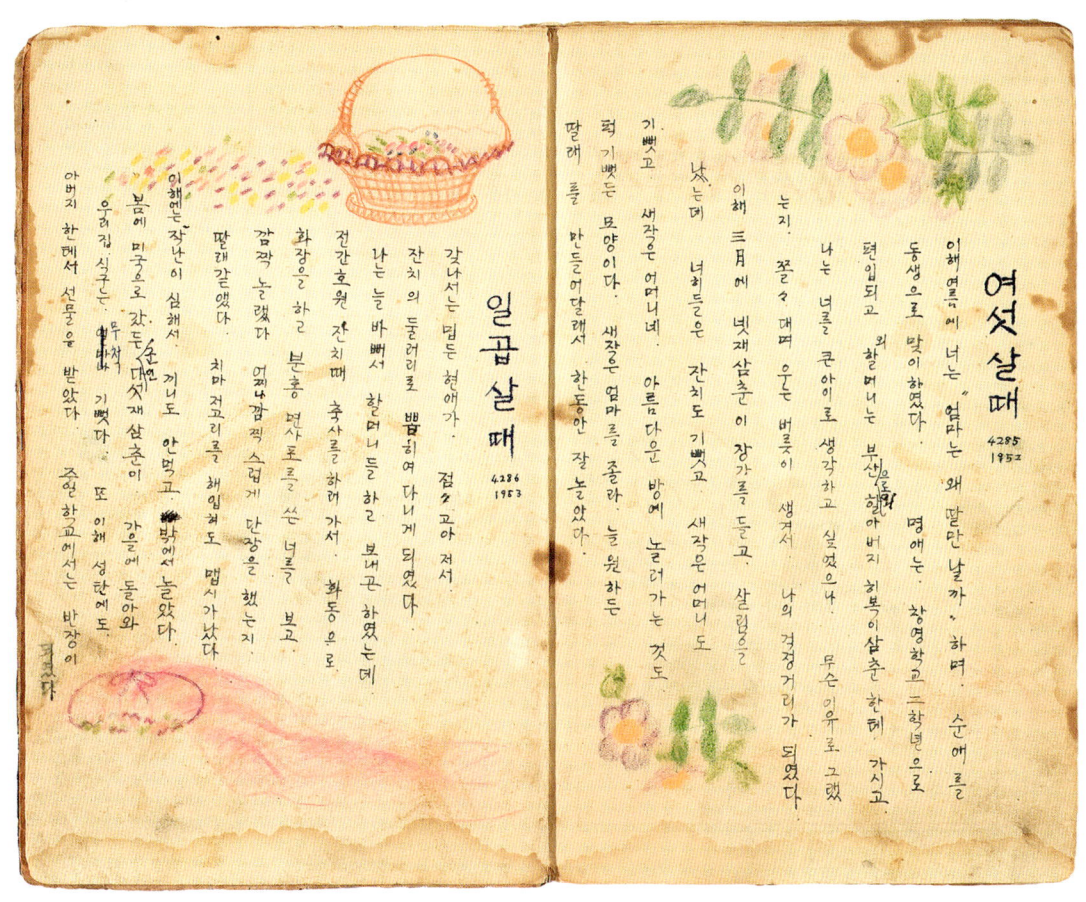

여섯 살 때
이 해 여름에 너는 "엄마는 왜 딸만 낳을까?" 하며 순애를 동생으로 맞이하였다. 명애는 창영학교 2학년으로 편입되고 외할머니는 부산으로, 할아버지, 희복이 삼촌에게로 가셨다. 나는 너를 큰아이로 생각하고 싶었으나 무슨 이유로 그랬는지 쫄쫄대며 우는 버릇이 생겨서 나의 걱정거리가 되었다. 이 해 3월에 넷째 삼촌이 장가를 들고 살림을 났는데 너희들은 잔치도 기뻤고 새작은어머니네 아름다운 방에 놀러 가는 것도 퍽 기뻤던 모양이다. 새작은어머니를 졸라 늘 원하는 딸레(인형)를 만들어 달래서 한동안 잘 놀았다.

일곱 살 때
갓 낳아서는 밉던 현애가 점점 고와져서 잔치의 들러리로 뽑혀 다니게 되었다. 나는 늘 바빠서 할머니들과 보내곤 하였는데, 전 간호원 잔치 때 축사를 하러 가서 화동으로 화장을 하고 분홍 면사포를 쓴 너를 보고 깜짝 놀랐다. 어찌나 깜찍스럽게 단장을 했는지 딸레 같았다. 치마저고리를 해 입혀도 맵시가 났다. 이 해에는 장난이 심해서 끼니도 안 먹고 밖에서 놀았다. 봄에 미국으로 갔던 군인인 다섯째 삼촌이 가을에 돌아와 우리 식구는 무척 기뻤다. 또 이해 성탄에도 아버지에게서 선물을 받았다. 주일 학교에서는 반장이 되었다.

미국에서 온 선물
다섯째 삼촌은
어찌 생각이 많았던지
너희들에게 줄 선물을
한 궤짝 가지고
돌아왔는데 현애에게는
곤색 양복, 셀룰로이드 딸래,
자동차, 16색 크레용,
그림책을 주었다.
어찌 기쁜지 며칠 동안은
상자에 넣어서 자나깨나
끼고 다녔다.

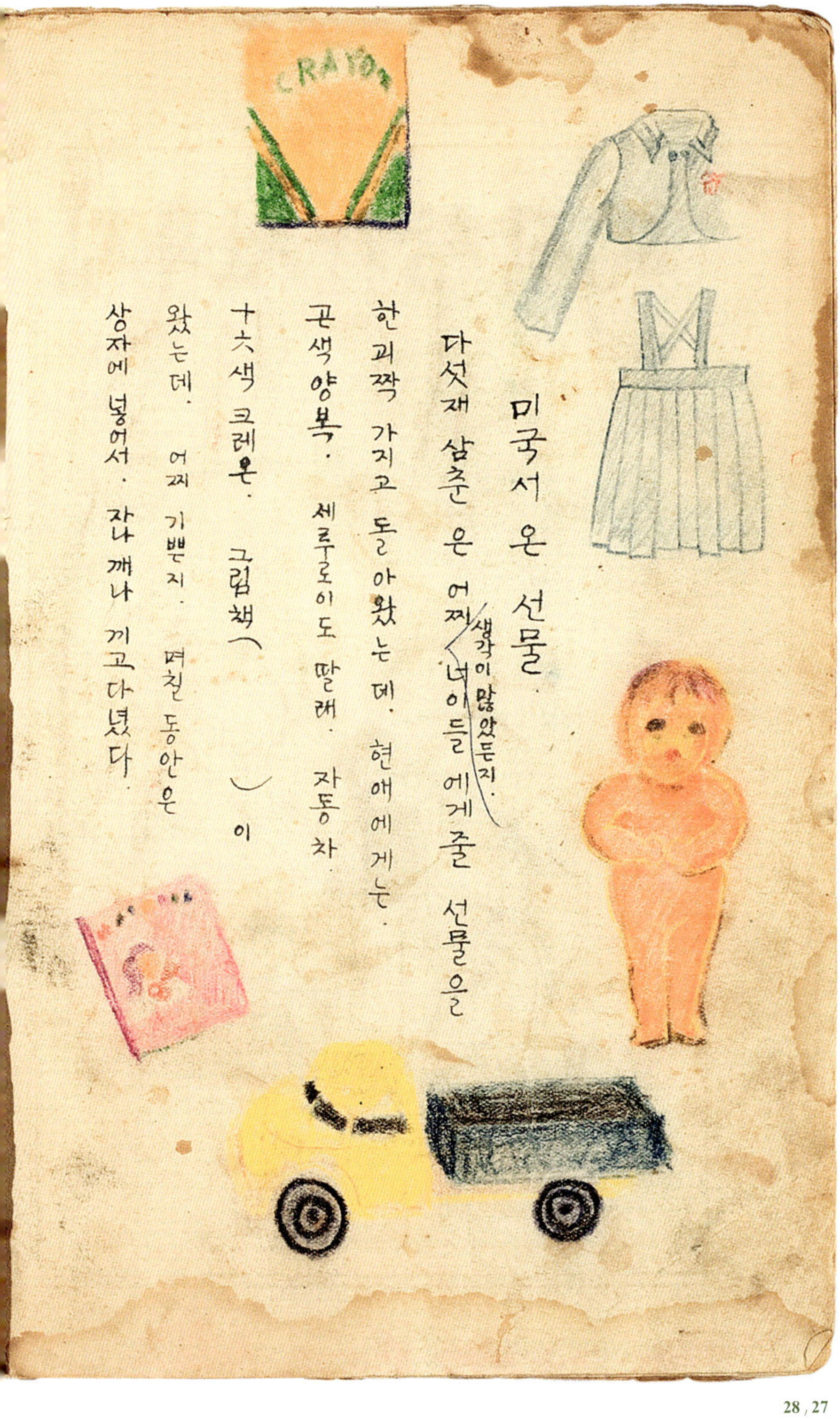
CRAYON
미국서 온 선물.
다섯재 삼춘 은 어찌 생각이 많았든지. 너이들 에게 줄 선물을
한 괴짝 가지고 돌아왔는데. 현애에게는
곤색 양복. 세루로이도 딸래. 자동 차.
十六색 크레온. 그림책( ) 이
왔는데. 어찌 기쁜지. 며칠 동안은
상자에 넣어서. 자나 깨나 끼고 다녔다.

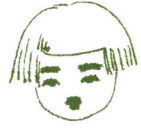

(그림)

여섯 살 때
현애가 그린 것인데
어머니와 산보 다니는
저희들을 그린 것이다.
오른쪽부터
경애, 인애, 경룡,
어머니와 순애, 명애라고
한다.

30 / 29

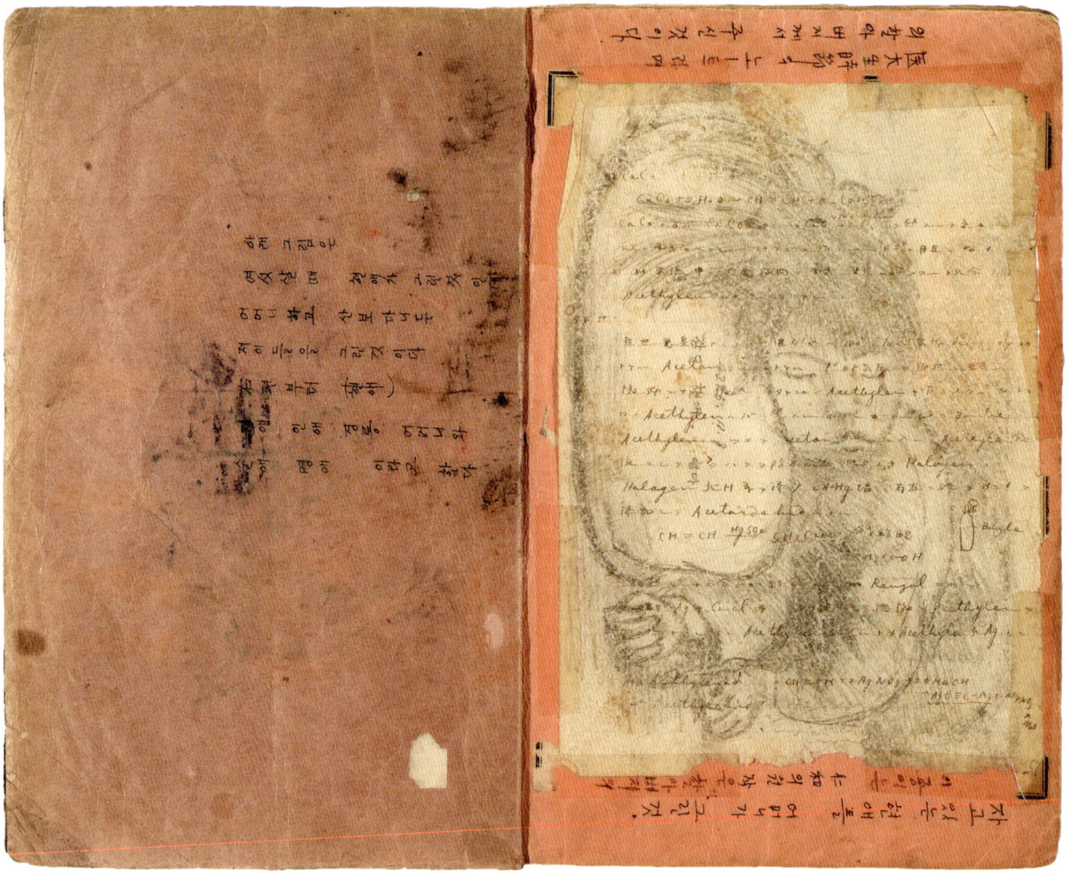

(그림)

자고 있는 현애를 엄마가 그린 것.

이 종이는 인화의원 작은할아버지의 노트라며 외할아버지께서 주신 것이다.

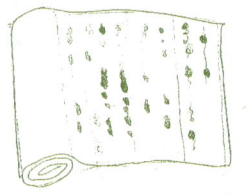

인애라는
이름

외할아버지께서 지어 주셨다.
인천에서 낳았고, 글자의 뜻이 좋고
글자의 획이 적어 모든 점으로 보아 참
좋은 이름이다. 불러 보면 듣기 좋고
언니인 명애, 현애와 구별하기 쉽다.
또 어찌된 셈인지 너의 성격이
이름을 닮아 가는 것 같아 더욱 좋다.
어질 인, 사랑 애. 이름과 같이
착하고 사랑할 줄 알고
또 남에게 사랑받는 사람이 되어다오.

셋째 딸 인애의 육아일기

『인애의 육아일기』, 1950-1955년, 20.5×29cm, 31쪽.

인애와
자녀 교육

운동회 때 우리 아이들이 상을 타는 일은 드물었다. 셋째 딸 인애였던 것 같다. 달리기를 하는데 입을 크게 벌리고 뒤를 쉴새없이 돌아보며 양쪽 팔꿈치를 기껏 쳐들고 달리는 것이었다. 점심시간에 내가 인애를 붙들고 물어보았다.

"인애야, 너 몇 등 했니?"
"4등."
"그런데 왜 그렇게 뒤를 돌아보며 달렸니?"
"뒤에 누가 오는지 보느라고."
"그래, 누가 오던?"
"아무도 안 오더라고."
"그런데 왜 팔꿈치를 가로저었니?"
"뒤에서 오는 애가 가까이 오지 못하게 하려고."
"인애 뒤에 아무도 없었다면서?"
"응, 안 보였어."

우리는 인애의 말하는 모습이 너무 귀여워서 배가 아프도록 웃었다.

많은 부모들이 자녀 교육을 할 때, 늘 '1등'을 강조하곤 한다. 하다못해 운동회에서 1등을 하느냐, 마느냐 가지고도 경쟁에서 이겨야 한다고 생각한다. 하지만 나는 내 아이들에게 그랬듯이 부모들이 아이의 있는 그대로의 모습을 봐 줄 수 있었으면 한다. 만약, 운동회에서 1등을 하지 못하였다고 다그치거나 비교했다면 아이의 감정은 어떠할지 생각해 보라. 또래 아이들은 팔목에 1등, 혹은 2등의 도장을 받지만, 우리 아이만 받지 못해서 서운해 할 그 감정을 말이다. 어쩌면, 더 속이 상한 것은 아이일 수도 있다. 아이의 감정을 공유하고, 서로 많은 이야기를 나누면서, 아이로 하여금 부모가 참 많은 애정을 가지고 있다는 것을 느끼게 해준다면 아이들은 부모의 뜻에 저절로 좇아오리라 생각한다.

인애
1956년 10월에 어머니 씀.

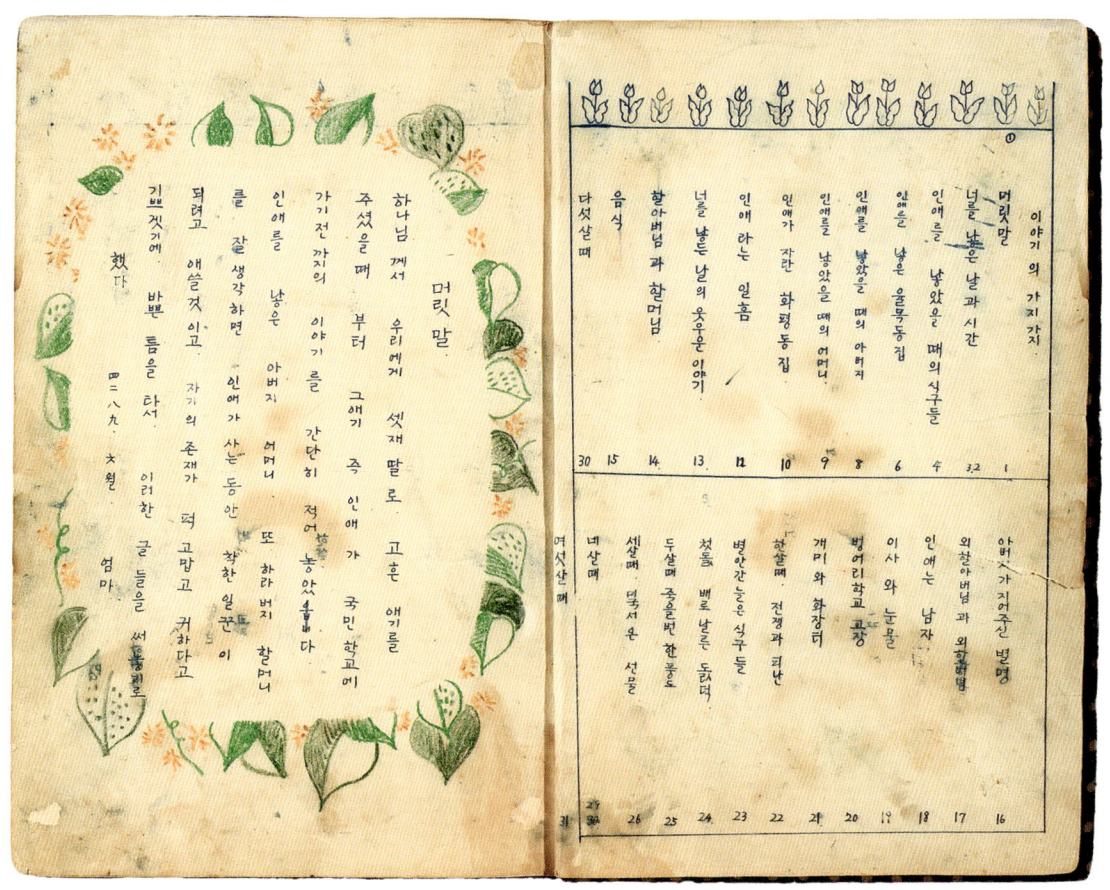

이야기의 가지가지

머리말 1/ 너를 낳은 날과 시간 2-3/ 인애를 낳았을 때의 식구들 4/ 인애를 낳은 율목동 집 6/
인애를 낳았을 때의 아버지 8/ 인애를 낳았을 때의 어머니 9/ 인애가 자란 화평동 집 10/ 인애라는 이름 12/
너를 낳던 날의 우스운 이야기 13/ 할아버지와 할머니 14/ 음식 15/ 아버지가 지어 준 별명 16/
외할아버지와 외할머니 17/ 인애는 남자 18/ 이사와 눈물 19/ 벙어리 학교 교장 20/ 개미와 화장터 21/
한 살 때, 전쟁과 피난 22/ 별안간 는 식구들 23/ 첫돌 배로 나른 돌떡 24/ 두 살 때, 죽을 뻔한 풍도 25/
세 살 때, 미국에서 온 선물 26/ 네 살 때 29/ 다섯 살 때 30/ 여섯 살 때 31/

머리말

하나님께서 우리에게 셋째 딸로 고운 아기를 주셨을 때부터 그 아기, 즉 인애가 국민학교에 가기
전까지의 이야기를 간단히 적어 놓았다. 인애를 낳은 아버지, 어머니, 또 할아버지, 할머니를 잘 생각하면
인애가 사는 동안 착한 일꾼이 되려고 애를 쓸 것이고 자기의 존재가 퍽 고맙고 귀하다고 생각하며,
기쁘겠기에 바쁜 틈을 타서 이러한 글을 써 놓기로 했다. 1956년 6월. 엄마.

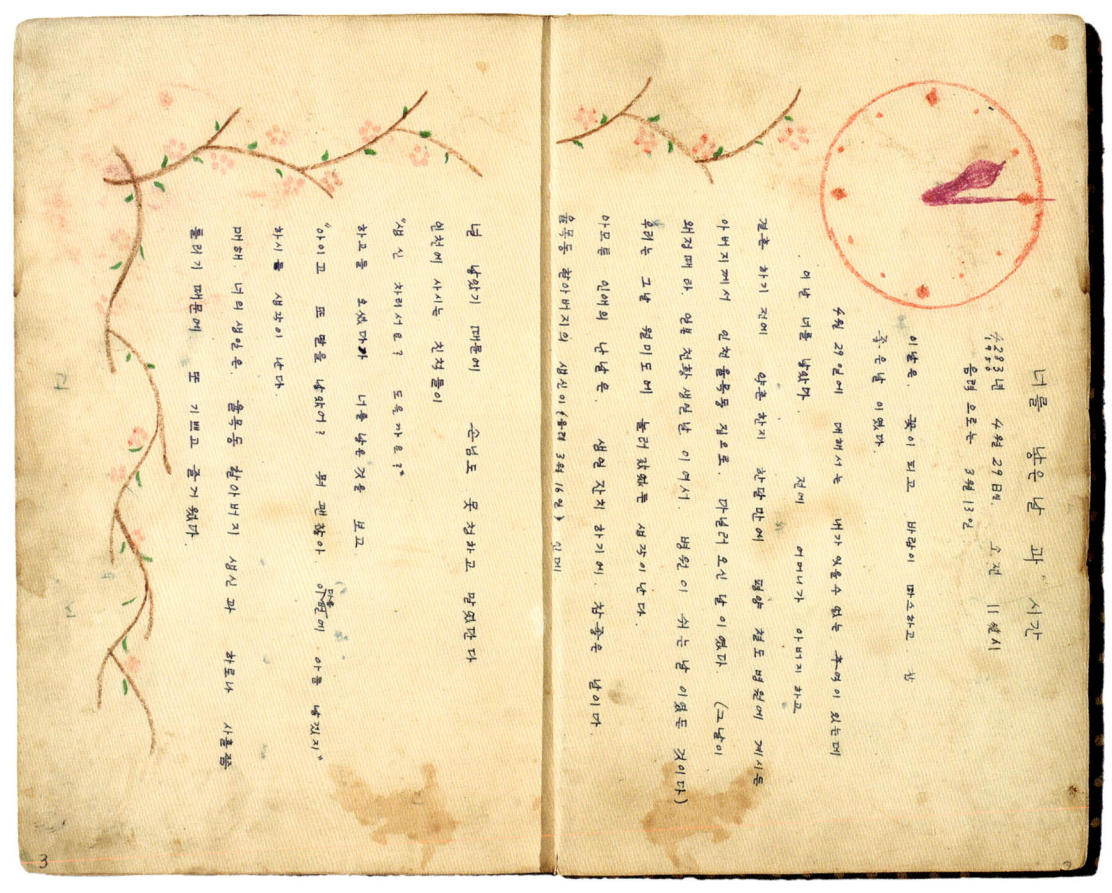

너를 낳은 날과 시간

단기 4283년, 서기 1950년 4월 29일(음력 3월 13일) 오전 11시.
이 날은 꽃이 피고 바람이 따스한 참 좋은 날이었다.
4월 29일에는 내가 잊을 수 없는 추억이 있는데, 이 날 너를 낳았다.
전에 엄마가 아버지하고 결혼하기 전, 약혼한 지 한 달 만에
평양 철도병원에 계시던 아버지께서 인천 율목동 집으로 다니러 오신 날이었다.
(그 날은 왜정 때라 일본 천황 생일이어서 병원이 쉬는 날이었다.)
우리는 그날 월미도에 놀러 갔었던 생각이 난다.
아무튼 인애가 태어난 날은, 생일잔치 하기에 참 좋은 날이었다.
율목동 외할아버지의 생신(음력 3월 16일)이었는데 널 낳았기 때문에 손님도 못 청하고 말았단다.
인천에 사는 친척들이 "생신 차리세요? 도울까요?" 하고들 오셨다가 너를 낳은 것을 보고,
"아이고, 또 딸을 낳았어? 뭐 괜찮아. 다음번엔 아들 낳겠지." 하던 생각이 난다.
매해 너의 생일은 율목동 외할아버지 생신과 하루나 사흘쯤 뒤여서 또 기쁘고 즐거웠다.

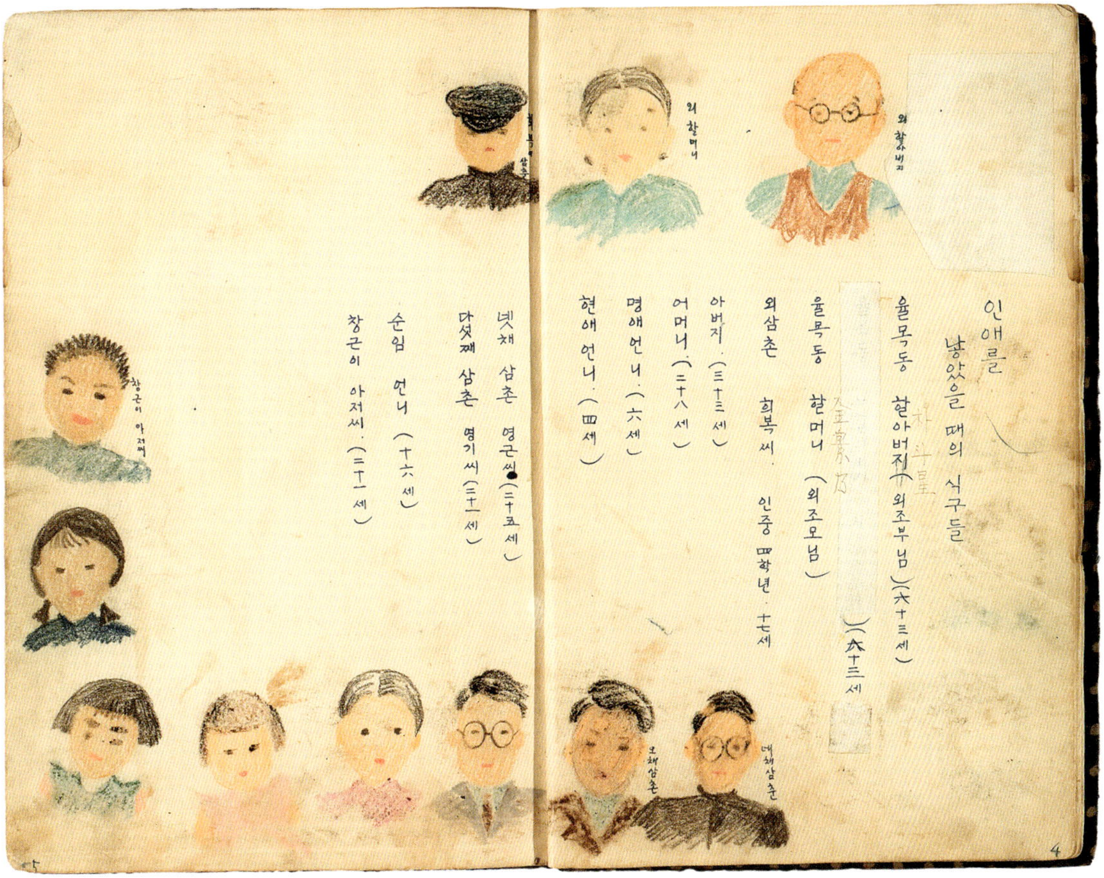

인애를 낳았을 때의 식구들

율목동 할아버지(외조부)(63세), 율목동 할머니(외조모), 외삼촌 희복 씨(인중 4학년 17세), 아버지(33세), 어머니(28세), 명애 언니(6세), 현애 언니(4세), 넷째 삼촌 영근 씨(25세), 다섯째 삼촌 영기 씨(21세), 순임 언니(16세), 창근이 아저씨(21세),

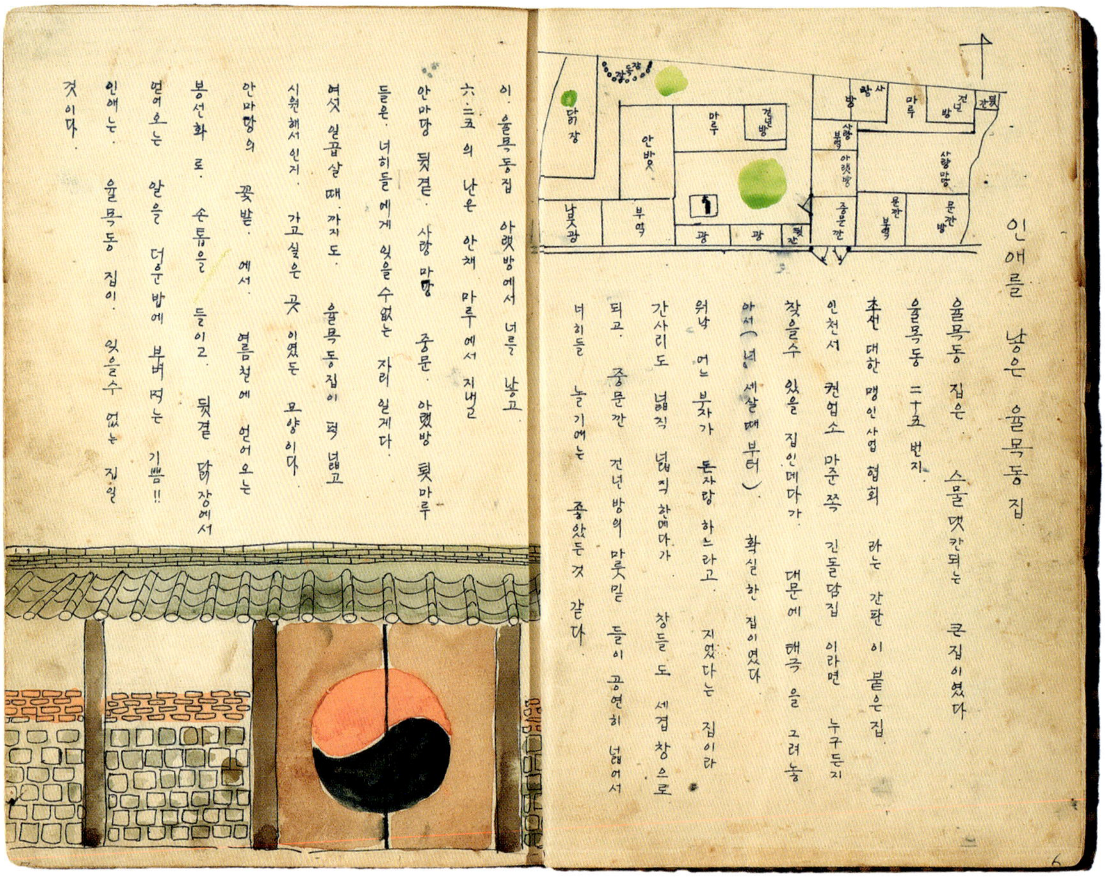

인애를 낳은 율목동 집

율목동 집은 스물댓 칸 되는 큰 집이었다. 율목동 25번지. '대한맹인사업협회'라는 간판이 붙은 집.
인천서 '권업소 맞은쪽 긴 돌담집'이라면 누구든지 찾을 수 있는 집인 데다가,
대문에 태극을 그려 놓아서 (네가 세 살 때부터) 확실한 집이었다.
어느 부자가 돈 자랑을 하느라고 지었다는 집이라, 칸 사이도 널찍널찍한 데다가 창들도 세 겹창으로 돼 있고
중문 칸 건넌방의 마루 밑이 공연히 넓어서 너희들이 놀기에는 좋았던 것 같다. 이 율목동 집
아랫방에서 너를 낳고, 6·25의 난은 안채 마루에서 지내고 안마당, 뒤꼍, 사랑 마당, 중문, 아랫방, 툇마루는
너희들에게 잊을 수 없는 자리 일 게다. 예닐곱 살 때까지도 율목동 집이 퍽 넓고 시원해서인지
가고 싶은 곳이었던 모양이다. 안마당의 꽃밭에서 여름철에 얻은 봉선화로 손톱에 물을 들이고
뒤꼍 닭장에서 얻은 알을 더운 밥에 비벼 먹는 기쁨! 인애는, 율목동 집이 잊을 수 없는 집일 것이다.

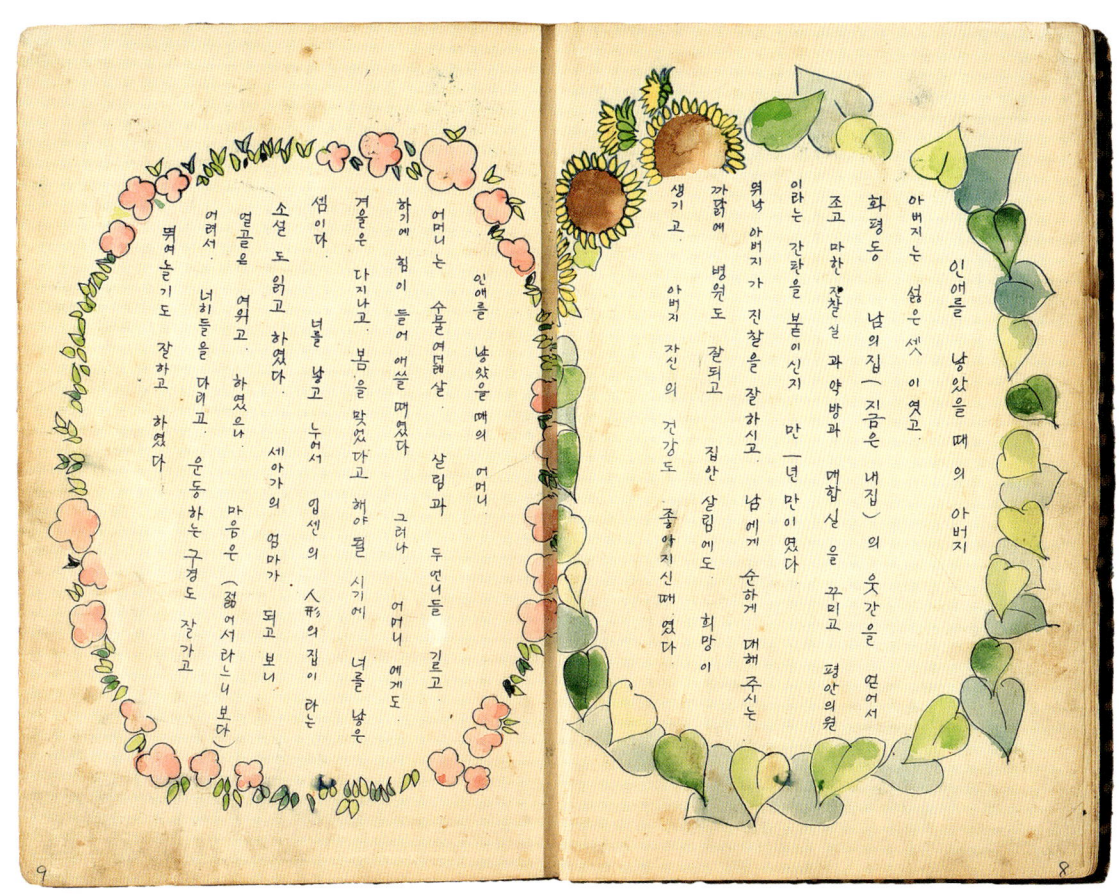

인애를 낳았을 때의 아버지

아버지는 서른셋이었고, 화평동 남의 집 (지금은 내 집) 위층을 얻어서
조그만 진찰실과 약방과 대합실을 꾸미고 평안의원이라는 간판을 붙인 지 만 1년이었다.
워낙 아버지가 진찰을 잘 하시고 남을 순하게 대하시는 까닭에 병원도 잘되고
집안 살림에도 희망이 생기고, 아버지 자신의 건강도 좋아진 때였다.

인애를 낳았을 때의 어머니

엄마는 스물여덟 살, 살림과 두 언니들을 기르고 하기에 힘이 들어 애쓸 때였다.
그러나 나에게도 겨울은 다 지나고 봄을 맞았다고 해야 될 시기에 너를 낳은 셈이다.
너를 낳고 누워서 입센의 《인형의 집》이라는 소설도 읽고 하였다.
세 아가의 엄마가 되고 보니 얼굴은 여위였으나 마음은 (젊어서라기보다)
어려서 너희들을 데리고 운동하는 구경도 잘 가고 뛰어놀기도 잘하였다.

인애가 자란
화평동 집

인천시 화평동 492번지.
시장에서 만석동
배 터로 나가는 길갓집으로,
앞은 시멘트를 입힌
2층집이고, 뒤는
조그마한 양기와를 올린
살림집이었다.
이 화평동 집은 좁고,
못 공장 옆이라서 요란하고
진찰실과 같이 붙어 있어
복잡하기 짝이 없었는데,
집이라기보다는
바라크(가건물)라 할 만한
집이었다.
좁은 집이라 자연히
너희들은 행동에
제한을 받는 점이 많았다.

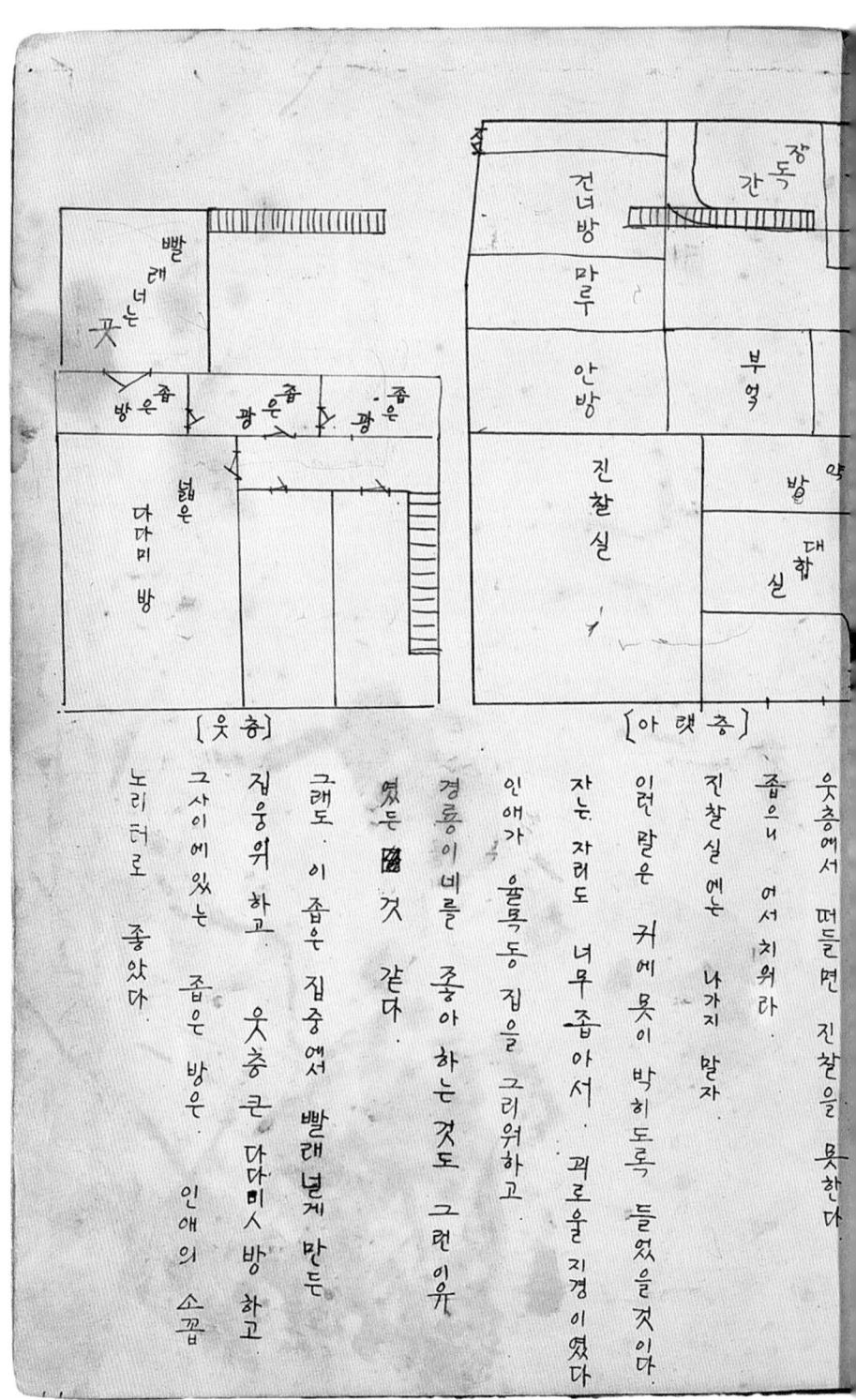

[웃층] [아랫층]

웃층에서 떠들면 진찰을 못한다.
좁으니 어서 치워라.
진찰실에는 나가지 말자.
이런 말은 귀에 못이 박히도록 들었을 것이다.
자는 자리도 너무 좁아서 괴로울 지경이였다.
인애가 오목동 집을 그리워하고
경용이네를 좋아하는 것도 그런 이유였든 것 같다.
그래도 이 좁은 집중에서 웃층 큰 다다미 방 하고
집웅위 하고 그사이에 있는 좁은 방은 인애의 소꿉
노리터로 좋았다.

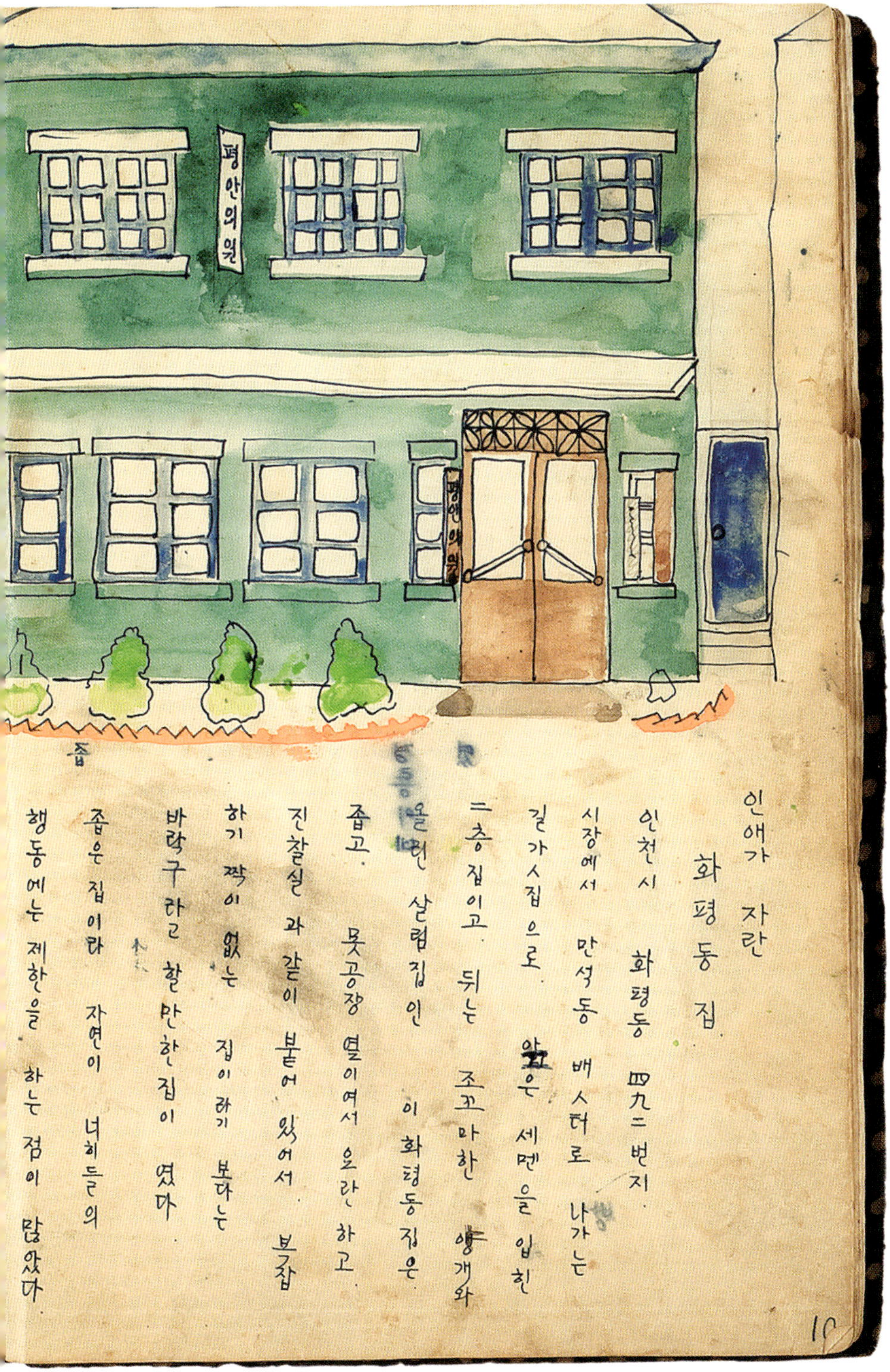

평안의원
인애가 자란
화평동 집.
인천시 화평동 四九二번지
시장에서 만석동 배스터로 나가는
길가 집으로 앞은 세멘을 입힌
二층 집이고 뒤는 조꼬마한 양개와
올린 살림집인 이 화평동 집은
좁고. 못공장 옆이여서 요란 하고
진찰실 과 같이 붙어 있어서 복잡
하기 짝이 없는 집이 라기 보다는
바락구 라고 할 만한 집이 였다.
좁은 집이라 자연이 너희들의
행동에는 제한을 하는 점이 많았다.
10

'위층에서 떠들면
진찰을 못한다',
'좁으니 어서 치워라',
'진찰실에는 나가지 말자'
이런 말을 귀에 못이
박히도록 들었을 것이다.
자는 자리도 너무 좁아서
괴로울 지경이었다.
인애가 율목동 집을
그리워하고 경룡이네를
좋아한 것도
그런 이유였던 것 같다.
그래도 이 좁은 집
중에서 빨래를 널게
만든 지붕 위와
위층 큰 다다미방 그
사이에 있는 좁은 방은,
인애의 소꿉놀이터로
좋았다.

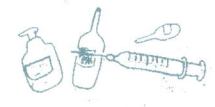

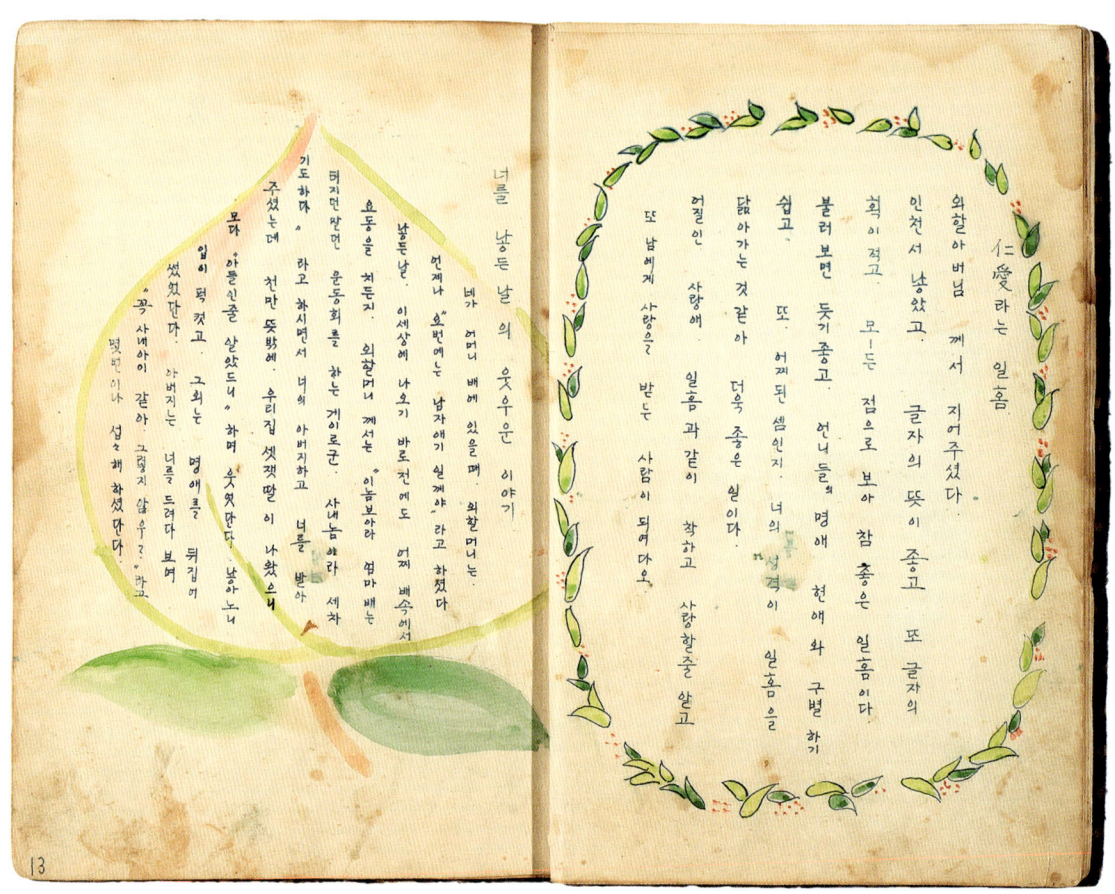

인애라는 이름

외할아버지께서 지어 주셨다. 인천에서 낳았고, 글자의 뜻이 좋고 또 글자의 획이 적고, 모든 점으로 보아
참 좋은 이름이다. 불러 보면 듣기 좋고 언니들인 명애, 현애와 구별하기 쉽고
또 어찌된 셈인지 너의 성격이 이름을 닮아 가는 것 같아 더욱 좋은 일이다. 어질 인, 사랑 애. 이름과 같이
착하고 사랑할 줄 알고 또 남에게 사랑받는 사람이 되어다오.

너를 낳던 날의 우스운 이야기

네가 엄마 배에 있을 때, 외할머니는 언제나 "요번에는 남자 아기일 게야."라고 하셨다.
낳던 날, 이 세상에 나오기 바로 전에도 뱃속에서 어찌나 요동을 치던지 외할머니께서는 "이놈 보아라,
엄마 배는 터지든 말든 운동회를 하는 게로군. 사내놈이라, 세차기도 하다."고 하시면서 너의 아버지하고 너를
받아 주셨는데, 천만 뜻밖에 우리 집 셋째 딸이 나왔으니 모두 "아들인 줄 알았더니." 하며 웃었단다.
낳아 놓으니 입이 퍽 컸고 그 외는 명애를 뒤집어썼었다.
아버지는 너를 들여다보며 "꼭 사내아이 같아, 그렇지 않우?" 하며 몇 번이나 섭섭해 하셨단다.

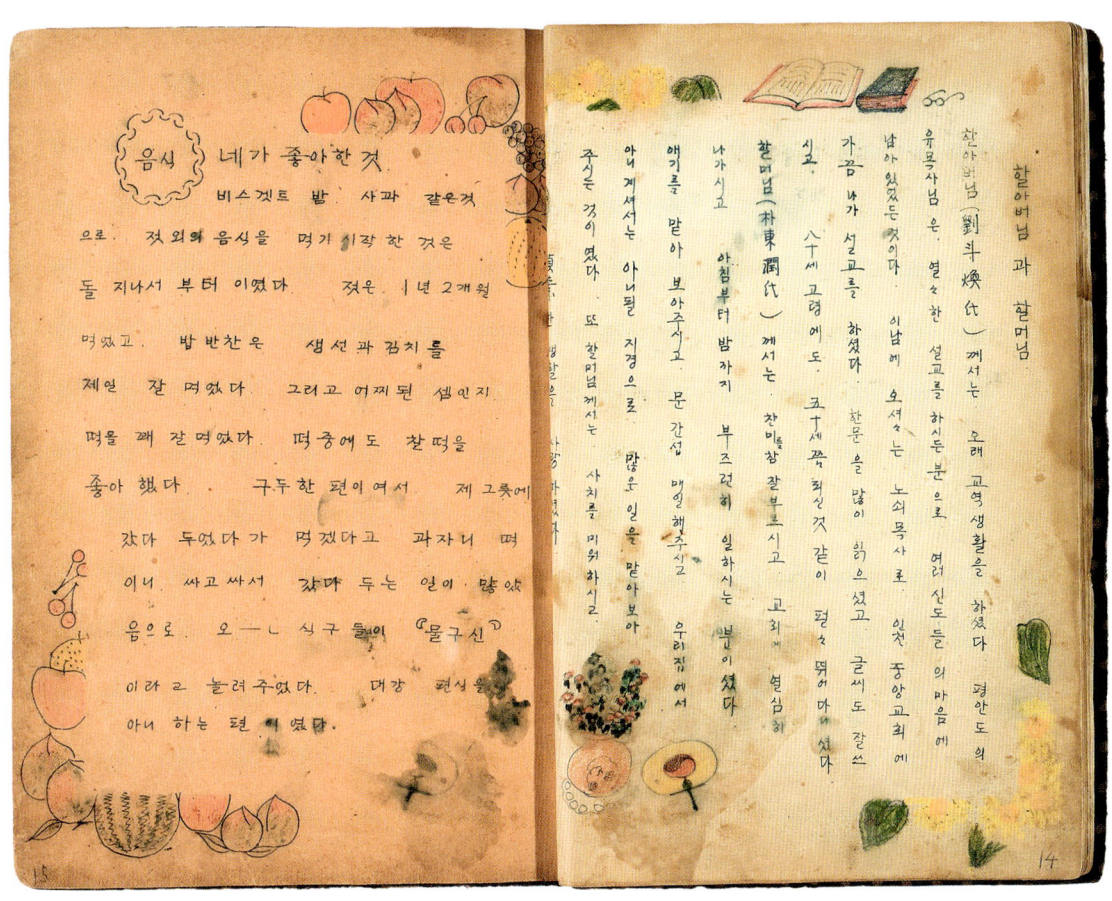

할아버지와 할머니

할아버지(유두환 씨)께서는 오래 교역 생활을 하셨다. 평안도의 유목사 님은 열렬한 설교를 하시던 분으로 여러 신도들의 마음에 남아 있었던 것이다. 이남에 오셔서는 노쇠 목사로 인천 중앙교회에 가끔 나가 설교를 하셨다. 한문을 많이 읽으셨고 글씨도 잘 쓰시고 80세 고령에도 50세쯤 되신 것 같이 펄펄 뛰어다니셨다.
할머니(박동윤 씨)께서는 찬미를 참 잘 부르시고 교회에 열심히 나가시고 아침부터 밤까지 부지런히 일하시는 분이었다. 애기를 맡아 보아 주시고 문 간섭을 매일 해 주시고 우리 집에서 안 계셔서는 안 될 지경으로 많은 일을 맡아 보아 주시는 것이었다. 또 할머니께서는 사치를 미워하시고 질소(質素)한 생활을 사랑하셨다.

네가 좋아한 것

비스킷, 밤, 사과 같은 것으로 젖 외의 음식을 먹기 시작한 것은 돌 지나서부터였다.
젖은 1년 2개월 먹었고 밥 반찬은 생선과 김치를 제일 잘 먹었다. 그리고 어찌된 셈인지 떡을 꽤 잘 먹었다. 떡 중에도 찰떡을 좋아했다. 구두한 편이어서 제 그릇에 갔다 두고 먹겠다고 과자니 떡이니를 싸고 싸서 갖다 두는 일이 많아 온 식구들이 '물구신'이라고 놀려 주었다. 대강 편식을 안 하는 편이었다.

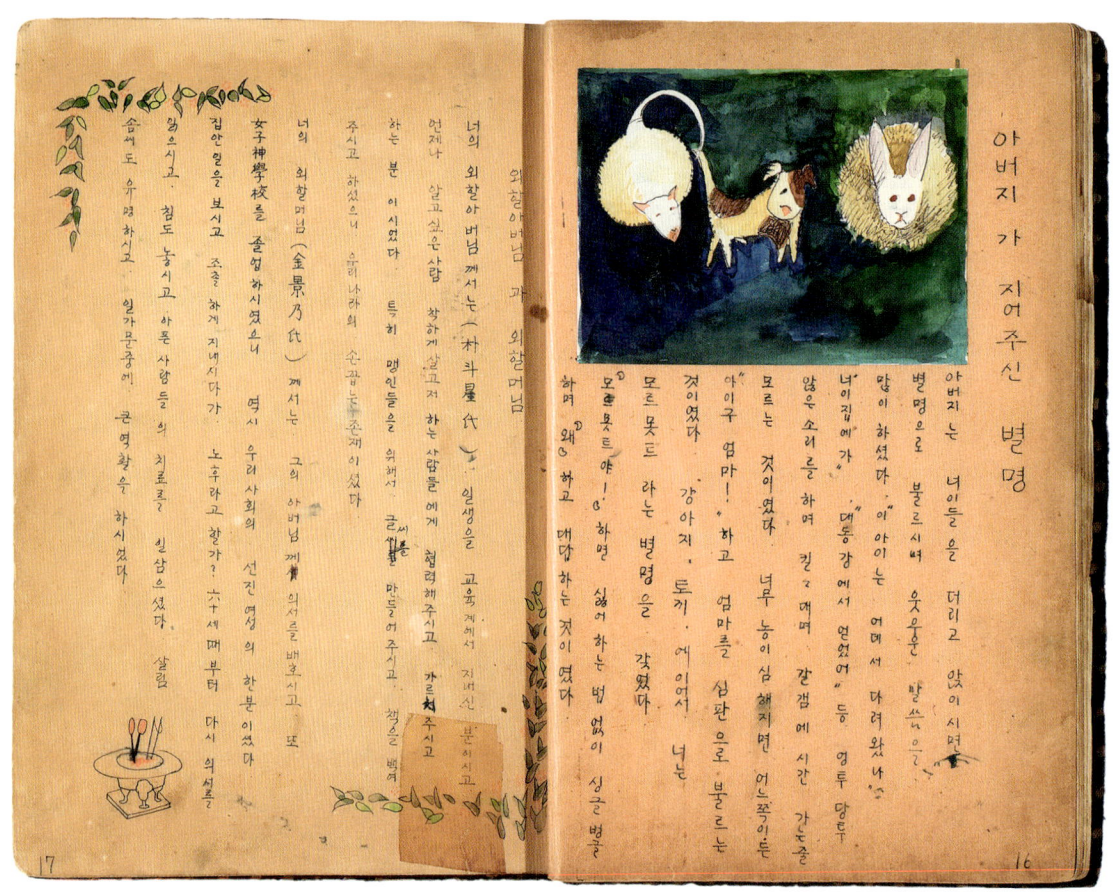

아버지가 지어 주신 별명

아버지는 너희들을 데리고 앉으시면 별명으로 부르고 우스운 말씀을 많이 하셨다. "이 아이는 어데서 데려왔나?" "너희 집에 가!", "대동강에서 얻었어." 등 얼토당토 않은 소리를 하고 킬킬대며 갈갬(장난)에 시간 가는 줄 모르는 것이었다. 너무 농이 심해지면 어느 쪽이든 "아이구, 엄마!" 하고 엄마를 심판으로 부르는 것이었다. 너는 강아지, 토끼에 이어서 몰모트라는 별명을 가졌다. "몰모트야!" 하면 싫어하는 법 없이 싱글벙글하며 "왜?" 하고 대답하는 것이었다.

외할아버지와 외할머니

너의 외할아버지(박두성 씨)께서는 일생을 교육계에서 지내신 분이고 언제나 알고자 하는 사람, 착하게 살고자 하는 사람들에게 협력하고 가르치시고 한 분이었다. 특히 맹인들을 위해서 글씨를 만들어 주시고 책을 베껴 주시고 하셨으니 우리나라의 손 꼽는 존재였다. 너의 외할머니(김경내 씨)께서는 그의 아버지께 의서를 배우고 또 여자신학교를 졸업하셨으니 역시 우리 사회의 선진 여성의 한 분이었다. 집안 일을 보시고 조촐하게 지내시다가 노후라고 할까, 60세 때부터 다시 의서를 읽고 침도 놓으시고 아픈 사람들의 치료를 일삼으셨다. 살림 솜씨도 유명하시고 일가 문중에 큰 역할을 하셨다.

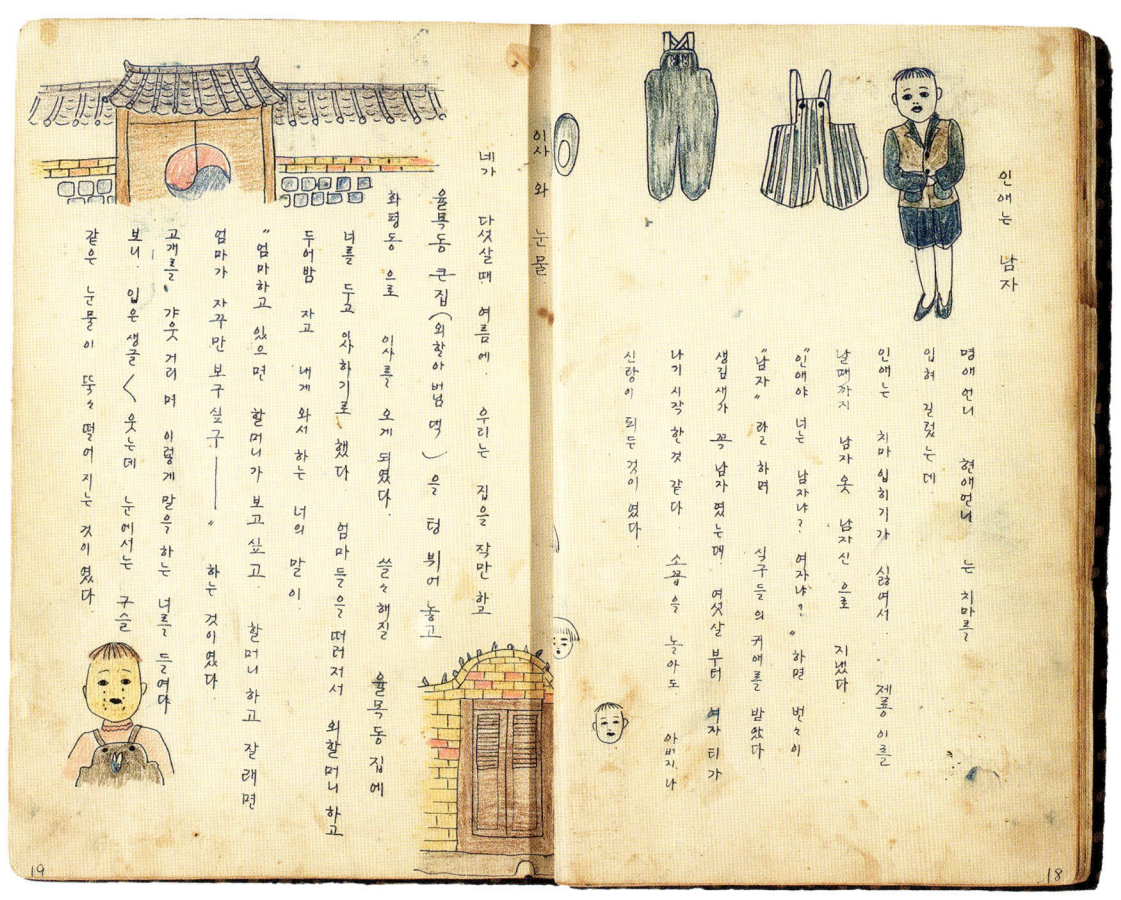

인애는 남자

명애 언니, 현애 언니는 치마를 입혀 길렀는데, 인애는 치마 입히기가 싫어서 제룡이를 낳을 때까지
남자 옷, 남자 신으로 지냈다. "인애야, 너는 남자냐? 여자냐?" 하면 번번이 '남자'라고 하며 식구들의
귀애를 받았다. 생김새가 꼭 남자였는데 여섯 살부터 여자 티가 나기 시작한 것 같다.
소꿉을 놀아도 아버지나, 신랑이 되는 것이었다.

이사와 눈물

네가 다섯 살 때의 여름, 우리는 집을 장만하여 율목동 큰 집(외할아버지 댁)을 텅 비워 놓고
화평동으로 이사를 오게 되었다. 쓸쓸해질 율목동 집에 너를 두고 이사하기로 했다. 엄마와 떨어져서
외할머니와 두어 밤 자고 내게 와서 하는 너의 말이 "엄마하고 있으면 할머니가 보고 싶고,
할머니하고 잘래면 엄마가 자꾸만 보고 싶고." 하는 것이었다. 고개를 갸웃거리며 이렇게 말하는
너를 들여다보니 입은 생글생글 웃는데 눈에서는 구슬 같은 눈물이 뚝뚝 떨어지는 것이었다.

벙어리 학교 교장

어찌된 셈인지
말을 알아들은
다음에는 더듬더듬 말을
해서 대답을 하는
아이가 보통인데
너는 말은 한마디도
하지 않고
손짓과 눈짓으로
하고 싶은 말을 해 버리는
때가 있었다.
아버지는 네가 손짓,
눈짓을 할 때마다
"얘가 뭐래?" 하면
나는 "저 경룡이가
주먹으로 때렸다고,
경룡이 밉다고 하는
소리라오. 두 번이나
때렸다고 한다우." 하며
통역을 하는 것이었다.
아버지는 "인애는
벙어리 학교 교장일세."
하셨다.

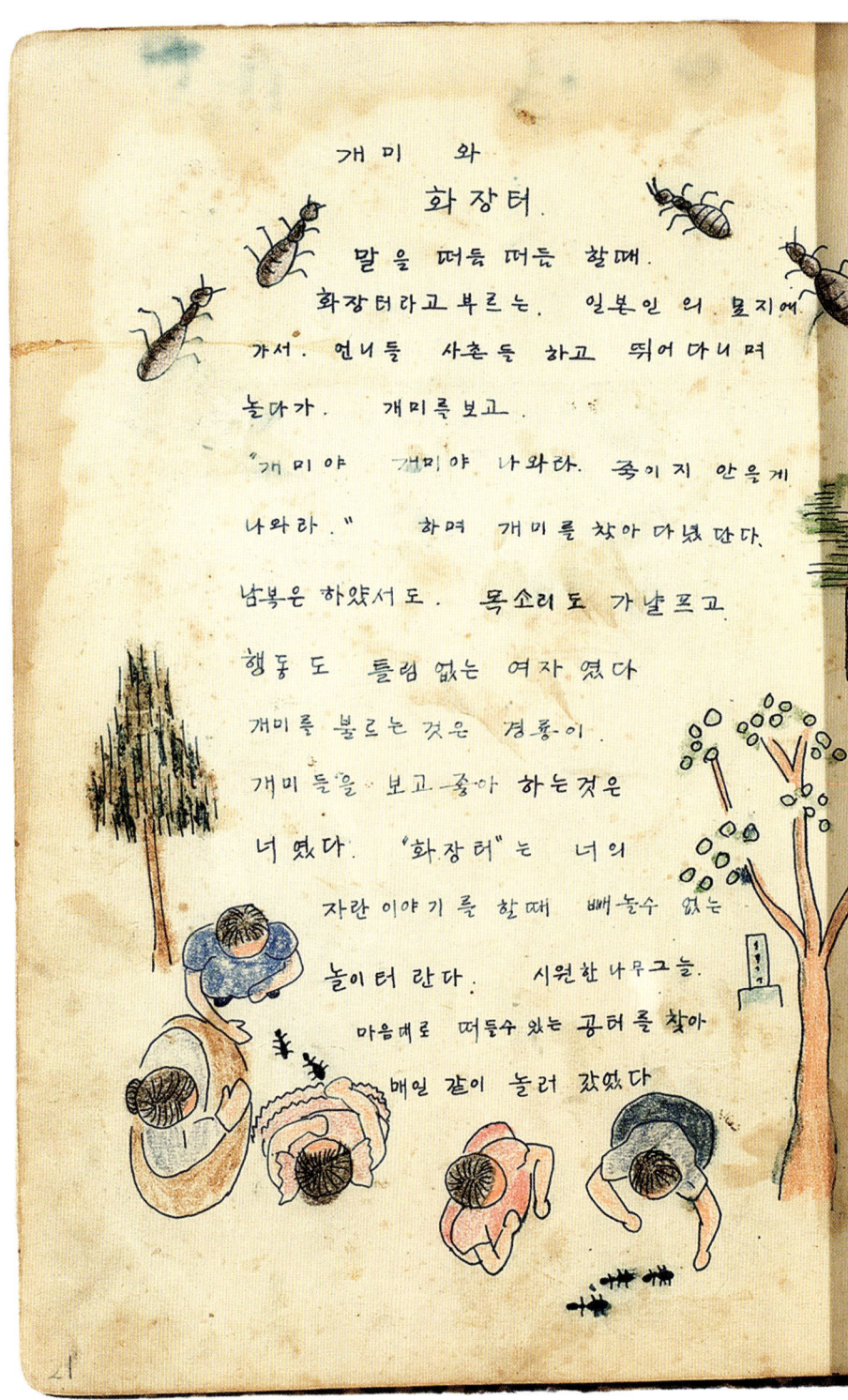

개미와 화장터

말을 더듬더듬 할 때
화장터라고 부르는
일본인의 묘지에 가서
언니들, 사촌들하고
뛰어다니며 놀다가
개미를 보고,
"개미야, 개미야.
죽이지 않을게 나와라."
하며 개미를 찾아다녔단다.
남복(男服)을 하였어도
목소리도 가냘프고
행동도 틀림없는 여자였다.
개미를 부르는 것은 경룡이.
개미들을 보고 좋아하는
것은 너였다.
'화장터'는 너의 자란
이야기를 할 때
빼놓을 수 없는 놀이터란다.
시원한 나무 그늘,
마음대로 떠들 수 있는
공터를 찾아
매일같이 놀러 갔었다.

한 살 때, 전쟁과 피난

4월 29일에 너를 낳고, 삼산외과 지하실로 송도 노씨 댁으로 너를 업고 피난을 다닌 것은 6월이니 만 1개월 남짓한 너는 불편하다고 야단을 치는 것이었다. 폭양 아래 게우고 싸고 하니 아버지들만 먼 곳으로 가시게 하고 외할아버지께로 돌아와 너희 삼형제를 데리고 율목동 집에서 난을 겪었다. 비행기 폭격, 함포, 불 모두 말할 수 없이 무서웠으나 넓은 방 넓은 마루를 기어 다니며 노는 너에게는 아무 일 없었다. 할아버지 품에 안겨 내가 불 끄러 밤새도록 다니다 와도 울지 않고 자는 너였다.

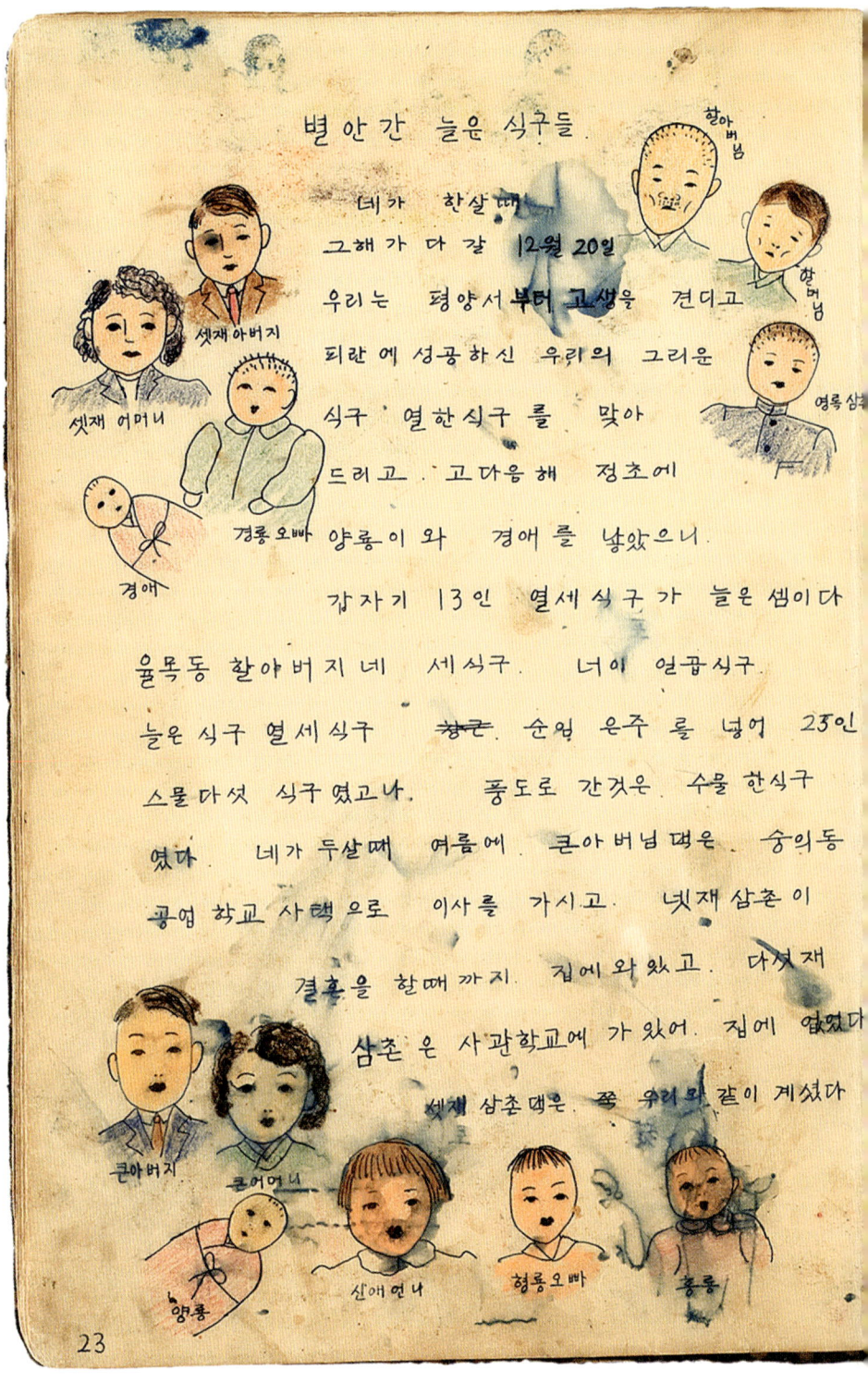

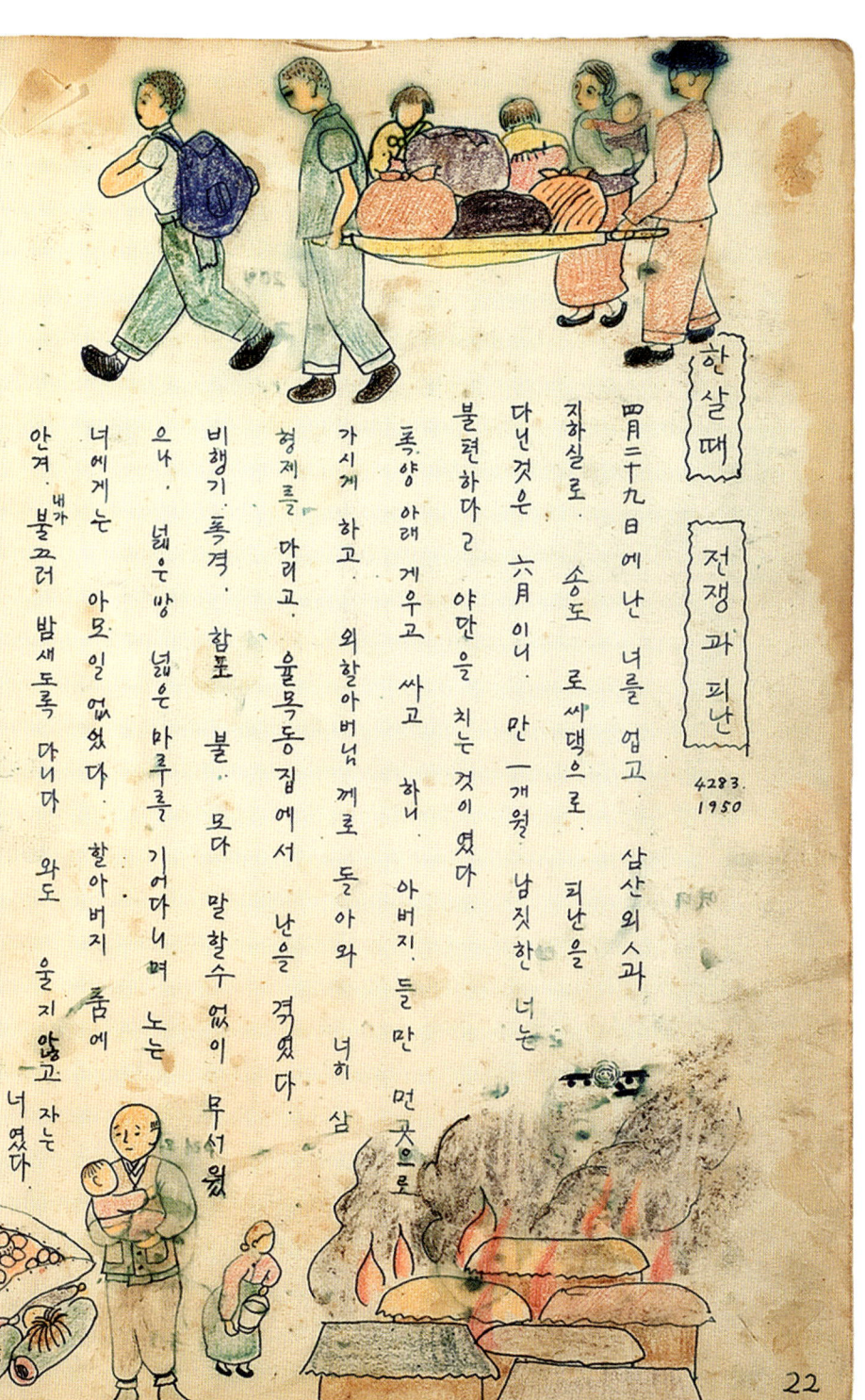

한살 때

전쟁과 피난

4283.
1950

四月二十九日에 난 너를 업고 삼산외과 지하실로. 송도로 끼쳐 댁으로. 피난을 다닌 것은 六月이니 만 一개월 남짓한 너는 불편하다고 야단을 치는 것이였다. 폭양 아래 재우고 싸고 하니 가시게 하고. 외할아버님께로 돌아와 너희 삼형제를 더리고. 율목동 집에서 난을 격겄다. 비행기. 폭격. 함포. 불. 모다 말할 수 없이 무서웠으나. 넓은 마루를 기어다니며 노는 너에게는 아모 일 없었다. 할아버지 품에 안겨. 내가 불 끄러 밤새도록 다니다 와도 울지 않고 자는 너였다

별안간 느는 식구들

네가 한 살 때, 그 해가
다 가는 12월 20일.
우리는 평양에서부터
고생을 견디고
피난에 성공한 우리의
그리운 식구(열한 식구)를
맞아들이고 그 다음해
정초에 양룡이와 경애가
태어났으니 갑자기
열세 식구가 는 셈이다.
율목동 할아버지네
세 식구, 너희 일곱 식구,
늘어난 열세 식구,
순임, 은주를 포함해
스물다섯 식구였구나.
풍도로 간 것은
스물한 식구였다. 네가
두 살 때의 여름에,
큰아버지 댁은
숭의동 공업학교 사택으로
이사를 가시고
넷째 삼촌이 결혼을 할
때까지 집에 와 있고,
다섯째 삼촌은
사관학교에 가 있어
집에 없었다.
셋째 삼촌 댁은 쭉
우리와 같이 계셨다.

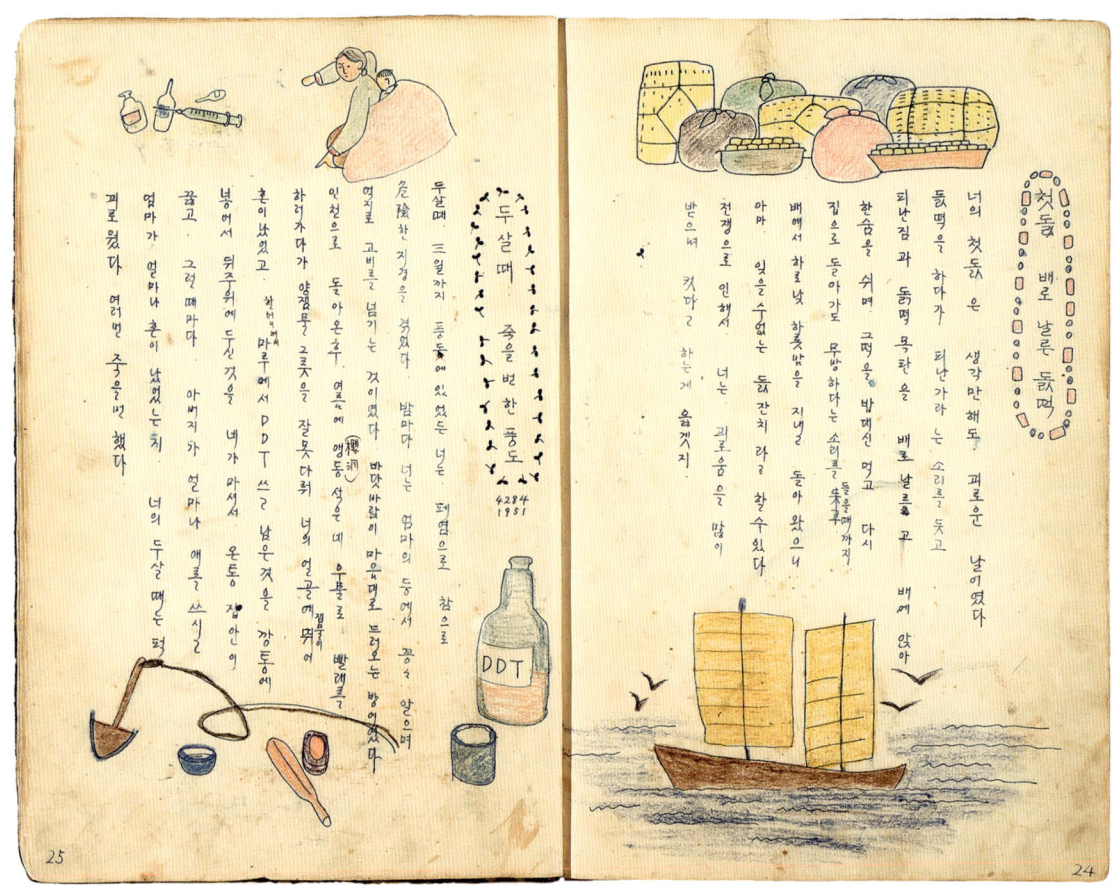

첫돌, 배로 나른 돌 떡
너의 첫돌은 생각만 해도 괴로운 날이었다. 돌떡을 하다가 피난 가라는 소리를 듣고 피난 짐과 돌떡
목판을 배로 나르고 배에 앉아 한숨을 쉬며 그 떡을 밥 대신 먹고 다시 집으로 돌아가도 무방하다는 소리를
들을 때까지 배에서 하루 낮 하루 밤을 지내고 돌아왔으니 아마 잊을 수 없는 돌잔치라고 할 수 있다.
전쟁으로 인해서 너는 괴로움을 많이 받으며 컸다고 하는 게 옳겠지.

두 살 때, 죽을 뻔한 풍도
두 살 때 3월까지 풍도에 있었던 너는 폐렴으로 참 위험한 지경을 겪었다. 밤마다 너는
엄마 등에서 끙끙 앓으며 억지로 고비를 넘기는 것이었다. 바닷바람이 마음대로 들어오는 방이었다.
인천으로 돌아온 후, 여름에 앵동(櫻洞) 석은네 우물로 빨래를 하러 가다가 양잿물 그릇을 잘못 다뤄
너의 얼굴에 잿물이 튀어 혼이 났었고, 할머니께서 마루에서 쓰고 남은 DDT를 깡통에 넣어 뒤주 위에 두신 것을
네가 마셔서 집안이 끓은 적이 있다. 그럴 때마다 아버지가 얼마나 애를 쓰시고
엄마가 얼마나 혼이 났었는지. 너의 두 살 때는 퍽 괴로웠다. 여러 번 죽을 뻔했다.

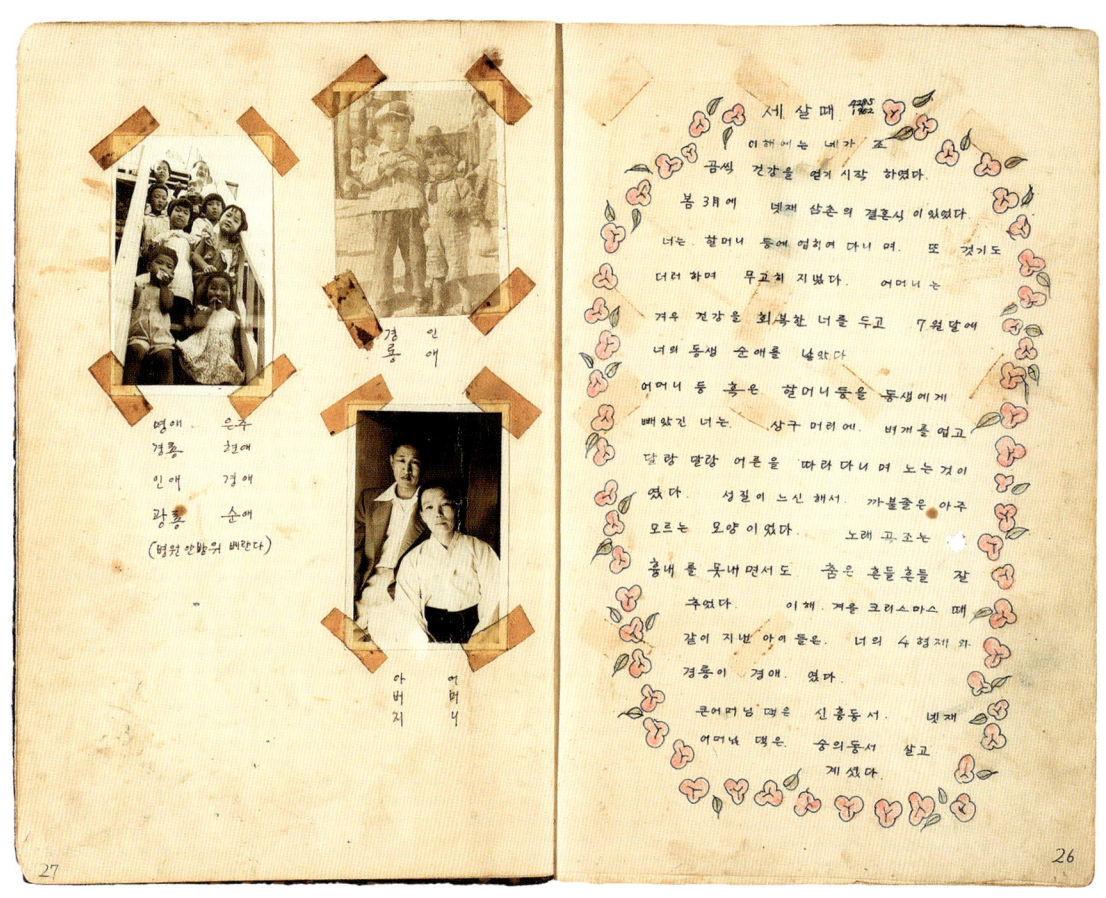

세 살 때

이 해에는 네가 조금씩 건강을 찾기 시작했다. 봄 3월에 넷째 삼촌의 결혼식이 있었다.
너는 할머니 등에 업혀 다니며, 또 걷기도 더러 하며 무고히 지냈다. 나는 겨우 건강을 회복한
너를 두고 7월에 동생 순애를 낳았다.
엄마 등 혹은 할머니 등을 동생에게 빼앗긴 너는, 상고머리에 베개를 업고 달랑달랑
어른을 따라다니며 노는 것이었다. 성질이 느슨해서 까불 줄은 아주 모르는 모양이었다. 노래 곡조는
흉내를 못 내면서도 춤은 흔들흔들 잘 추었다. 이 해 겨울 크리스마스 때 같이 지낸 아이들은
너희 사형제와 경룡이, 경애였다. 큰어머니 댁은 신흥동에서, 넷째 어머니 댁은 숭의동에서 살고 계셨다.

(사진)
(맨위) 경룡, 인애.
(가운데) 명애, 은주, 경룡, 현애, 인애, 경애, 광룡, 순애(병원 안방 위 베란다).
(아래) 아버지, 어머니.

(사진)
두 살 때.
율목동 25번지 앞.
불타서 넓은 공터가 된 자리에서 다섯째 삼촌이 휴가 왔을 때.

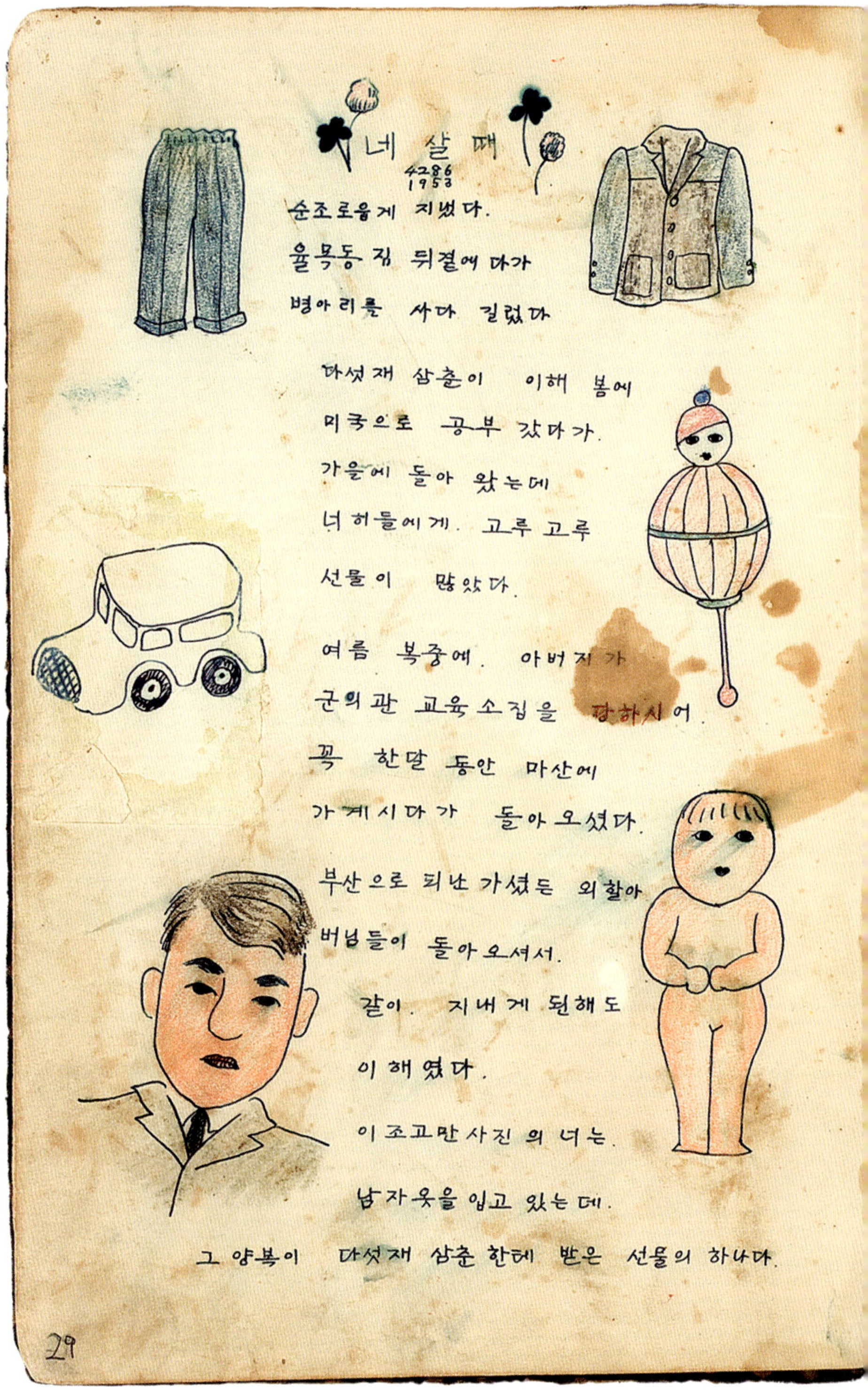

네 살 때

순조롭게 지냈다.
율목동 집 뒤꼍에 병아리를
사다 길렀다.
다섯째 삼촌이 이 해 봄에
미국으로 공부하러 갔다가
가을에 돌아왔는데
너희들에게 고루고루 선물이
많았다. 여름 복중에
아버지가 군의관 교육
소집을 당하시어
꼭 한 달 동안 마산에 가
계시다가 돌아오셨다.
부산으로 피난 가셨던
외할아버지들이
돌아오셔서 같이 지내게
된 해도 이 해였다.
이 조그만 사진의 너는
남자 옷을 입고 있는데,
그 양복이 다섯째
삼촌한테서 받은 선물의
하나이다.

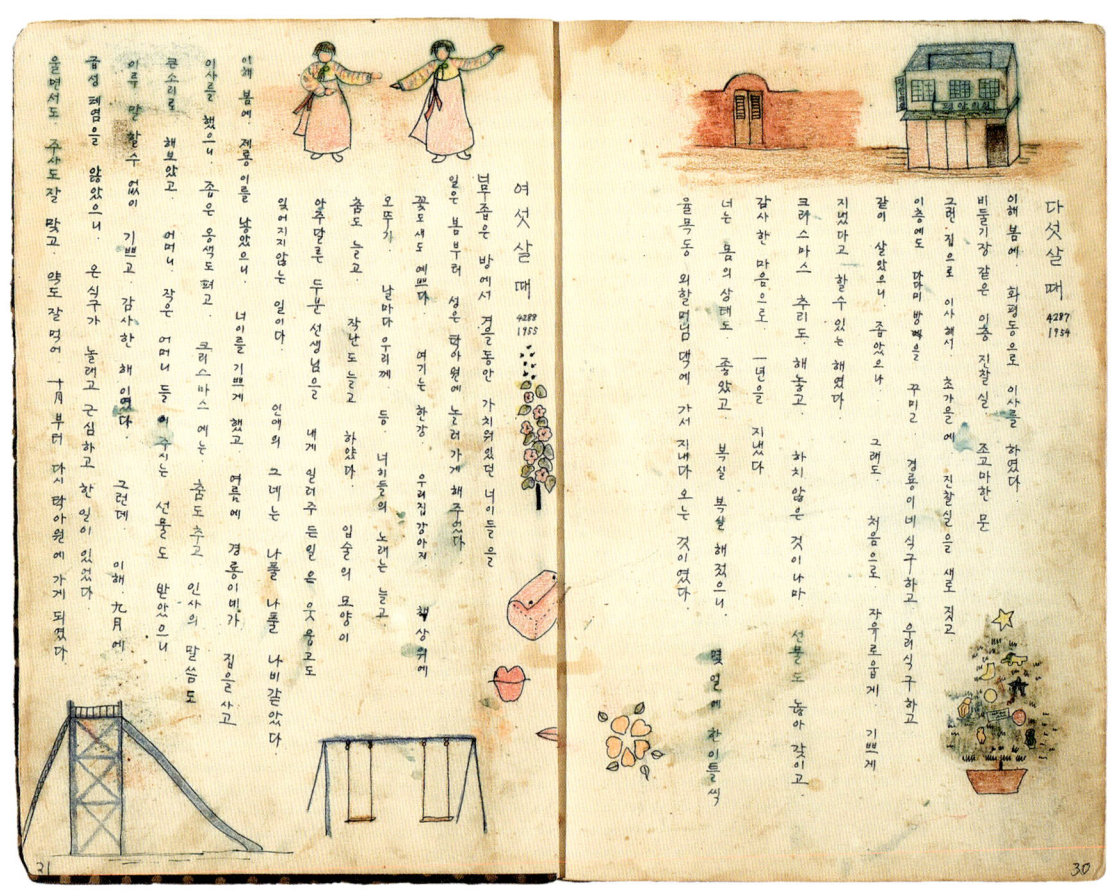

다섯 살 때

이 해 봄에 화평동으로 이사를 하였다. 비둘기장 같은 2층 진찰실 조그마한 문. 그런 집으로 이사해서 초가을에 진찰실을 새로 짓고 2층에도 다다미 방을 꾸미고 경룡이네 식구하고 우리 식구하고 같이 살았으니 좁았으나 그래도 처음으로 자유롭게 기쁘게 지냈다고 할 수 있는 해였다. 크리스마스 추리도 해 놓고 하찮은 것이나마 선물도 나눠 가지고 감사한 마음으로 1년을 지냈다. 너는 몸 상태도 좋았고 복실복실해졌으니 며칠에 한 이틀씩 율목동 외할머니 댁에 가서 지내다 오는 것이었다.

여섯 살 때

너무 좁은 방에서 겨울 동안 갇혀 있던 너희들을 이른 봄부터 성은 탁아원에 놀러 가게 해 주었다. 꽃도 새도 예쁘다, 여기는 한강, 우리 집 강아지, 책상 위에 오뚜기, 날마다 우리께 등 너희들의 노래는 늘고 춤도 늘고 장난도 늘었다. 입술 모양이 아주 다른 두 분 선생님을 내게 일러 주던 일은 우습고도 잊혀지지 않는 일이다. 인애의 그네는 나풀나풀 나비 같았다. 이 해 봄에, 제룡이를 낳았으니 너희는 기뻐했고 여름엔 경룡이네가 집을 사고 이사를 했으니 좁은 옹색(壅塞)도 펴고 크리스마스에는 춤도 추고 인사의 말씀도 큰소리로 해 보았고 어머니, 작은어머니 들이 주시는 선물도 받았으니 이루 말할 수 없이 기쁘고 감사한 해였다. 그런데 이 해 9월에 급성 폐렴을 앓았으니 온 식구가 놀라고 근심한 일이 있었다. 울면서도 주사를 잘 맞고 약도 잘 먹어 10월부터 다시 탁아원에 가게 되었다.

순하고 힘을 간직한
사랑의 행자가
되어다오

순애, 네가 이 세상에 나서 제 손으로
글씨를 쓸 줄 알기까지의 일을 몇 가지만 적어 놓아
주련다. 어떻게 낳고 어떻게 자랐나?
어떠한 분들의 극진한 사랑을 받으며 컸나?
그런 이야기들은 순애 너의 일생을 통해
큰 힘이 되리라고 믿는 까닭에서이다.
하나님께 순애를 기르라고 명령을 받은 엄마는,
자기의 힘은 몹시 약했으나 온 식구들의
힘을 얻어 크게 앓거나 실수하거나 하지 않고,
똑똑하고 명랑하고 재주 많은 순애를 길러 왔으니
감사한 마음을 금할 길 없다.

넷째 딸 순애의 육아일기

순애의 육아일기, 1952-1958년. 20.5×29cm. 31쪽.

순애의
어린 시절에 대한 기억

넷째 딸 순애는 학교 갈 나이가 되어도 사촌들끼리 소꿉놀이 하는 것만 좋아하였다. 그 모습을 가만히 지켜보던 나는 어느 날 순애에게 물어보았다.
"순애야, 너 학교 안 가련?"
"엄마 맘은요?"
"네가 학교에 가겠다고 하면, 예쁜 옷을 지어 주고 싶어서."
"예쁜 옷? 그럼 나 학교 갈래!"
나는 약속대로 예쁜 병아리 수가 놓인 옷을 지어 입혔다. '병아리 옷'을 입히고 나니 순애가 기뻐해 나도 기분이 좋았다.
"어디, 열까지 셀 수 있나 보자."
"하나, 둘, 셋, 넷, 다섯, 여섯, 일곱, 아홉, 열!"
순애의 하는 양을 보고 있던 식구들은 모두 박장대소했다.
순애가 비록 숫자를 잘 못 셌지만 그 모습이 오히려 어린이다워서 웃음이 났다.

그렇게 즐거워하며 입학을 기다리던 순애가 어찌된 일인지 입학식 날에 열이 나고 끙끙 앓는 것이 아닌가. 의사인 아버지가 진찰해 보더니 감기란다. 어떻게 할까 아이에게 물으니 '병아리 옷'을 입고 학교에 가겠다고 한다. 입학식 날 순애를 업고 학교에 가서 선생님께 인사드린 후, 바로 조퇴를 하고 돌아왔다. 약 먹고 주사를 맞고 자더니 이튿날에는 멀쩡하게 나았다.
두 번째 날, 순애의 손을 잡고 가는데 혼자 다닐 수 있으니 따라오지 말라고 한다. 입학 첫날 아파서 업혀 갔는데 씩씩하기도 하다면서 칭찬해 주었다.
나는 아이의 말대로 혼자 보내 놓고는 걱정스러운 마음에 뒤를 살살 밟았다. 그런데 걱정과는 달리 순애는 너무나 씩씩하게 걸어갔다. 사거리에서는 주변을 잘 살피고 손을 들고 가더니 자동차가 오자 큰 건물 옆에 도랑이 있는 것을 폴짝 뛰어넘었다. 그러고는 그 큰 건물에 두 팔을 벌리고 찰싹 붙어 서 있다가 자동차가 지나간 뒤에 의젓하게 걸어가는 것이었다.

초등학교 입학 첫날부터 업혀서 등교해 걱정을 끼친 딸이, 다음날에는 '병아리 옷'을 입고 폴짝폴짝 신나서 다니는 모습이 얼마나 감동스럽던지…. 그 후 순애는 초등학교, 중학교, 고등학교까지 12년을 개근해서 더욱 기특했다.

시험 답안지를 보면서 웃을 때도 참 많았다.

'학교○ 갔습니다.'라는 문제가 있었는데 여기에 들어갈 ○에는 '에'라고 써야 할 것을 'A'라고 써서 가위표를 받은 적이 있다.

또, '불이 났을 때 어떻게 하는 것이 옳은가?'라는 문제에는 '구경 간다.'와 '빨리 집으로 돌아간다.' 중에서 '구경 간다.'라고 답을 써서 가위표를 받기도 했다. 왜 구경하면 안 되느냐고 묻는 통에 나 또한 그 답이 틀리다는 것을 설명하느라 애 먹은 기억이 아직도 웃음을 짓게 한다.

그렇다고 해서 틀린 답안 때문만으로 나를 웃게 만들지는 않았다. 언젠가는 산수 답안지가 100점이기에 내가 두 팔을 번쩍 들면서 칭찬했더니 '우리 반에서 100점 맞은 애가 절반도 더 된다.' 하기에 그야말로 더더욱 신이 난다고 칭찬해 주기도 하였다.

머리말

순애 네가 이 세상에 나서 제 손으로 글씨를 쓸 줄 알기까지의 일을
몇 가지만 적어 놓아 주련다. 어떻게 낳고 어떻게 자랐나? 어떠한 분들의
극진한 사랑을 받으며 컸나? 그런 이야기들은
순애 너의 일생을 통해 큰 힘이 되리라고 믿는 까닭에.
하나님께 순애를 기르라고 명령을 받은 엄마는,
자기의 힘은 몹시 약했으나 온 식구들의 힘을 얻어 크게 앓거나 실수하거나 하지 않고,
똑똑하고 명랑하고 재주 많은 순애를 길러 왔으니 감사한 마음을 금할 길 없다.

이야기의 가지가지

머리말 1/ 이야기의 가지가지 2/ 순애를 낳은 날과 시간 3/
너를 낳았을 때의 세계 정세 5/ 너를 낳았을 때의 식구들 7/ 순애를 낳은 율목동 집 9/
순애가 자라난 화평동 집 11/ 이름과 별명 14/ 순애를 낳았을 때의 아버지 16/
순애를 낳았을 때의 어머니 17/ 순애가 좋아한 음식 18/ 순애를 길러 주신 할머니 19/
할아버지 20/ 외할아버지 21/ 외할머니 22/ 한 살 때 23/ 두 살 때 24/ 세 살 때 25/
네 살 때 26/ 다섯 살 때 27/ 여섯 살 때 28/ 일곱 살 때 29/

순애를 낳은 날과 시간
단기 4285년, 서기 1952년 7월 15일(음력 윤 5월 24일) 오후 3시 반.
그날은 장작을 사 들이느라고 집안이 떠들썩했다.
아버지, 작은아버지는 화평동 병원에 가 계시고 할아버지, 할머니, 작은어머니, 나,
그리고 명애 언니까지 대문간에서 빠개는 장작을 꺼들이기에 바빴다. (계속)

아버지께서 "내가 번번이 받아서 딸만 낳은 것 같으니
전 산파(産婆)께 수고해 달래자."고 하셨다. 장작 꺼들이다가 별안간 진통이 시작되기에,
김 외과 간호원으로 있는 전순임 산파에게 기별을 하고 너를 뉠 자리와 입힐 옷들을
준비해 놓고 또 슬슬 장작을 날랐다. 장작을 깨끗이 쌓고 너를 낳았다.
전 산파는 모습도 아름답고 마음도 고운 처녀로 참 정성껏 우리를 도와주었다.
지금은 동서대 약방 주인한테 시집을 가서 아기 엄마가 되었지.
과일이 흔한 때라 너를 씻긴 다음 참외를 대접했다.
할머니도 전 산파와 같이 너를 받아 주시고 첫 목욕을 시킨 다음 하나님께 순산을 감사하는
간절한 기도를 드리셨다. 넷째 딸로 태어난 순애는 섭섭하기는 했지만
교양 있는 어른들 사이에서 행복하게 태어났다고 기도를 올리며 엄마는
뜨거운 눈물을 금치 못했다. 전 산파는 그후 서너 번이나 너를 씻겨 주러 왔었다.

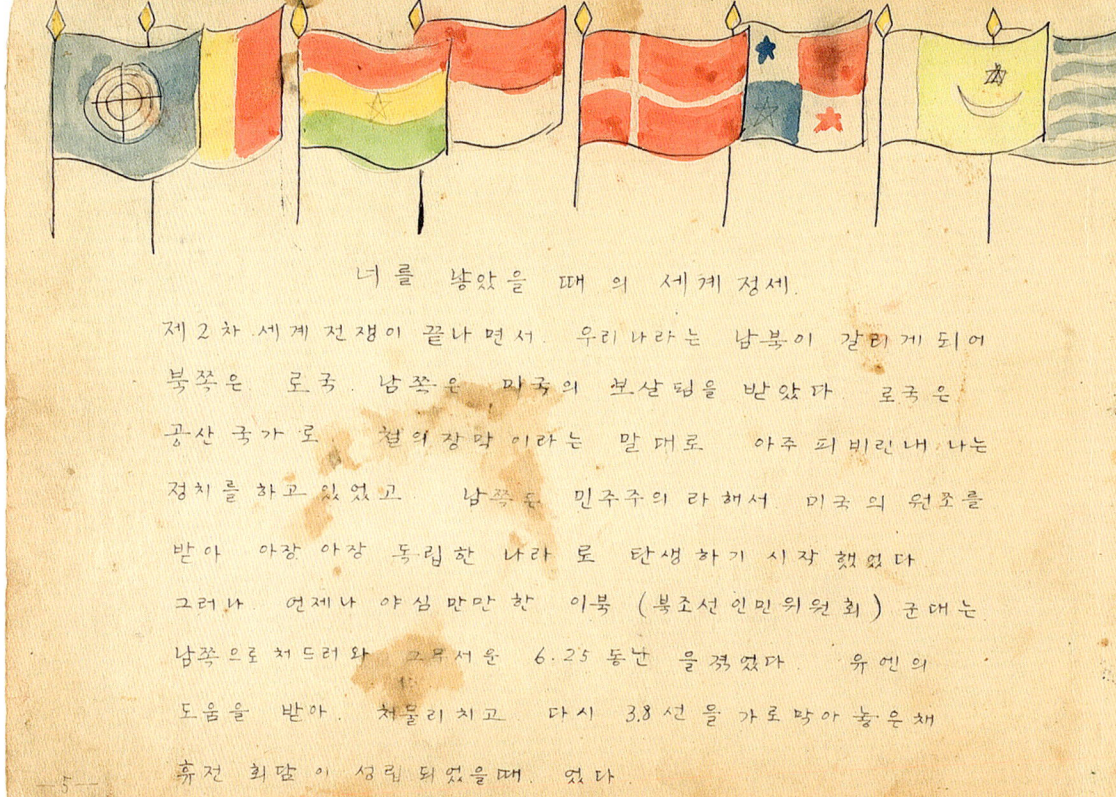

너를 낳았을 때의 세계 정세
제2차 세계전쟁이 끝나면서 우리나라는 남북이 갈리게 되어
북쪽은 노국, 남쪽은 미국의 지배를 받았다.
노국은 공산 국가로 철의 장막이라는 말대로 아주 피비린내 나는 정치를 하고 있었고,
남쪽은 민주주의라 해서 미국의 원조를 받아 아장아장 독립한 나라로 탄생하기 시작했다.
그러나 언제나 야심만만한 이북(북조선인민위원회) 군대가
남쪽으로 쳐들어와 그 무서운 6·25 동란을 겪었다.
유엔의 도움을 받아 물리치고 다시 삼팔선을 가로막아 놓은 채
휴전 회담이 성립되었을 때였다. (계속)

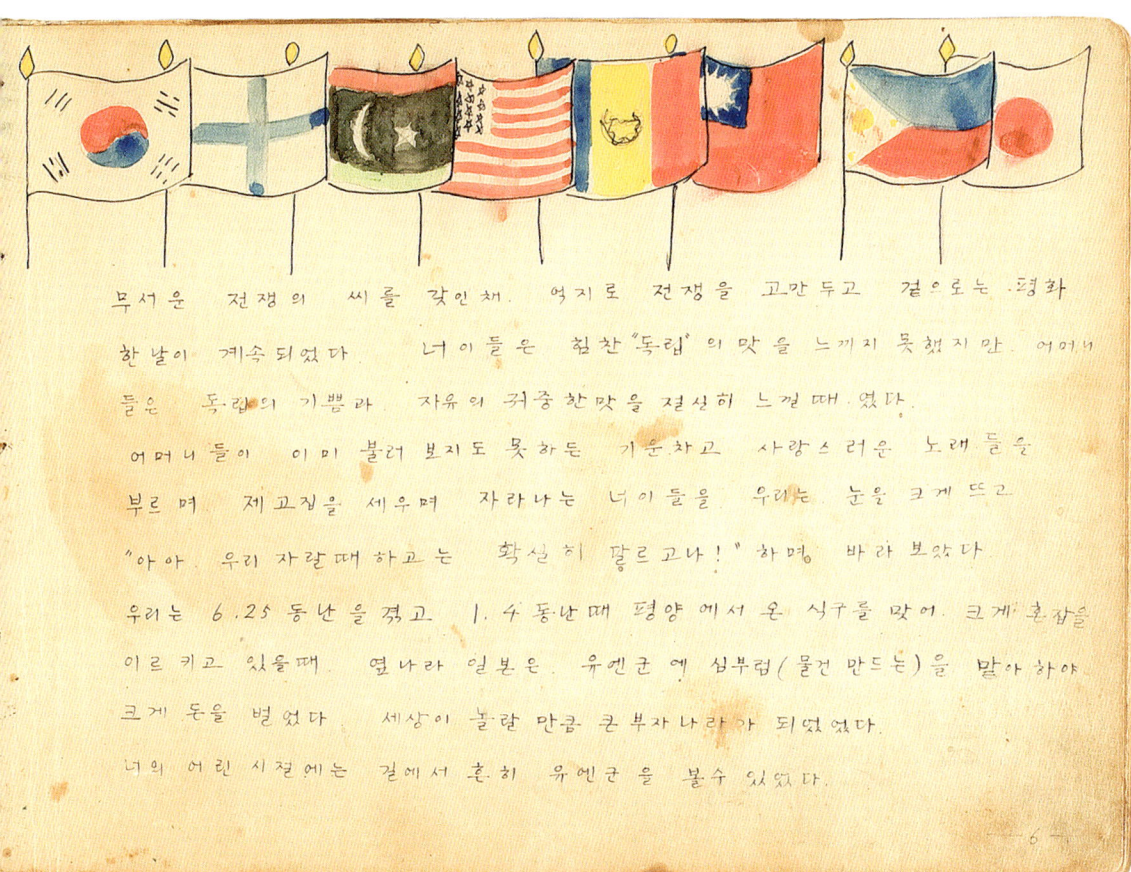

무서운 전쟁의 씨를 가진 채 억지로 전쟁을 그만두고
겉으로는 평화로운 날이 계속되었다.
너희들은 힘찬 '독립'의 맛을 느끼지 못했지만 엄마들은 독립의 기쁨과 자유의 귀중한 맛을
절실히 느낄 때였다. 엄마들이 불러 보지도 못한 기운차고 사랑스러운
노래들을 부르며 제 고집을 세우며 자라나는 너희들을,
우리는 눈을 크게 뜨고 "아아, 우리 자랄 때 하고는 확실히 다르구나!" 하며 바라보았다.
우리는 6·25 동란을 겪고 1·4 후퇴 때 평양에서 온 식구를 맞아
크게 혼잡스러울 때 옆 나라 일본은 유엔군의 심부름(물건 만드는)을 맡아 하여 크게 돈을 벌었다.
세상이 놀랄 만큼 큰 부자 나라가 되었다.
너의 어린 시절에는 길에서 흔히 유엔군을 볼 수 있었다.

너를 낳았을 때의 식구들
할아버지, 할머니, 아버지, 어머니, 명애 언니(창영교 2학년), 현애 언니, 인애 언니,
영록이 삼촌(중학생) (다섯째 삼촌은 군인으로 집에 있지는 않고)
그리고 셋째 작은아버지, 작은어머니, 경룡, 경애, 엄마를 도와주기 위해
6·25 전부터 와 있던 순임이, 이렇게 14명이었다.
네가 태어난 다음에는 15명이 된 셈이지. (계속)

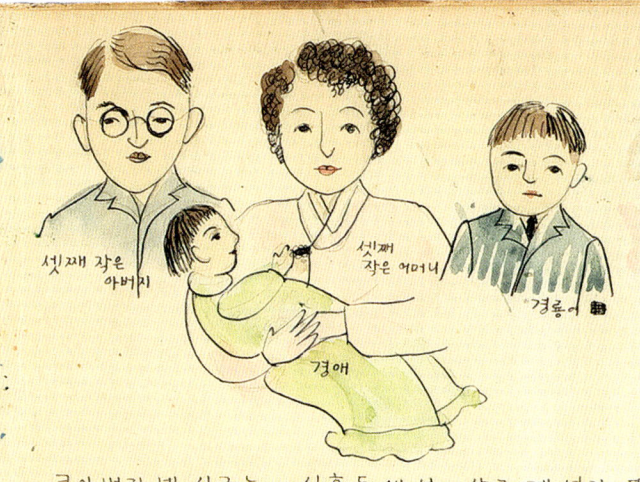

큰아버지네 식구는 신흥동에서 살고 있었기 때문에
늘 한식구처럼 지냈었다. 큰아버지네 식구는
큰어머니, 신애, 형룡, 양룡, 홍룡 여섯 식구고, 넷째 삼촌은 갓 결혼해서
숭의동에서 살림을 하고 있었다.
율목동 할아버지, 할머니, 희복이 삼촌은 부산으로 1·4 후퇴 때 피난 가셔서
우리들에게 율목동 집을 온통 빌려 주셨다.

순애를 낳은 율목동 집

너를 낳은 율목동 집은 백 여 평이나 되는 터를 차지한
서른 칸이 되는 조선 기와집으로 엄마가 처녀 때부터 살던 집이란다.
어느 부자가 지어서 살던 집으로 재목도 좋고 방도 널찍하고
여름 날에 더위를 모르는 집이었다.
율목동 25번지인데, 사람들은 '권업소 앞 돌담집'이라면 통했다. (계속)

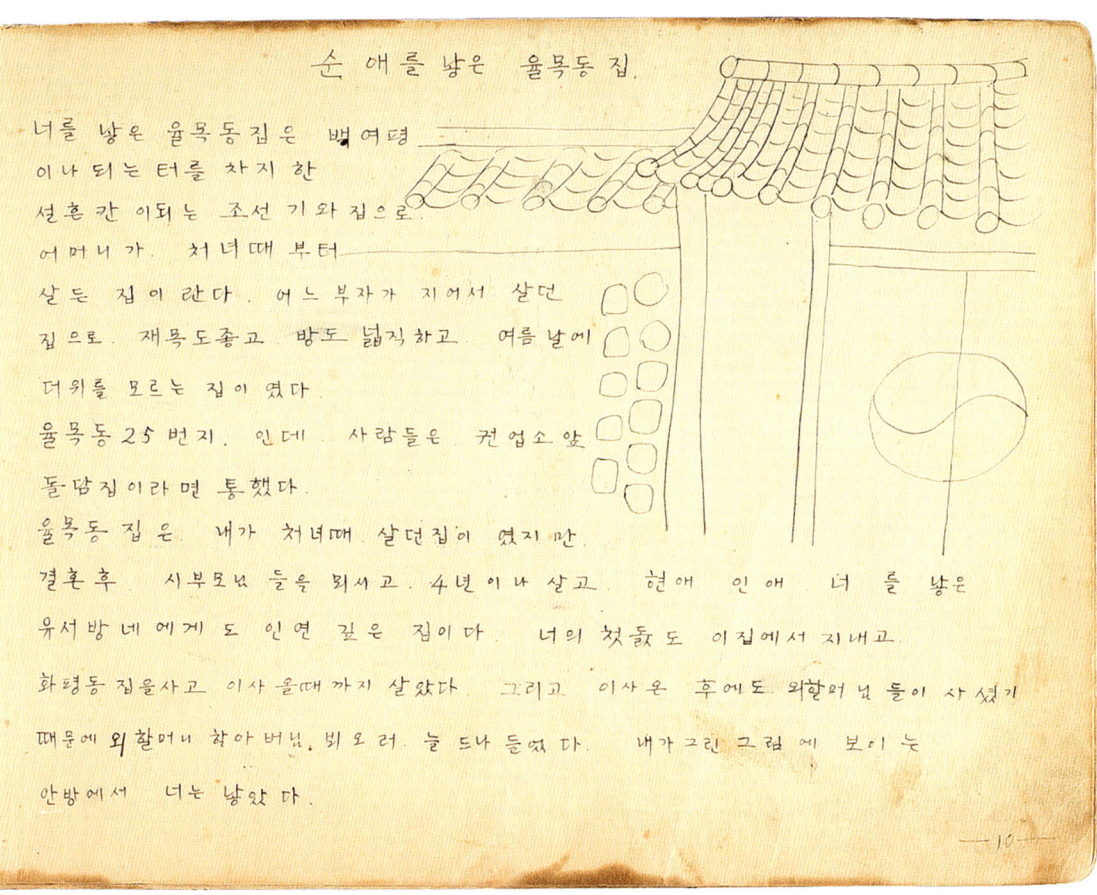

율목동 집은 내가 처녀 때 살던 집이었지만
결혼 후 시부모님들을 모시고 4년이나 살고 현애, 인애, 너를 낳은
유 서방네(시댁 식구들)에게도 인연 깊은 집이다.
너의 첫돌도 이 집에서 지냈고 화평동 집을 사고 이사 올 때까지 살았다.
그리고 이사 온 후에도 외할머니들이 사셨기 때문에
외할머니, 외할아버지를 뵈러 늘 드나들었다.
내가 그린 그림에 보이는 안방에서 너를 낳았다.

순애가 자라난 화평동 집

순애의 잔뼈가 굵어진 화평동 집은 도로 쪽에 병원이 있고
그 뒤로 살림집이 있는 집인데 처음에는 병원과 그 뒤에 있는 기와집 방 둘,
부엌 한 칸을 사고 이사를 했다.
순애를 낳고 집을 살 형편이 허락된 것을 보아도 순애는 행운아라고 볼 수 있지.
안방 칸 반, 건넌방 한 칸, 마루 칸 반에서 작은아버지네 식구까지 같이 살다가
네가 네 살 때 윗집(위로 올라간다고 윗집이라 했다)을 사고
작은아버지네가 살림을 나시고 그 다음해 다섯 살 때 병원 앞터와 살림집 뒤에 있는
초가집을 사고, 네가 일곱 살 때, 축현국민학교 1학년 때(1958년) 초가집을 헐고
벽돌로 살림집을 지었다. (계속)

이 집은 아버지, 작은아버지, 어머니,
김웅연 씨(네게 먼 촌 할아버지뻘이 되는 분) 설계로 지었는데
할머니, 영록 삼촌, 명애, 현애, 순애, 인애, 경룡, 경애, 광룡, 작은어머니, 은주 언니
또 답동 사는 나의 조카 김정규 군, 또 많은 목수와 미장이와 벽돌장이들,
또 재료를 날라 온 운전사, 구루마꾼들의 큰 수고로 지어졌다.
순애는 무슨 수고를 했나?
초가집 허물 때 나무토막도 정리하고 잔돌, 큰돌을 정리하고
대팻밥 꺼들이고 그런 일을 부지런히 했다.

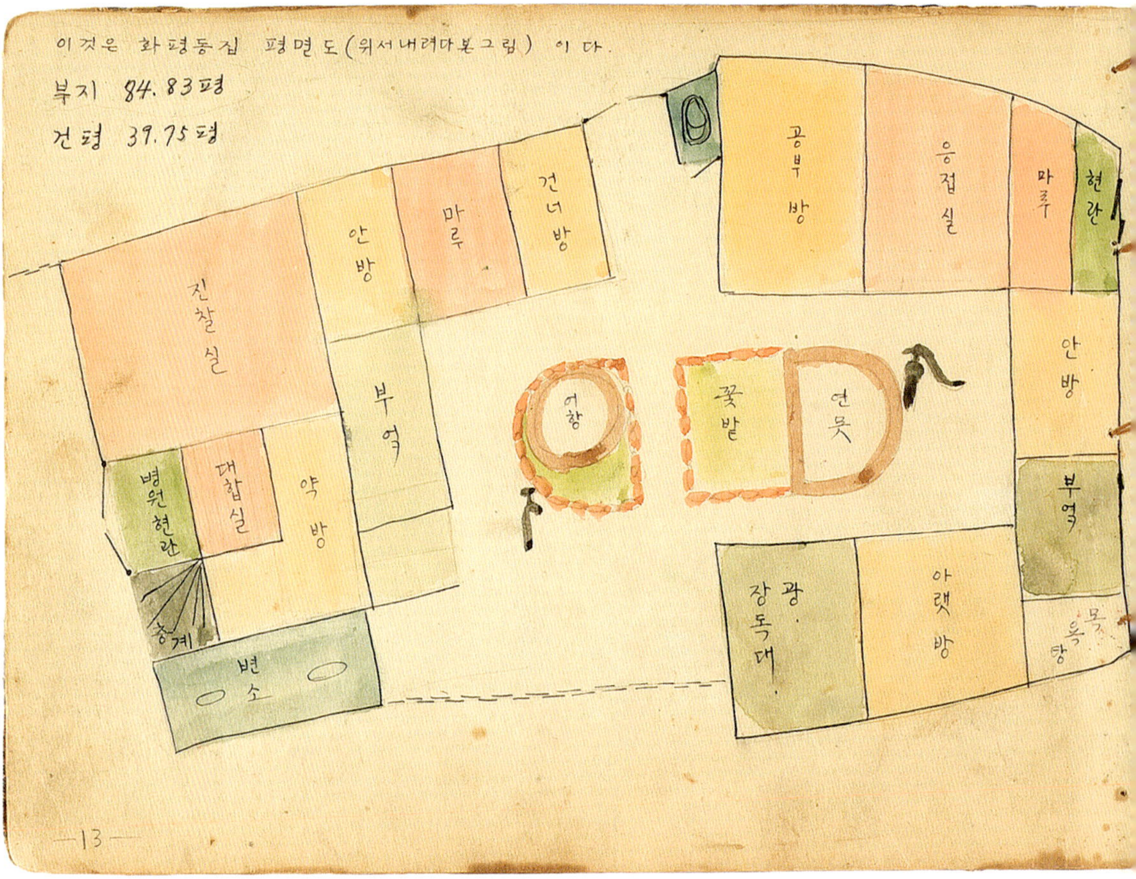

(그림)

이것은 화평동 집 평면도(위에서 내려다본 그림)이다.
부지 84.83평 / 건평 39.75평

이름과 별명

순애(順愛). 순할 순, 사랑 애. 엄마가 지었다.

얼굴이 거무스레하고 눈은 새까맣고 어찌 밉게 생겼는지 아버지는 '잿내비(잔나비)'라고 별명을 지어 네가 서너 살 된 후 곧잘 '잿내비!' 하고 웃었댔다.

"양반의 자식은 늦자란다고, 퍽 예뻐졌다."고 보는 이마다 네가 커 가면서 예뻐진다고 하는 것을 보니 갓 낳아서는 몹시 낯설었던 모양이다.

順愛, 순하고도 힘을 간직한 사랑의 행자가 되어 주기를 바란다.

유순애라고 불러 보면 얼마나 듣기 좋은지 모르겠다.

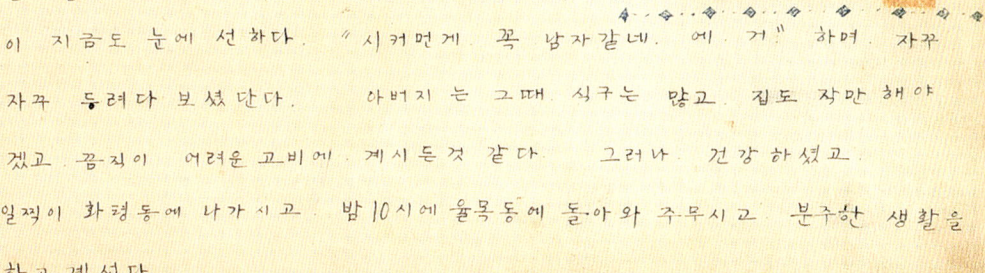

순애를 낳았을 때의 아버지
너를 낳았을 때 아버지는 서른다섯 살이셨다.
화평동에 병원을 개업하셨고, 군의관 소집을 피하시느라고 인천 소년형무소의
의무과장으로 계셨다.
너를 갓 낳았을 때 몇 차례나 "아들인 줄 알았는데… 에거, 어디 한번 더 풀러 볼까." 하며
서운해 하시던 아버지의 모습이 지금도 눈에 선하다.
"시커먼 게 꼭 남자 같네, 에거." 하며 자꾸자꾸 들여다보셨단다.
아버지는 그때 식구는 많고 집도 장만해야 하고 끔찍이 어려운 고비에 계셨던 것 같다.
그러나 건강하셨고 일찍이 화평동에 나가시고 밤 10시에 율목동에 돌아와
주무시며 분주한 생활을 하고 계셨다.

순애를 낳았을 때의 어머니

엄마는 30세였다. 난리를 겪고 늘 그립던 할머니 또 큰아버지 작은아버지 들을 맞아
그 무서운 전쟁 속에서도 온 가족의 생명을 고스란히 지켜 주신 하나님을 느끼며
정신없이 식구들의 옷 걱정, 먹는 걱정에 참으로 바삐 지내고 있었다.
그 외에도 징용 문제로 식구들과 근심에 싸여 지냈다고 해도 과언이 아니리라.
너를 낳은 지 닷새 만에 큰아버지에게 징용 영장이 나와 우리는 얼마나 근심했는지 모른다.
징용 가서 탄환을 나른다거나 방공호를 판다던가 하는 일은
우리 식구들에게는 당치 않은 일이었기 때문에 너의 큰아버지는 도립병원에 입원을 하신다,
식구들은 거짓말을 할 계획을 한다, 하며 공연히 애를 썼다.
그 바람에 젖이 빠짝 말라 너는 늘 배가 고팠다.

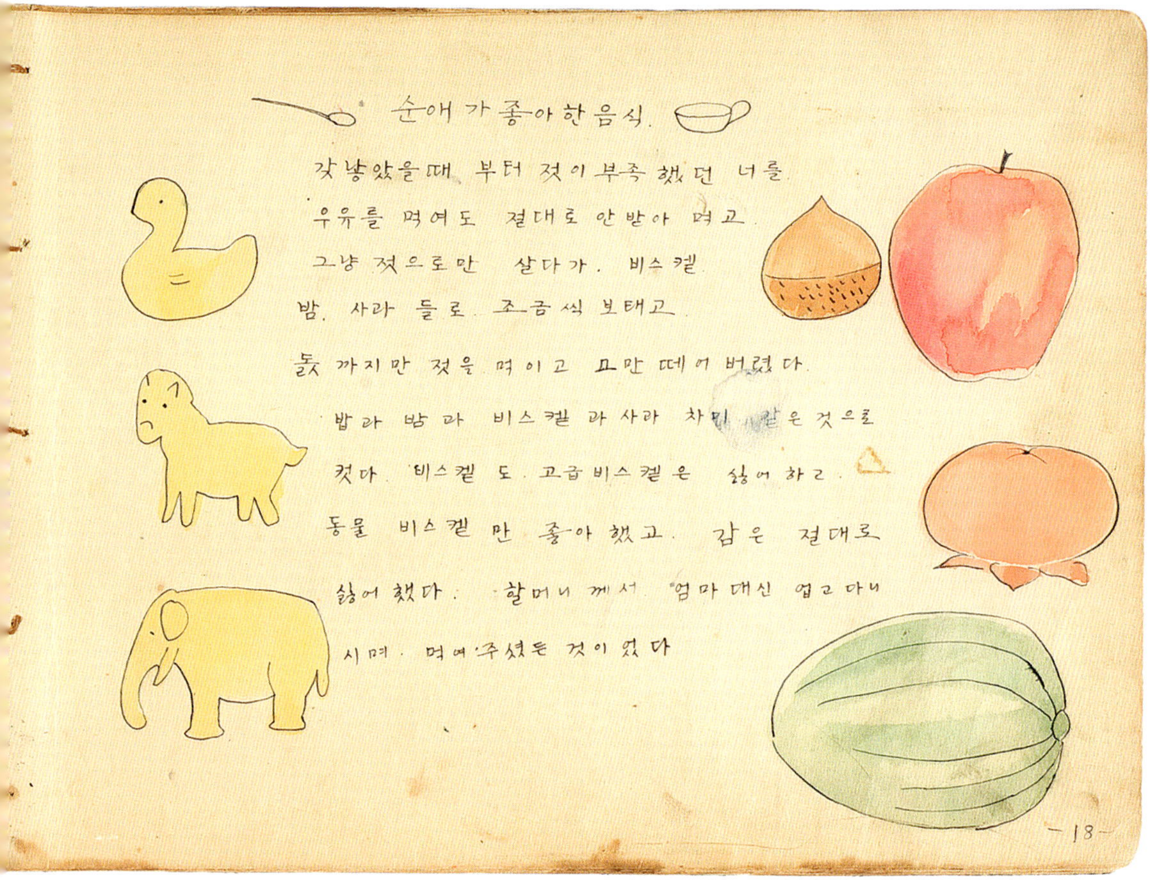
순애가 좋아한 음식.
갓 낳았을 때 부터 젖이 부족 했던 너를
우유를 먹여도 절대로 안 받아 먹고
그냥 젖으로만 살다가. 비스켙
밤. 사과 들로 조금씩 보태고
돐 까지만 젖을 먹이고 고만 떼어 버렸다.
밥과 밤과 비스켙과 사과 차미 같은 것으로
컷다. 비스켙도 고급 비스켙은 싫어하고
동물 비스켙만 좋아 했고 감은 절대로
싫어 했다. 할머니께서 엄마 대신 업고 다니
시며 먹여 주셨든 것이 였다
-18-

17 / 18

순애가 좋아한 음식

갓 낳았을 때부터 젖이 부족했던 너는 우유를 먹여도 절대로 안 받아먹고
그냥 젖으로만 살다가 비스킷, 밤, 사과 등으로 조금씩 보태고 돌까지만 젖을 먹이고 그만
떼어 버렸다. 밥과 밤과 비스킷과 사과 참외 같은 것으로 컸다.
비스킷도 고급 비스킷은 싫어하고 동물 비스킷만 좋아했고 감은 절대로 싫어했다.
할머니께서 엄마 대신 업고 다니시며 먹여 주셨다.

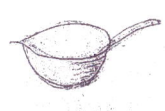

순애를 길러 주신 할머니

순애는 참으로 할머니의 수고로 컸다. 몹시 힘든 고비에 태어난 너는 배고픈 고생,
엄마와 떨어져 지내는 고생을 늘 했으나 너와 같이 애써 주시고 먹여 주시고
젖은 기저귀를 건사해 주시고 옷을 걸어 주신 할머니의 큰 수고를 나는 잊을 수 없다.
순애를 낳은 날부터 하나님께 기도해 주시고 돌 날에도 떡을 해 주시고
1학년에 들어갔을 때 장에서 제일 좋은 가죽 가방을 사 주신 할머니의 축복을
순애는 평생을 두고 잊어서는 안 되리라. 젖 떨어진 후로는 쭉 할머니와 같이 자고 지냈다.
할머니의 성함은 박동윤 씨고 너를 낳은 해 62세셨다.
학문도 많으시고 믿음도 훌륭하시고 또 세상에 다시 없이 부지런한 분이셨다.
사랑을 몸소 실행하신 분이셨다. 머리가 좋으셔서 왜말도 잘 아시고 노래도 잘하셨다.
여러모로 우리 집의 큰 일꾼이셨다.

순애 낳은 것을 제일 섭섭해 하신 할아버지

너를 낳은 날 할아버지께서는 나와 네가 누워 있는 방 문 밖에 오셔서
"애! 어미야, 국밥 달게 먹어라. 얼마나 너희들도 섭섭하겠니, 하지만 아직 나이가 젊으니
국밥 잘 먹고 어서 추스르도록 해라. 나는 내 나이 생각을 하니
네가 아들 낳는 구경 못하고 죽을 것 같아서 참 섭섭하다. 너희들은 걱정할 것 없다."고 하셨다.
할아버지의 성함은 유두환 씨이고 너를 낳은 해 78세셨다.
평안남도 신창서 교육 사업과 교역에 힘쓰신 우리나라의 초대 교육자셨다.
또 3·1운동 때에는 열렬히 참가하시고 옥살이까지 하셨다.

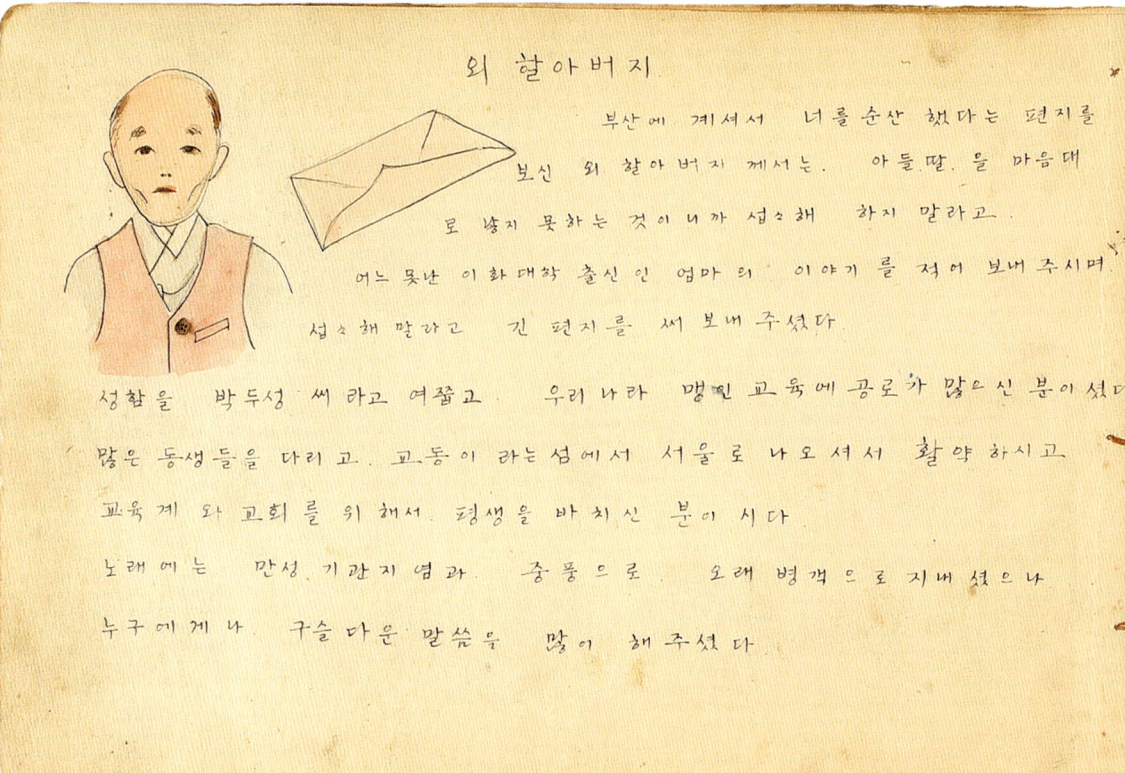

외할아버지

부산에 계셨던 외할아버지께서는 너를 순산했다는 편지를 보시고
'아들 딸은 마음대로 낳지 못하는 것이니까 섭섭해 하지 말라.'고 어느 못난
이화대학 출신 엄마의 이야기를 적은 긴 편지를 써 보내 주셨다.
성함은 박두성 씨고 우리나라 맹인 교육에 공로가 많은 분이었다.
많은 동생들을 데리고 교동이라는 섬에서 서울로 나오셔서 활약하시고
교육계와 교회를 위해서 평생을 바치신 분이시다.
노래(늘그막)에는 만성 기관지염과 중풍으로 오래 병객으로 지내셨으나
누구에게나 구슬다운 말씀을 많이 해 주셨다.

외할머니의 사랑

외할머니(김경내 씨)는 너희들을 얼마나 사랑해 주셨는지 모른다.
약하고 바쁘신 가운데 어느 때나 너희들을 염려해 주시고 네게는
옷도 여러 벌 사 주시고 장난감도 사 주셨다.
언제나 "너희들, 순애가 보통 아이 같지 않지? 두고 봐라. 그 애는 나를 닮았어.
욕심도 있고 머리도 좋고 두고 봐라. 무엇이 되나!" 하셨다.
평생을 수고 많이 하시고 침으로 아픈 사람도 많이 고쳐 주셨다.
교회도 열심히 받드셨다. 너를 낳았을 때 59세셨다.

한 살 때

순애가 태어난 지 닷새쯤 해서 큰아버지가 징용 영장을 받아 온 식구가 근심 걱정에 싸여 지냈다.
또 그 가을에 신혼 생활을 하고 있던 넷째 삼촌이 발진으로 앓으셨음으로 우리는 여간 걱정이
많지 않았다. 피난 갔다 온 다음해였는데 율목동 식구는 부산에서 돌아오지 않았다.
걱정이 많아 그랬는지 엄마의 젖이 다른 때보다 더 적어 너는 배고픈 날이 많았다.
나는 한약도 먹고 돼지족에 목통을 넣어 고아 먹으며 너를 먹일 젖이 많아지기를 바랐으나
좀처럼 젖이 붇지 않아 애를 썼다. 명애는 학교에 처음 나갔는데 2학년에 다녔다.
현애는 여섯 살, 인애는 네 살 모두 고만고만했고, 작은아버지네는 경용, 경애 둘만 낳았다.
또 언제 피란 갈지 모른다는 위태스런 마음으로 이 해는 저물었다.

두 살 때

밤새도록 젖꼭지를 물고 자는 너를 온 식구는 가엾다고 했다.
언제나 배가 훌쭉하니 젖꼭지를 만족히 놓아 보지를 못하고 엄마도 마음대로
돌아눕지 못하고 너를 끼고 쩔쩔맸다. 아침마다 식구들은 "간밤에는 좀 따로 잤나?" 하고
인사를 했다. 네가 아무것이라도 먹었으면 좋을 텐데, 우유도 안 먹고 배고파 애를 쓰니
온 식구가 같이 힘들었다. 우리 식구는 율목동 집에서 살고 있었는데 식구는 많고
집을 살 일이 퍽 급한 일이었다. 우리 식구들은 집을 사는 날이 하루빨리 허락되기를
기원하며 부지런히 일했다. 부산으로 피난 가셨던 외할머니도 돌아오셔서 율목동은
끔찍이 식구가 많았다. 이 해 여름 제일 더운 때 아버지께서 군의관 학교에 가시게 되어서
우리 온 식구가 답답하고 안타까운 시간을 맛봤다. 식구는 많고 딸만 넷이고 집도 없고
군의관 학교에까지 가신 아버지는 얼마나 안타까우셨을까.
그러나 다행히 1개월의 학교 생활만 하시고 돌아오셨다.

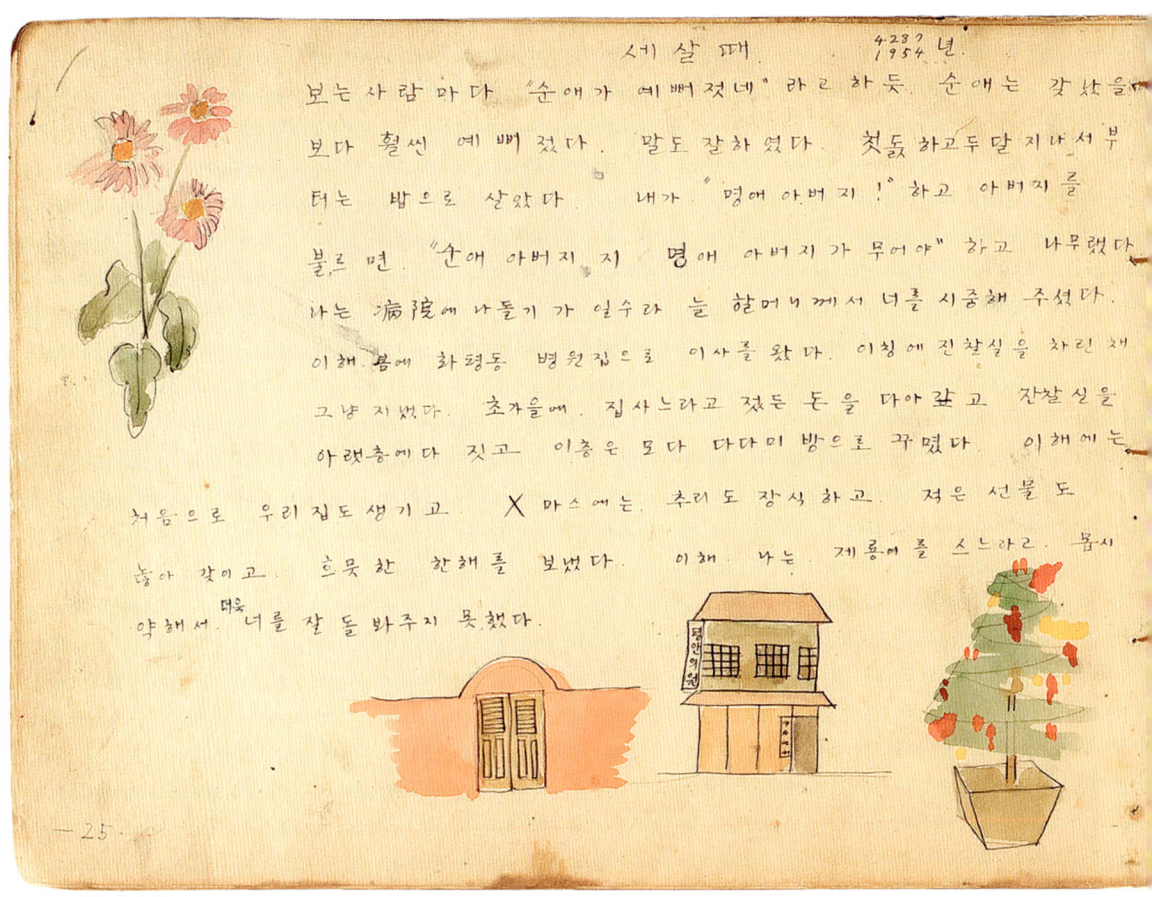

세 살 때

보는 사람마다 "순애가 예뻐졌네."라고 하듯 순애는 갓 낳았을 때보다 훨씬 예뻐졌다.
말도 잘하였다. 첫돌하고 두 달 지나서부터는 밥으로 살았다.
내가 "명애 아버지!" 하고 아버지를 부르면 "순애 아버지지,
명애 아버지가 무어야." 하고 나무랐다. 나는 병원에 나돌기가 일쑤라
늘 할머니께서 너를 시중해 주셨다.
이 해 봄에 화평동 병원집으로 이사를 왔다. 2층에 진찰실을 차린 채 그냥 지냈다.
초가을에 집을 사느라고 빚 졌던 돈을 다 갚고 진찰실을 아래층에 짓고
2층은 모두 다다미 방으로 꾸몄다. 이 해에는 처음으로 우리 집도 생기고
크리스마스에는 추리도 장식하고 적은 선물도 나눠 가지며 흐뭇한 한해를 보냈다.
이 해 나는 재롱이를 서느라고 몹시 약해져서 너를 잘 돌봐주지 못했다.

네 살 때

제룡이의 누나가 되었다. 남동생을 낳아서 어른들이 순애는 사내 동생을 봐 참 착하다고 칭찬을 하셨던지, 언니들과 싸우며 "너희들은 남동생을 보았느냔 말야?!" 하고 대들어서 모두 허리를 잡았다. 병원 옆 온돌방 둘에서 작은아버지네 아가들과 우리 아이들 여덟 명이 끓으니 부자유함으로, 인애, 광룡, 경애와 같이 탁아원에 다녔다. 너는 탁아원에서는 입을 꼭 다물고 있다가 집에서는 곧잘 노래를 불렀다. '얘들아 오너라. 달 따러 가자', '하나님은 나의 목자시니' 등을 곧잘 불렀다. 엄마가 좀 부르면 '아냐, 아냐, 이렇게 부르는 거야.' 하며 고집했다. 어찌 고집이 센지 '노가다' 소리도 들었다. 그래도 마음 곧고 동정심이 많은 성격은 이때부터 나타났다. 아이들을 모두 데리고 서공원에 가다가 광룡이가 안 걷겠다고 투정을 하면 꼭 뛰어가 손을 잡으며 "광룡아! 큰어머니는 제룡이를 업어서 너 못 업어 준다. 응?" 하며 달래서 데려오는 것이었다. 아이스크림을 사다 먹으면서 너도 주면 "아까 할머니가 사 준 사람도 먹어도 되나?" 하고 따졌다. 눈을 크게 뜨고 무엇이든 바로 알려고 하는 너를, 딸들 중에 제일 머리가 좋다고 생각하게 되었다.

다섯 살 때

몹시 분주한 해였다. 조그만 반닫이도 짜다 놓고 아랫집(초가집)도 사고
우물도 파고 제룡이 돌잔치도 하고 다섯째 삼촌(10월 25일)의 잔치도 하고
또 겨울에는 새작은엄마(다섯째)도 같이 크리스마스 축하회를 가졌다.
순애는 광룡이들과 새로 산 초가집 방에서 소꿉놀이 노래대회 들을 재미있게 하면서
잘 놀았다. 이 해 이른 봄에 네가 은주 언니가 빨래 하는 데서 양잿물을 입에 대어
큰일이 날 뻔했다. 이 해에 광룡이네는 성애를 낳았다.
너희들은 아버지들의 친구 김영섭 씨 댁에도 잘 가서 놀았다.
해성이네는 애기가 해성이 하나뿐이어서 너희들이 놀러 가면
반겨 주곤 했다.

여섯 살 때

지난해 다섯째 삼촌의 결혼식 때 순애는, 들러리 설 옷을 모두 준비해 놓았으나
너무 어려서 못 섰었다. 그래서인지 너희들은 결혼식 장난을 많이 했다.
목사, 신랑, 색시, 들러리를 잠정하고 시간 가는 줄도 모르고 노는 것이었다.
너는 고집도 세고 몸도 작고 글씨 쓰는 일에는 조금도 관심이 없이
장난에만 열중해서 지내니 "내년부터 학교에 갈 수 있을까?" 하고 어른들이 걱정을 했다.
저더러 "너 새해에 학교에 갈래?" 하면, 큰 입을 꼭 다물고 대답을 안 했다.
까부는 맛이 없고 생각을 잘해서 대답하려고 얼른 대답을 안 한다고 나는 생각했다.
자존심이 강해서 노래를 불러도 정확히 부르고 누가 웃거나 하면 골질을 했다.
이 해에 광룡이네는 황룡이를 낳았다. 너는 광룡이, 성애하고 친해서
성애 업기를 즐거워했다. 아버지들은 초가집을 헐어 치우고 벽돌로 살림집을 지으려고
궁리가 많았다. 이 해에 명애 언니는 여학생이 되었다.

일곱 살 때

7월 생일이어서 여덟 살에 가도 되는 학교를 궁리하다 못해
"너 학교에 붙여 주면 잘 다닐래?" 하니 "응." 하므로,
가까운 축현학교에 가서 부탁했더니 받아 주었다.
어린 대중으로는 끔찍이 똑똑하게 학교에서 있었던 일을 전하고, 가져갈 것,
해갈 것을 잊는 법이 없었다.
1학년 때 담임 선생님은 조진옥 선생님이었다.
이 해 여름에 우리는 초가집을 헐고 벽돌로 살림집을 지었다.
집 짓는 시중이 너무 바빠서 돌봐주지 못했으나 너의 학업 성적은 좋았다.
율목동 집에 가 있으면서 학교에 다니기도 하였다.

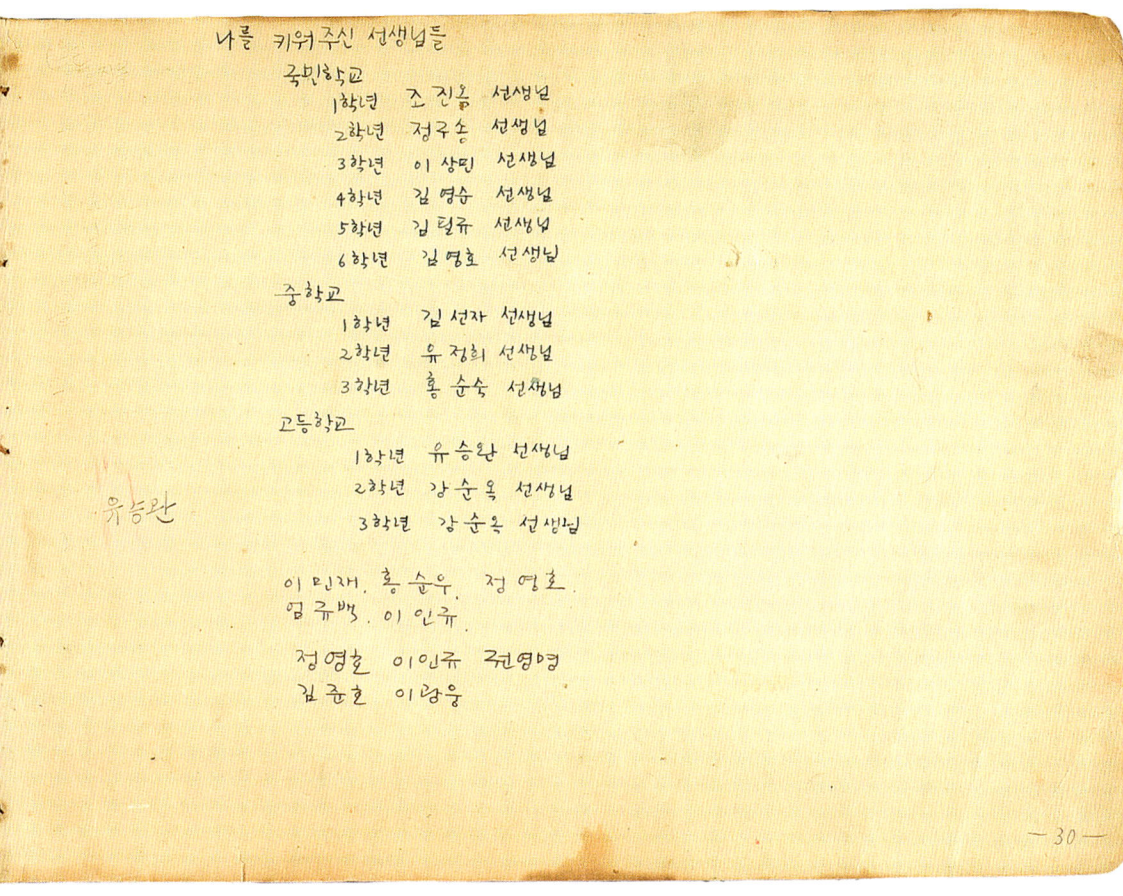

순애를 키워 주신 선생님들
국민학교/
1학년 조진옥 선생님/ 2학년 정구송 선생님/ 3학년 이상민 선생님/
4학년 김영순 선생님/ 5학년 김필규 선생님/ 6학년 김영호 선생님
중학교/
1학년 김선자 선생님/ 2학년 유정희 선생님/ 3학년 홍순숙 선생님
고등학교/
1학년 유승완 선생님/ 2학년 강순옥 선생님/ 3학년 강순옥 선생님

(그림)

여섯 살 때의 작품. 자기와 광룡이를 그린 것.

어떤 힘든 고비에도
착하게, 행복하게
이겨 나가리라 믿는다

첫 아이 때보다 입덧이 심해서 죽을 지경이었다.
몸이 너무 마르고 음식을 넘기지 못하는 통에
아버지는 갖은 수단을 다 해 보았지만 무효였다.
집안 식구들이 걱정하다가 율목동 외할아버지께
살리기 위해 인공 유산을 감행하기로 하자고 여쭈었더니,
"자고로 입덧 때문에 어미가 죽는 예는 없으니 그냥 견뎌라."
하며 단호하게 말씀하셨다.
그렇게 어렵게 태어난 아기가 아들이었으니
"외할아버지 덕에 낳은 아들이다." 하며 온 식구가 반가워했다.
"그 놈 눈 봐라! 정신이 드누나."
"잘 생겼다! 아범 닮았다."
"예쁘기도 하구나. 벌써 주먹을 빠누나."
하며 다들 좋아했다.
제룡이가 어떻게 태어나고 어떻게 자랐나,
또 어떠한 분들의 축복과 수고로 컸나,
이런 일들을 골라서 간단히 적어 보련다.
네가 언제나 자기를 그지없이 사랑해 주신 분들을
기억하고 어떠한 힘든 고비에서도
착하게 행복하게 이겨 나가라고 이 글을 써 주련다.

막내 아들 제룡의 육아일기

제룡의 육아일기, 1955-1960년. 19.3×26.8cm. 46쪽.

제롱이
여섯 살 때의 이야기

제롱아, 나는 살아가는 동안에 내 힘으로는 되지 않는 일 중에서 깜짝 놀라도록 고맙게 된 일이 많다. 그럴 때마다 "하나님, 고맙습니다." 라고 뼈저리게 느끼고 기도했다. 네가 여섯 살 때(1960년)의 이야기를 써 보려고 한다. 이날, 우리는 서울 가려고 아침부터 기분이 들떠 있었다. 왜 서울에 갈 예정이었느냐 하면 그 전날 아버지와 내가 서울 효자동에 너희들 공부시키기 위한 집을 계약해 놓고 왔었는데 그 집을 보러 갈 작정이었던 것이었다. 아버지는 얼마나 너희들을 사랑하시는지 교통이 편한 곳에다가 순전히 서울 대학에 통학시키기 위한 집을 사는 것을 소원하셨다.

마침, 4월 19일날 기차 타기 좋아하는 너와 명애 누나가 먹고 다닐 집을 산 것이 기쁜 할머니를 모시고 화초도 떠서 사 놓고 막 떠나려고 하는데 서울서 우리에게 집을 판 윤상희 씨라는 영감이 들어서시며 "사정이 있어 그러니 파약해 주시오."라는 것이었다. 사정이라는 것은 하도 집이 팔리지 않다가 팔려서 자기도 다행으로 알았었는데 우리한테 받은 돈을 가지고 미리 봐 놓고 집 지을 준비를 시킨 집터를 사러 가서 도시계획 지도를 보니 그 집터가 도로 복판이 될 땅으로 표시가 되어 있어 크게 놀라 다른 자리를 찾아봤으나 마땅한 자리가 없어 우리에게 팔리던 집을 헐고 새로 지을 수밖에 없다고 마음먹고 내려왔다는 것이었다. 너의 실망은 말할 수 없이 컸고, 할머니까지 화를 내시며 "별일을 다보겠다. 판 걸 어떻게 물른담." 하셨다. 아버지는 "별수없군. 노인네가 너무 걱정이 돼서 어제 저녁부터 굶고 오셨다는데, 당신은 차와 카스테라를 대접하고 집 문제는 해약하시오."라고 하였다. 늘 그러시듯 너무 지나친 대접을 해 보내라고 하셨다. 나는 그대로 했다. 그랬더니 그 윤씨 노인은 "이토록 대접 받고 뜻을 이루고 돌아가게 될 줄은 꿈에도 몰랐습니다. 고맙습니다. 어찌 근심이 됐던지. 입이 다 타고 혼이 났었습니다. 고맙습니다." 라며 돈을 꺼내 놓고 서울로 돌아갔다. 우리는 여러 날을 두고 집을 보러 다닌 수고가 수포로 돌아가서 퍽 서운했다.

그런데 그날이 바로 4·19 데모가 났던 날이라 저녁 때부터 윤씨 노인이 무사히 돌아가셨을까 걱정이 되는 후회가 돌고 라디오로 큰일 난 서울 거리의 뉴스가 자꾸 보도되는 것이었다. 아버지와 나는 어찌 걱정이 되는지 윤씨 댁으로 엽서를 띄우고 무사히 도착하기를 기도했고 1주일 후 데모 난리가 잘 가라앉은 뒤에 서울 효자동에 사는 보안 여관댁도 문안할 겸 올라가서 윤씨 댁에도 문안 드리러 갔다. 그랬더니 윤씨 노인 말씀이 "아이구, 난 그날 죽는 줄만 알았어요. 기차가 역까지 못 가고 내려놓으니 큰일이 났더군요. 총소리 고함소리에 역 앞으로는 통행 금지가 되어, 기차길을 따라 서대문 쪽으로 걷다가 사직공원 뒤 인왕산을 넘어 효자동까지 걸으며 하나님을 얼마나 불러겠습니까. 아무튼 댁은 유명한 댁이시외다. 하나님이 귀한 애기 데리고 고생하실까 봐 미리 지켜 주셨으니까요. 라고 하셨다. 윤씨 노인의 말대로 묘한 방법으로 하나님께서 우리를 지켜 주셨고 앞으로도 지켜 주실 것이라고 믿는다. 착하게 남을 사랑하며 늘 하나님의 품 안에서 살자. _제룡의 육아일기 '우리를 보호해 주시는 하나님'

우리를 보호해 주시는 하나님

제롱아. 나는 살아 가는 동안에, 내 힘으로 되지 않는 일중에서, 깜짝 놀라도록 고맙게 된 일이 많다. 그럴 때마다

"하나님 고맙습니다" 라고 뼈저리게느끼고 기도 했다.

네가, 여섯살 때 (1960년) 4월19일날의 이야기를 써 보려고 한다. 이날, 우리는, 서울 가려고 아침부터 기분이 들떠 있었다. 왜 서울엔 갈 예정이었느냐 하면 그 전날, 아버지와 내가, 서울 孝子洞에 너희들 공부시 키기 위한 집을 계약 해 놓고 왔었는데 그 집을 보러 갈 작정이었던 것이었다. 아버지는, 얼마나 너희들을 사 랑하시는지, 교통이 편한 곳에다가, 순전히 서울대학 에 통학시키기 위한 집을 사는 것을 소원 하셨었다.

마침. 4월19일날. 기차 타기 좋아 하는 너와, 영애 누 나가, 먹고 다닐 집을 산 것이 기쁘신 할머님을 모시 고 화초도 떠서 싸놓고 막 떠나려고 하는데, 서울서 우리에게 집을 판, 윤상희씨 라는 영감님이 들어서 시며, "사정이 있어 그러니, 파약 해 주시오" 라는 것 이었다. 사정이라는 것은, 하도 집이 팔리지 않다가 팔려서 자기도 다행으로 알았었는데, 우리한테 받은

돈을 갖고, 미리 봐놓고 집지을 준비를 시키고 있는 집터를 사러 가서, 도시계획지도를 보니, 그 집터가, 도로 복판이 될 땅으로 표시가 되어 있어, 크게 놀래, 다른 자리를 찾아 봤 으나 마땅한 자리가 없어, 그냥 우리에게 팔려던 집 을 헐고 새로 지을 수 밖에 없다고 마음먹고, 내려 왔다 는 것이었다. 너의 실망은 말할수 없이 컸고, 할머 님까지 화를 내시며, "병 일을 다 보겠다. 한 경 어떻게, 물은담." 하셨다. 아버지는, "별수 없군. 노인네가, 너무 걱정이 돼서, 어제 저녁부터 굶고 오셨다는데. 당신, 차와, 카스테라를, 대접 하구. 집 문제는, 해약 해 드립슈" 라고, 늘 그러시듯 너무 지내친 대접을 해 보내라고 하셨다. 나는 그대 로 했다. 그랬더니, 그 윤씨 노인은

"이토록 대접 받고 뜻을 이루고, 돌아 가게 될줄을 꿈엔도 몰랐읍니다. 고맙습니다. 어찌 근심이 됐던지, 입이다 하고 혼이 났었읍니다. 고맙습니다"

라며, 돈을 (전날의 계약금) ~~~~~~. 서울로 돌아 가셨 다. 우리는 여러 날을 두고 집을 보러 다닌 수고가 수포로 돌아가서, 덕 서운했다.

그런데, 그 날이 바로 4/19 데모가 났던 날이 라. 저녁 때부터 尹씨 노인이 무사히 돌아 가셨을까 걱정이 되

1/2

머리말

제룡이 어떻게 태어나고 어떻게 자랐나,
또 어떠한 분들의 축복과 수고로 컸나, 이런 일들을 골라서 간단히 적어 보련다.
네가 언제나 자기를 그지없이 사랑해 주신 분들을 기억하고
어떠한 힘든 고비에서도 착하게 행복하게 이겨 나가라고 이 글을 써 주련다.
1962년 2월 엄마.

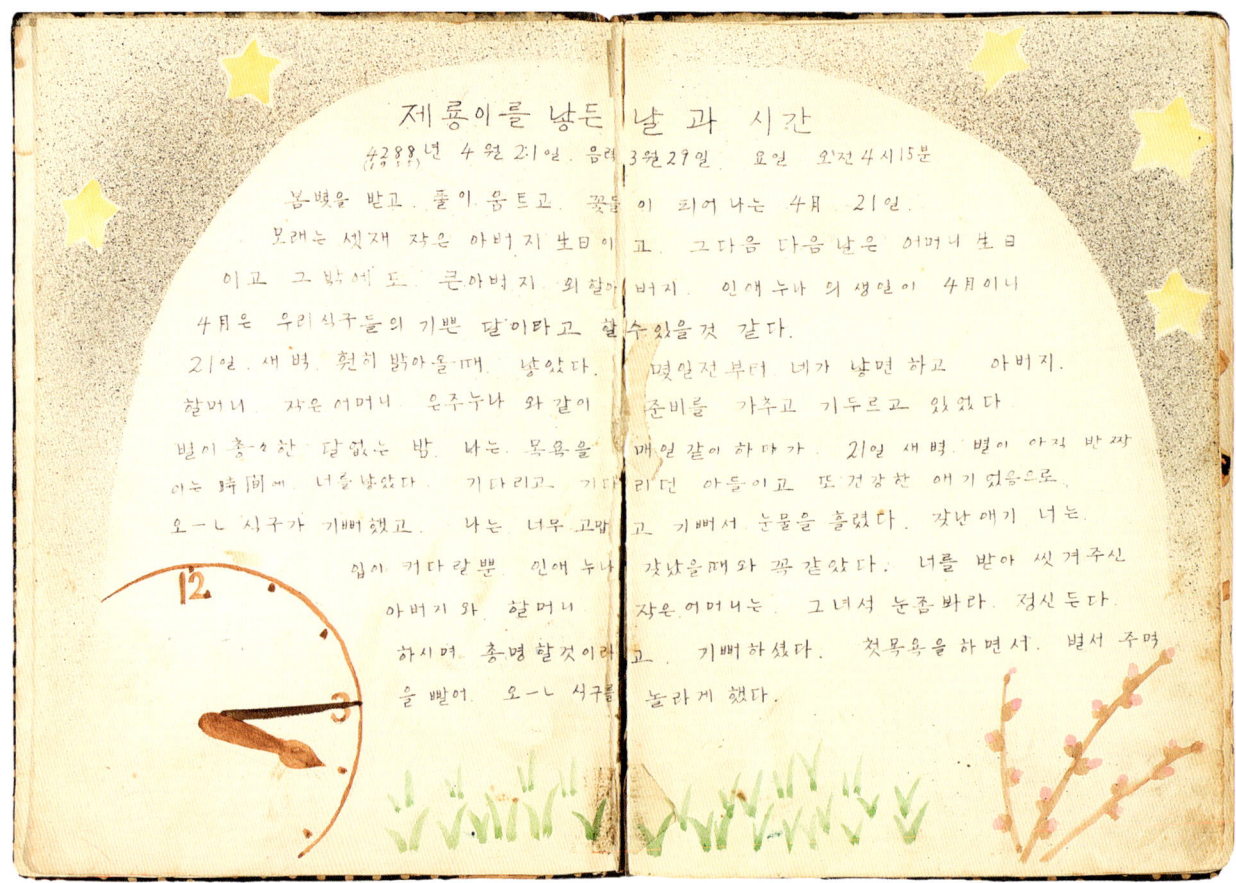

제룡이를 낳은 날과 시간

단기 4288년, 서기 1955년 4월 21일(음력 3월 29일) 오전 4시 15분.

봄볕을 받아 풀이 움트고 꽃들이 피어나는 4월 21일. 모레(4월 23일)는 셋째 작은아버지 생일이고 그 다음다음날은 엄마 생일이고 그밖에도 큰아버지, 외할아버지, 인애 누나의 생일이 4월이니, 4월은 우리 식구들의 기쁜 달이라고 할 수 있을 것 같다.

21일 새벽, 밖이 훤히 밝아 올 때 낳았다. 며칠 전부터 네가 태어나면 하고 아버지, 할머니, 작은어머니, 은주 누나와 같이 준비를 갖추고 기다리고 있었다. 별이 총총한 달 없는 밤, 나는 목욕을 매일같이 하다가 21일 새벽 별이 아직 반짝이는 시간에 너를 낳았다. 기다리고 기다리던 아들이고 또 건강한 아기였음으로 온 식구가 기뻐했다.

나는 너무 고맙고 기뻐서 눈물을 흘렸다. 갓난아기 너는 입이 커다랄 뿐, 인애 누나가 갓 태어났을 때와 꼭같았다. 너를 받아 씻겨 주신 아버지와 할머니, 작은어머니는 "그 녀석 눈 좀 봐. 정신든다." 하시며 총명할 것이라고 기뻐하셨다. 첫 목욕을 하면서 벌써 주먹을 빨아 온 식구를 놀라게 했다.

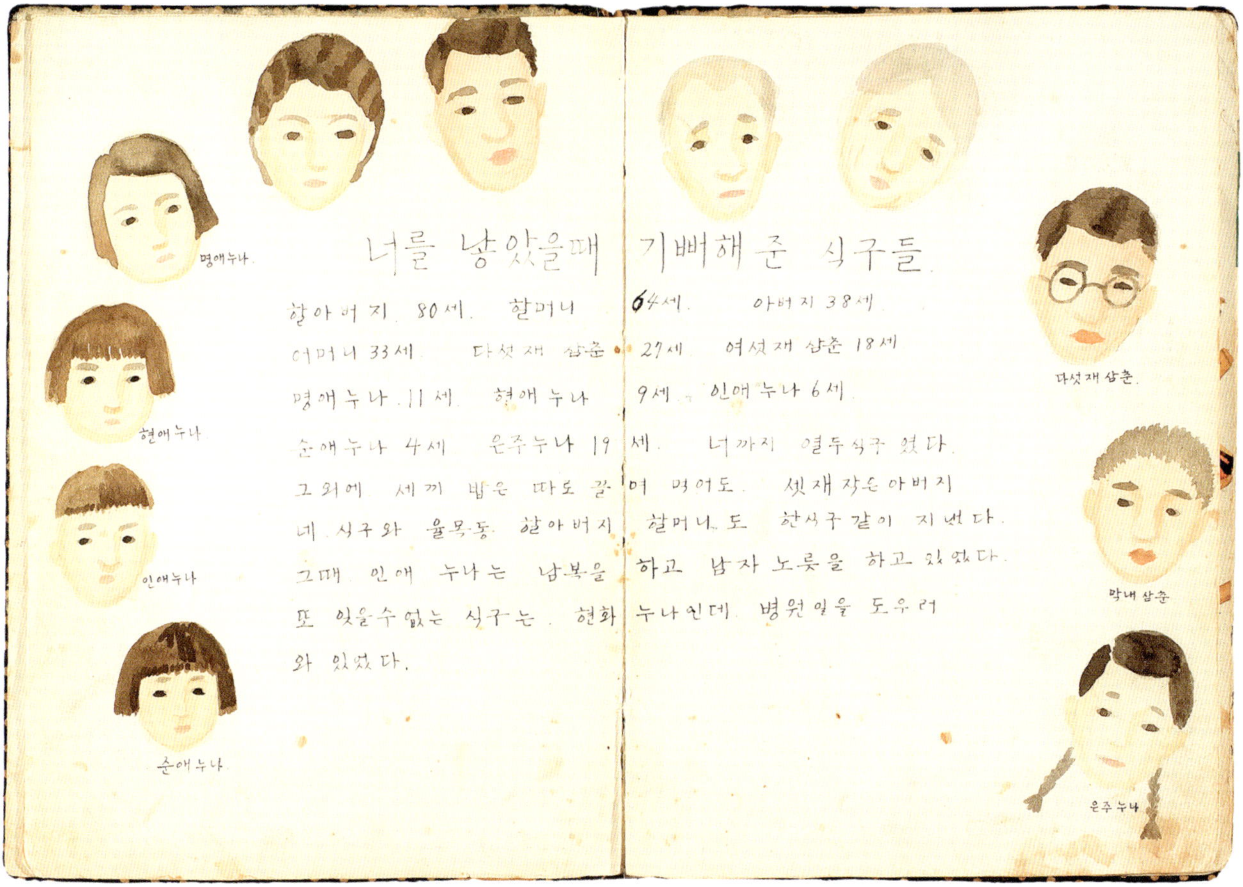

너를 낳았을 때 기뻐해 준 식구들

할아버지 80세, 할머니 64세, 아버지 38세, 엄마 33세,
다섯째 삼촌 27세, 여섯째 삼촌 18세, 명애 누나 11세, 현애 누나 9세, 인애 누나 6세,
순애 누나 4세, 은주 누나 19세, 너까지 열두 식구였다.
그 외에 세끼 밥은 따로 끓여 먹어도 셋째 작은아버지 식구와 율목동 할아버지, 할머니도
한식구같이 지냈다. 그때 인애 누나는 남복을 하고 남자 노릇을 하고 있었다.
또 잊을 수 없는 식구는 현화 누나인데 병원 일을 도우러 와 있었다.

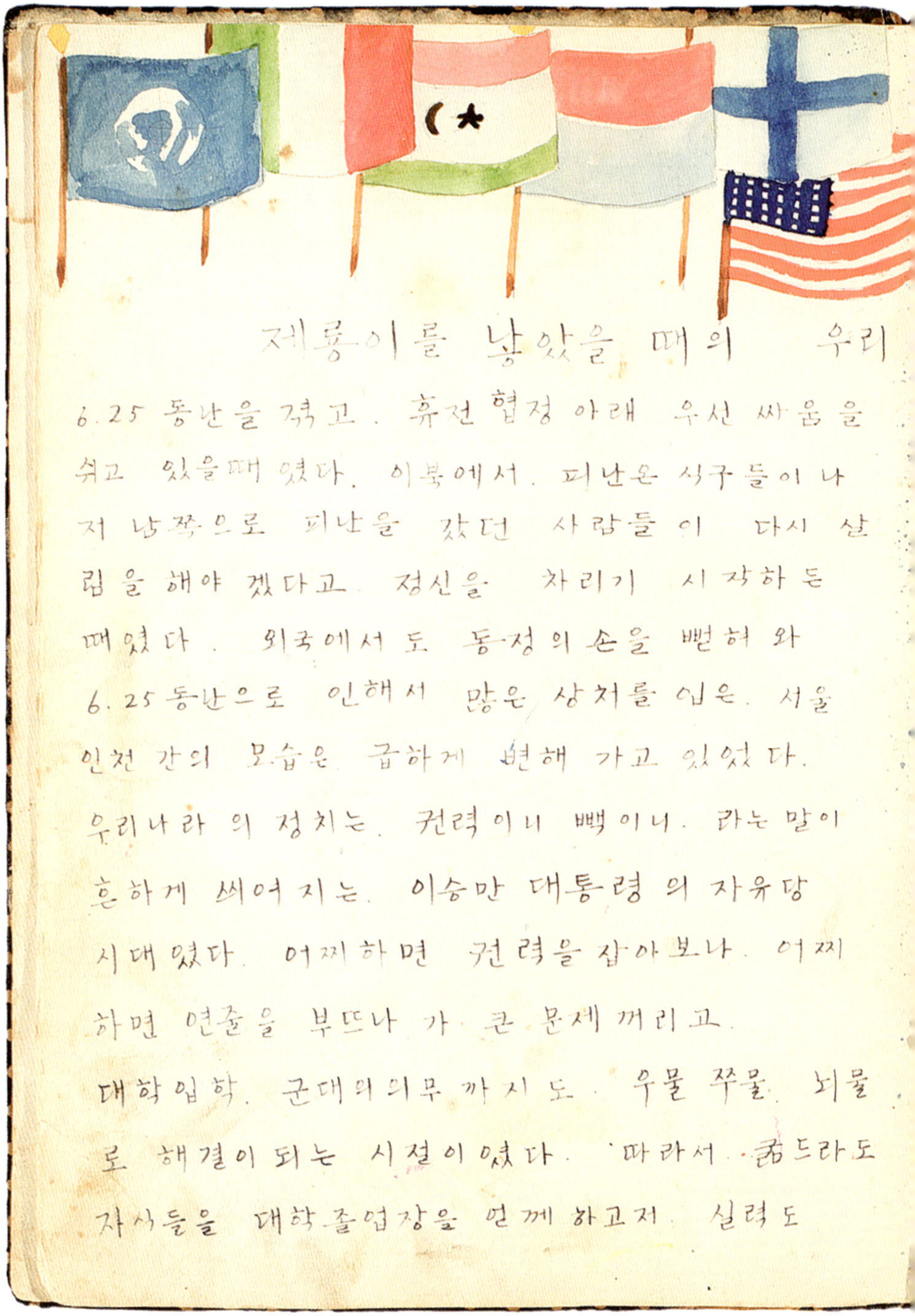

**제룡이를
낳았을 때의 우리나라와
세계의 형편**

6·25 동난을 겪고
휴전 협정 아래 우선
싸움을 쉬고 있을
때였다.
이북에서 피난 온
식구들이나 저 남쪽으로
피난을 갔던 사람들이
다시 살림을 해야겠다고
정신을 차리기 시작하던
때였다. 외국에서도
동정의 손을 뻗쳐 와
6·25 동난으로 인해서
많은 상처를 입은
서울 인천 간의 모습은
급하게 변해 가고 있었다.
우리나라의 정치는
권력이니 빽이니 하는
말이 흔하게 쓰이는
이승만 대통령의 자유당
시대였다.
어찌하면 권력을
잡아 보나 어찌하면
연줄을 붙드나가
큰 문제거리고 대학 입학,
군대의 의무까지도
우물쭈물 뇌물로 해결이
되는 시절이었다.

나라와 세계의 형편.

없이 대학에 다니는 일. 시시한 대학. 이런것들이 수두룩 했고. 여자들도 대학에 가는 것이 예사가 되었다. 세계는 여전히 민주주의와 공산주의 두패로 나누여서. 들끓고 있었으니. 우리는. 38선 가까운곳 보다. 한거름이라도 남쪽이 살기 편하다고 마음먹게 되는 것이었다. 6.25 때의 상처가. 아직 남아 있는 셈이어서. 또 피난을 가게나 되지 않을까 하는 걱정은 늘 하고 있었다. 이웃나라 일본은. 제 이차 대전의 상처를 깨끗이 씻고. 우리 나라의 난동을 기회로 큰 부자나라가 되었으니. 우리나라 상품은 거반이 미제 일제 이었고. 어떻게 해서던지. 미국이나 일본으로 가서 살 궁리를 하는 사람도 많았다.

따라서 굶더라도 자식들을 대학 졸업장을 얻게 하고자 실력도 없이 대학에 보내는 일이 수두룩했고 여자들도 대학에 가는 것이 예사가 되었다. 세계는 여전히 민주주의와 공산주의 두 패로 나뉘어서 들끓고 있었으니 우리는 삼팔선 가까운 곳보다 한 걸음이라도 떨어진 남쪽이 살기 편하다고 마음먹게 되었다. 6·25 때의 상처가 아직 남아 있는 셈이어서 또 피난을 가게 되지는 않을까 하는 걱정을 늘 하고 있었다. 이웃 나라 일본은 제2차대전의 상처를 깨끗이 씻고, 우리나라의 난동을 기회로 큰 부자나라가 되었으니 우리나라 상품은 거의 미제, 일제이었고 어떻게 해서든지 미국이나 일본으로 가서 살 궁리를 하는 사람도 많았다.

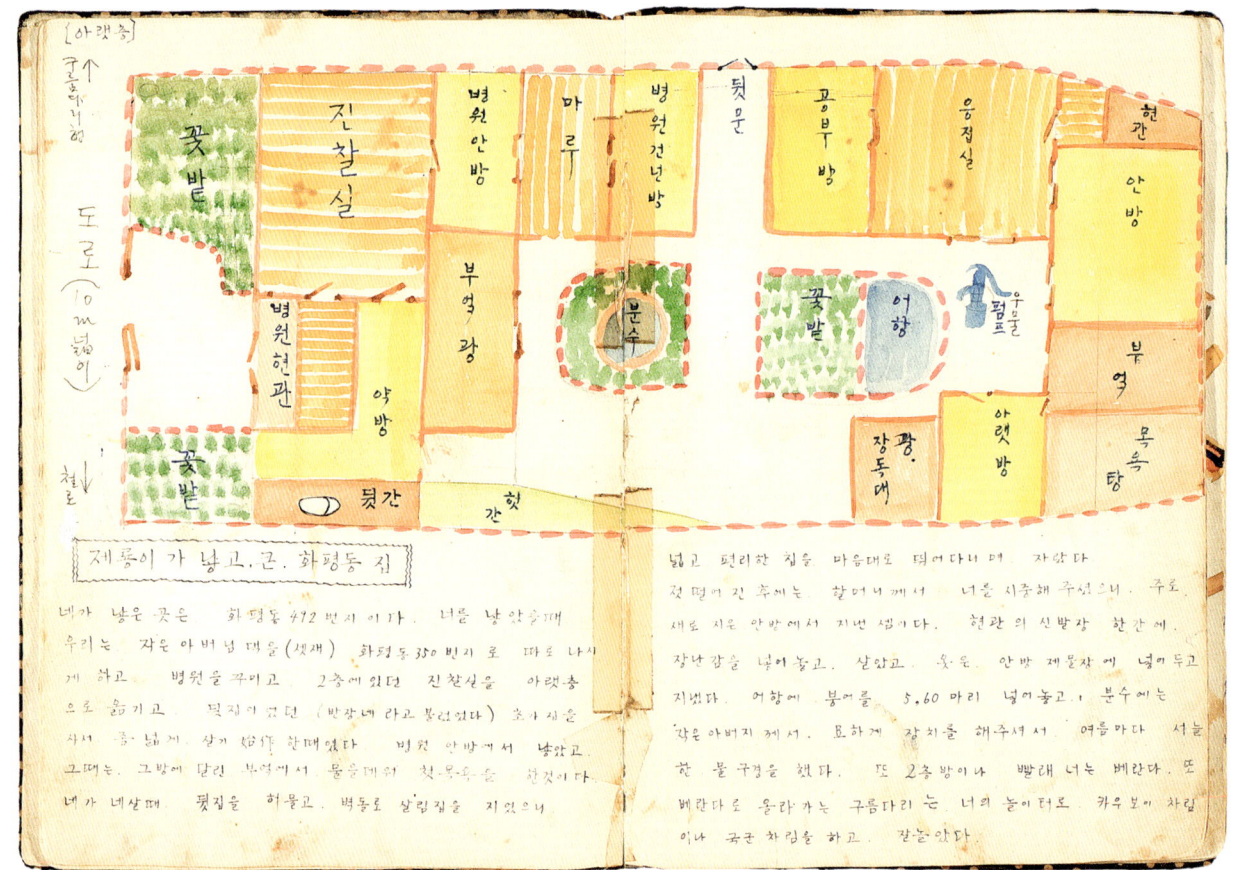

제룡이가 태어나고 자란 화평동 집

네가 태어난 곳은 화평동 492번지이다. 너를 낳았을 때 우리는 작은아버지(셋째) 댁을
화평동 350번지로 따로 나시게 하고 병원을 꾸미고 2층에 있던 진찰실을 아래층으로 옮기고
뒷집이었던 (반장네라고 불렀었다) 초가집을 사서 좀 넓게 살기 시작한 때였다. 병원 안방에서 너를 낳았고
그때는 그 방에 딸린 부엌에서 물을 데워 첫 목욕을 한 것이다.
네가 네 살 때 뒷집을 허물고 벽돌로 살림집을 지었으니 넓고 편리한 집을 마음대로 뛰어다니며 자랐다.
젖 떨어진 후에는 할머니께서 너를 시중해 주셨으니 주로 새로 지은 안방에서 지낸 셈이다.
현관의 신발장 한 칸에 장난감을 넣어 놓고 살았고 옷은 안방 제물장에 넣어 두고 지냈다.
어항에 붕어를 5, 60마리 넣어 놓고 분수에는 작은아버지께서 묘하게 장치를 해 주셔서
여름마다 서늘한 물 구경을 했다.
또 2층 방이나 빨래 너는 베란다, 베란다로 올라가는 구름다리는 너의 놀이터로
카우보이 차림이나 국군 차림을 하고 잘 놀았다.

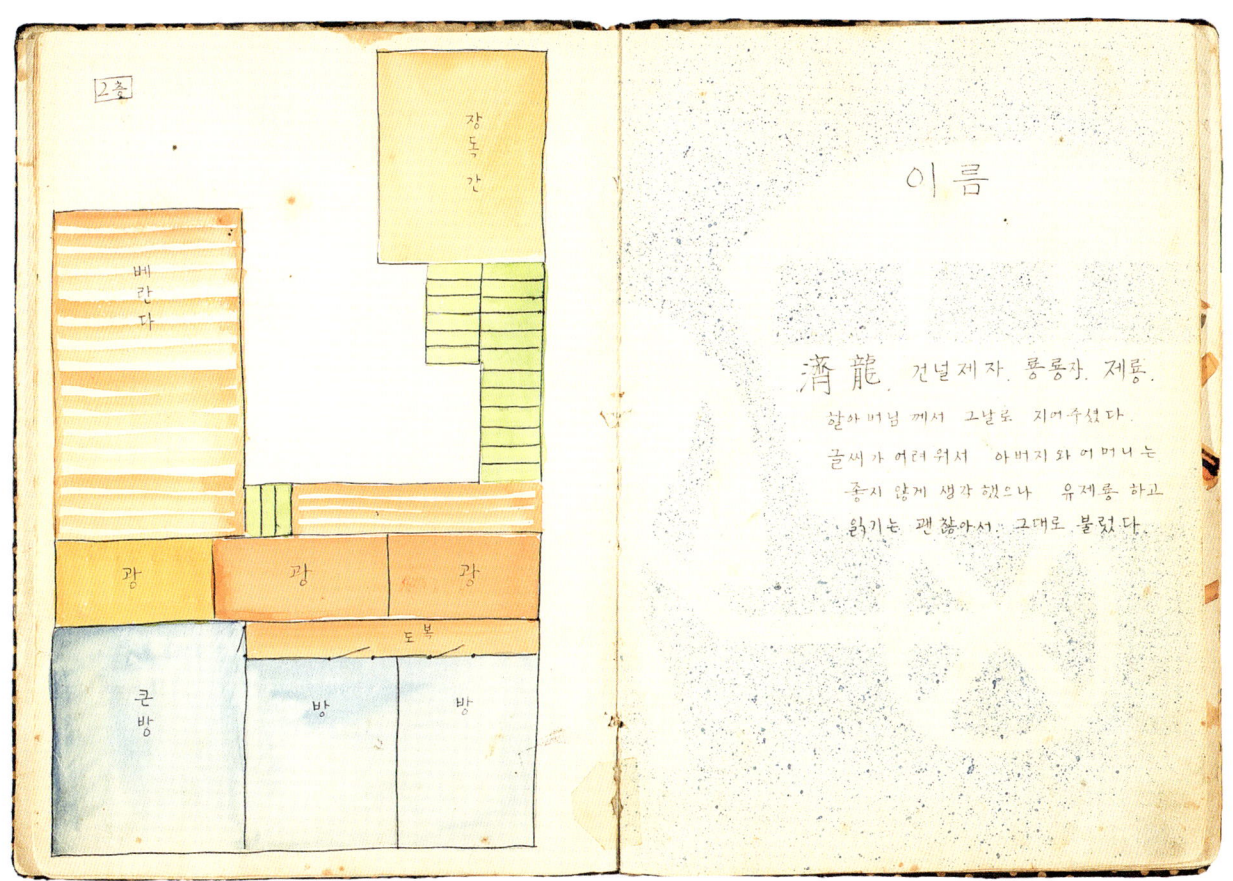

이름

濟龍. 건널 제 자, 용룡 자. 제룡. 할아버지께서 그날로 지어 주셨다.
글씨가 어려워서 아버지와 엄마는 좋지 않게 생각했으나
유제룡하고 읽기는 괜찮아서 그대로 불렀다.

제룡이를 낳았을 때의 아버지

38세 되신 아버지께서는 우리 가정의 총대장으로 많은 수고를 하고 계셨다.
화평동의 평안의원 원장이시고 또 한편으로는 인천 소년교도소의 의무과장이라는 직위에 계셨다.
이 직위는 군의관으로 소집을 당할 것을 면하기 위해서 가지고 계셨다. (계속)

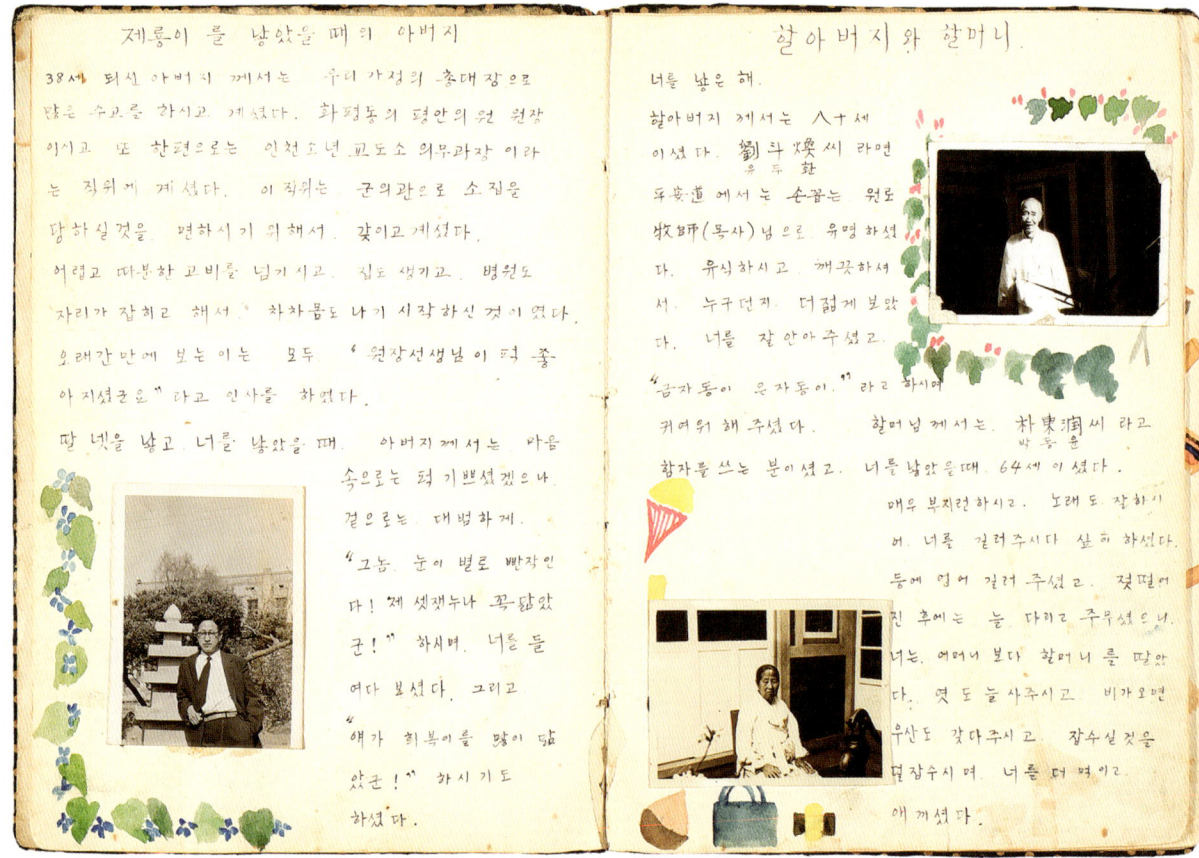

어렵고 따분한 고비를 넘기고 집도 생기고 병원도 자리가 잡히고 해서 차차 몸도 나아지셨다.
오래만에 보는 이는 모두 "원장 선생님이 퍽 좋아지셨군요."라고 인사를 하였다.
딸 넷을 낳고 너를 낳았을 때 아버지께서는 마음속으로는 퍽 기쁘셨겠으나 겉으로는 대범하게
"그놈, 눈이 별로 반짝인다! 제 셋째 누나 꼭 닮았군!" 하시며 너를 들여다보셨다.
그리고 "얘가 희복이를 많이 닮았군!"이라고도 하셨다.

할아버지와 할머니

너를 낳은 해 할아버지께서는 80세였다. 유두환 씨라면 평안도에서는 손 꼽는 원로 목사님으로 유명하셨다.
유식하시고 깨끗하셔서 누구든지 더 젊게 보았다. 너를 잘 안아 주셨고 "금자동이 은자동이"라고 하시며
귀여워해 주셨다. 할머니께서는 박동윤 씨라는 함자를 쓰는 분이셨고, 너를 낳았을 때 64세였다.
매우 부지런하시고 노래(勞來)도 잘 하시어 너를 길러 주시다시피 하셨다. 등에 업어 길러 주셨고
젖 떨어진 후에는 늘 데리고 주무셨으니 너는 엄마보다 할머니를 따랐다. 엿도 늘 사 주시고 비가 오면
우산도 갖다 주시고 잡수실 것을 덜 잡수시며 너를 더 먹이고 아끼셨다.

제룡이를 기쁘게 한 음식

누나들을 기를 때도 그랬지만 젖이 부족한 편이었다. 다른 집 아가들은 우유와 젖을 섞어서
잘 먹는다고 하는데 네게 우유를 먹여 보니 도리질을 해서 먹일 수가 없었다. 할머니가 너의 먹는 시중을 늘 맡아
해 주셨는데 주로 군밤, 동물 비스킷, 강냉이, 밥알 튀김, 증기 빵, 엿, 고구마, 사과 등을 좋아했다.
그러나 절대로 과식하는 법이 없었다. 좀더 먹으라고 권해도 자기가 먹을 만큼 먹은 다음에는 절대로 안 먹었다.
여섯, 일곱 살 때는 고기, 생선도 좋아하고 국수도 좋아했다. 자장면도 잘 먹었다.
무엇이든지 좋아한다 해도 지나치게 먹고 배를 앓는 일은 없었다. 한번은 할머니께서 하도 맛있게 먹는다고
더 먹으라고 권하셨던 모양으로 아마 어린 소견에 권에 못 이겨 두어 숟갈 더 먹었던지 수챗구멍에 나가
앉아서 게우고 싶다며 할머니 때문에 난 더 먹어서 큰일났다고 야단야단해서 온 식구가 쩔쩔맨 일이 있었다.
아무튼지 배가 불룩해서 스타일이 미운 시절이 없었던 아이였다. 작은어머니 댁 음식을 좋아해서 놀러 갔다가는
점심이나 저녁을 잘 먹고 왔다. 극히 조금 먹으면서도 잔칫집에 따라가기를 좋아했다.
할머니께서도 그러셨듯이 나도 더 먹이고 싶어서 애를 썼다.

장난감

첫돌 때부터 누나들과는 아주 딴판으로 뚜렷이 남성적인 장난감을 좋아했다. 자동차를 제일 먼저 좋아했고, 그 다음에 총을, 다섯 살 지나면서는 팽이, 썰매, 연, 딱지 들을 가지고 놀았다. 총을 제일 귀중히 여겼고 총 중에는 외삼촌(희복이)이 미국서 보내 준 조그만 쌍권총과 자선소아과 용덕이네 아주머니께서 사 주신 쌍권총을 보배처럼 아꼈다. 말도 잘 못할 무렵에 꽃을 꺾어 주면 좋아하지 않고 두둘기는 북 같은 것은 끔찍이 좋아했다.

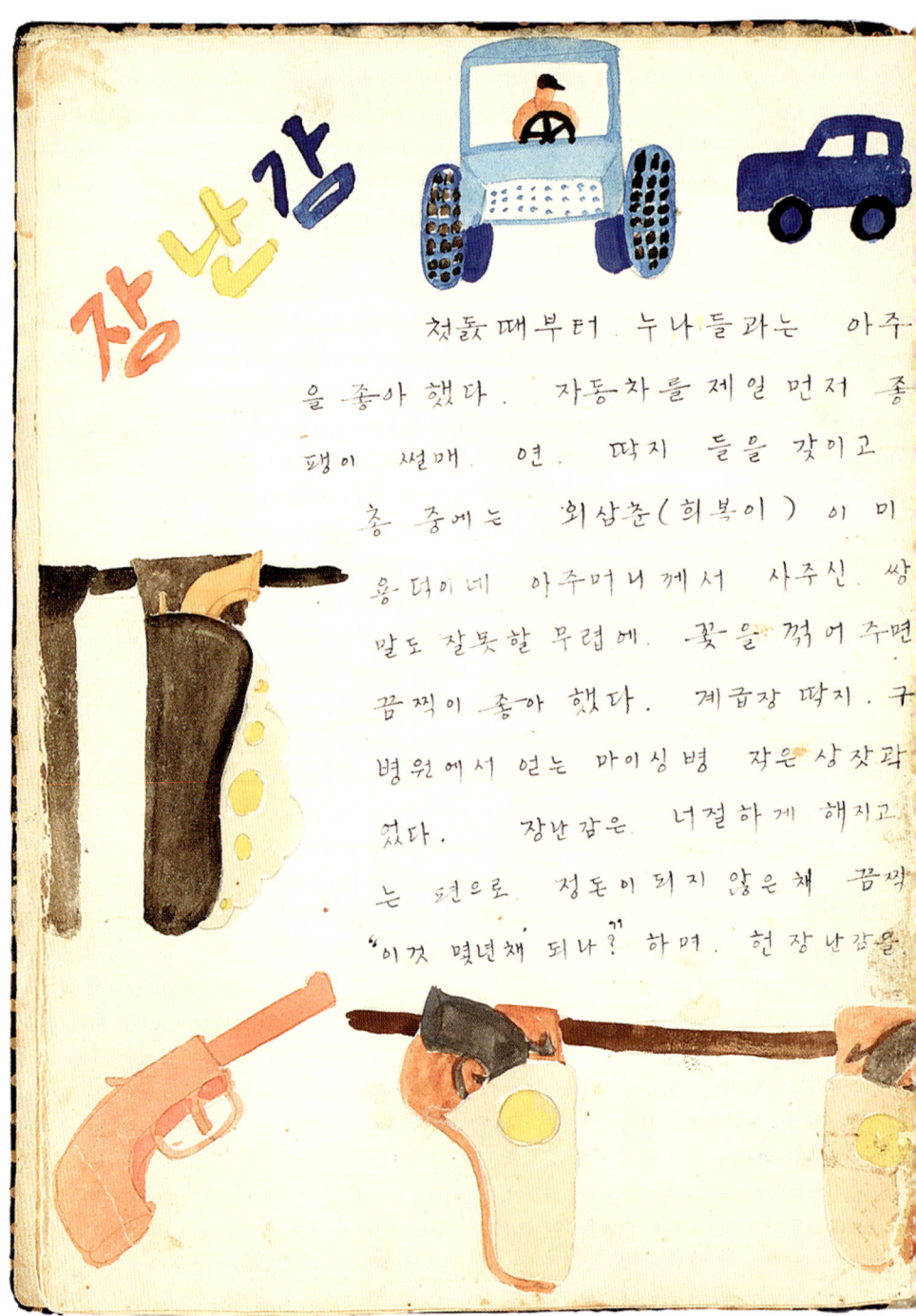

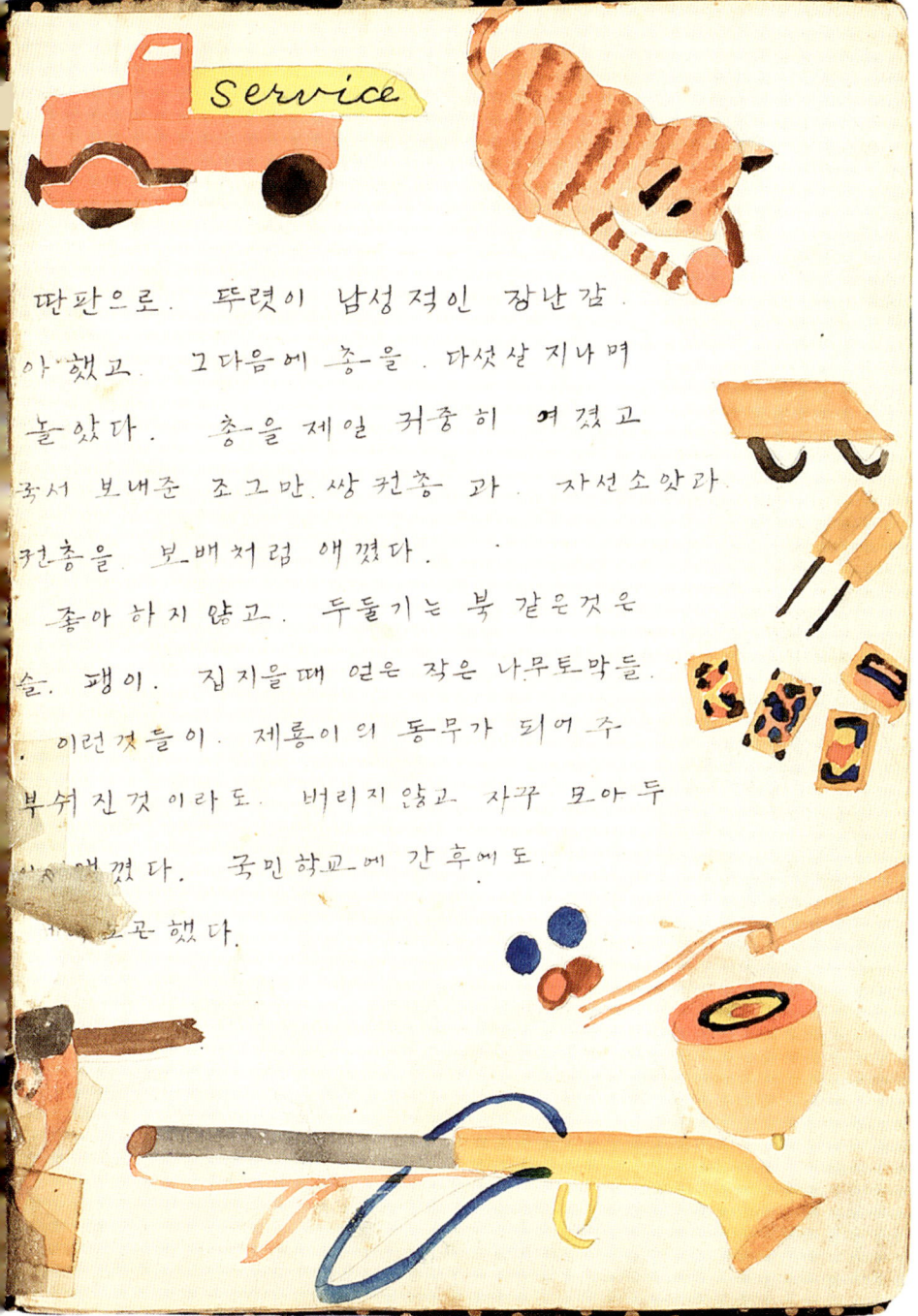

계급장 딱지, 구슬, 팽이,
집 지을 때 얻은
작은 나무토막들, 병원에서
얻은 마이싱 병,
작은 상잣곽 이런 것들이
재롱이의 동무가
되어 주었다.
장난감은 너절하게
헤지고 부서진 것이라도
버리지 않고
자꾸 모아 두는 편으로
정돈이 되지 않은 채
끔찍이 아꼈다.
국민학교에 간 후에도
"이것 몇 년째 되나?" 하며
헌 장난감을
꺼내 보곤 했다.

제룡이를 낳았을 때의 어머니

엄마는 서른세 살이었다. 딸을 넷 내리 낳았기 때문에 요번에는 아들을 낳게 해 주십시오, 하고 늘 기도 드리고 있었다. 마음도 몸도 튼튼하지 못한 엄마는 언제나 기도하는 마음으로 지냈다. 너를 낳았을 때 나는 '이제는 아무것도 부럽지 않다.'고 진정으로 생각했다. 참으로 하나님께 감사드렸다.

그리고 무슨 모양으로든지 나를 이토록 행복하게 해 주신 분에게 감사를 표해야겠다고 마음먹었다. 그 길은 제룡이를 잘 길러서 늘 기쁜 생활을 하는 것이 하나님께나 나의 부모님께 영광을 돌리는 길이라고 굳게 믿었다.

외할아버지와 외할머니

외할아버지의 성함은 박두성 씨고 외할머니의 성함은 김경내 씨라고 여쭈었다.

외할아버지께서는 우리나라 점자(맹인의 글씨)를 창안하신 분으로 문화훈장을 타신 분이었다.

할머니께서는 서울 감리교 신학교 출신으로 교회에서도 중요한 역할을 하셨고, 또 '침'에 대한 연구를 하셨다.

제룡이를 끔찍이 사랑해 주셨다. 제룡이가 갓난아기였을 때 외할아버지께서 중풍으로 눕게 되셨으니 너는 율목동 외갓댁에 가서 누워 계신 외할아버지 앞에서 놀았다.

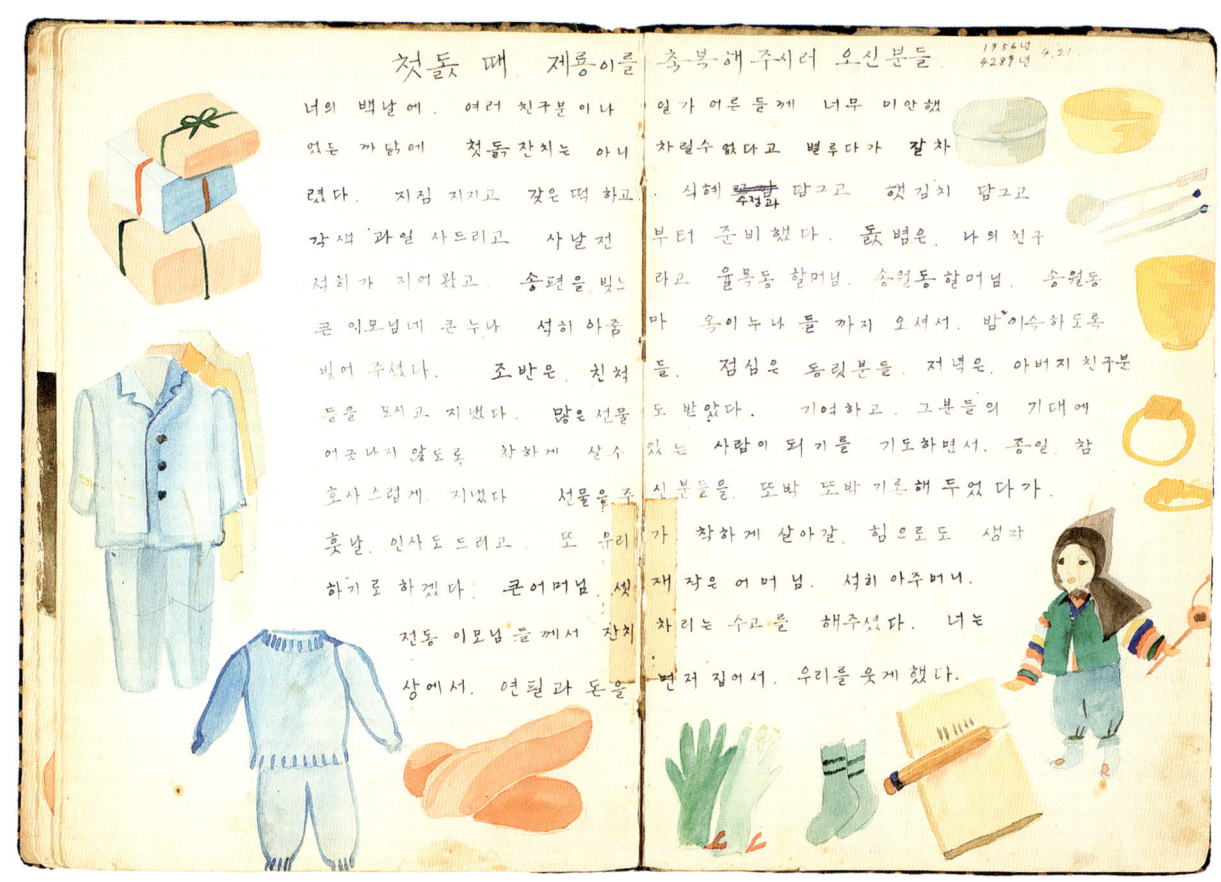

첫돌 때 제룡이를 축복해 준 분들

너의 백일 날에 여러 친구 분이나 일가 어른들께 너무 미안했던 까닭에
첫돌 잔치는 안 차릴 수 없다고 벼르다가 잘 차렸다. 지짐 지지고 갖은 떡 하고 식혜 수정과 담그고
햇김치 담그고 각색 과일 사 들이고 사나흘 전부터 준비했다.
돌떡은 나의 친구 석희가 지어 왔고 송편을 빚느라고 율목동 할머니, 송월동 할머니, 송월동 큰이모네 큰누나
석희 아줌마 옥이 누나들까지 오셔서 밤 이슥하도록 빚어 주셨다.
조반은 친척들, 점심은 동릿분들, 저녁은 아버지 친구분들을 모시고 지냈다. 많은 선물도 받았다.
기억하고 그분들의 기대에 어긋나지 않도록 착하게 살아가는 사람이 되기를 기도하면서
종일 참 호사스럽게 지냈다. 선물을 주신 분들을 또박또박 기록해 두었다가 훗날 인사도 드리고
또 우리가 착하게 살아갈 힘으로도 생각하기로 했다.
큰어머니 셋째 작은어머니 석희 아주머니 전동 이모들께서 잔치 차리는 수고를 해 주셨다.
너는 상에서 연필과 돈을 먼저 집어서 우리를 웃게 했다.

한 살 때

누나들도 그랬듯이 제룡이도 젖이 부족했다. 엄마의 젖만으로는 모자라서 우유를 먹여 보려니까 퇴퇴 배앓고 야단을 쳐서 못 먹이고 말았다. 9개월쯤부터 밤과 밥을 먹기 시작했다. 눈에 총기가 가득찬 너를 업고 그림 그리러 가는 누나들도 따라가고 도립병원 마당에서 영자 누나들(고선생네)과 도찌볼도 하러 가고, 율목동에도 자주 가곤 했다. 할머니께서 많이 업어 주셨다. 누나들보다 훨씬 순해서 잘 놀고 잘 잤으며 목욕도 좋아했다. 흔들그네에 누워서 자는 수는 적고 장등(등)에서 잘 잤다. 온 식구들의 사랑을 잔뜩 받고 힘들지 않게 컸다. 누나들보다 어찌 세차게 젖을 빠는지, 젖꼭지를 끊어 주어서 엄마는 혼이 났다.

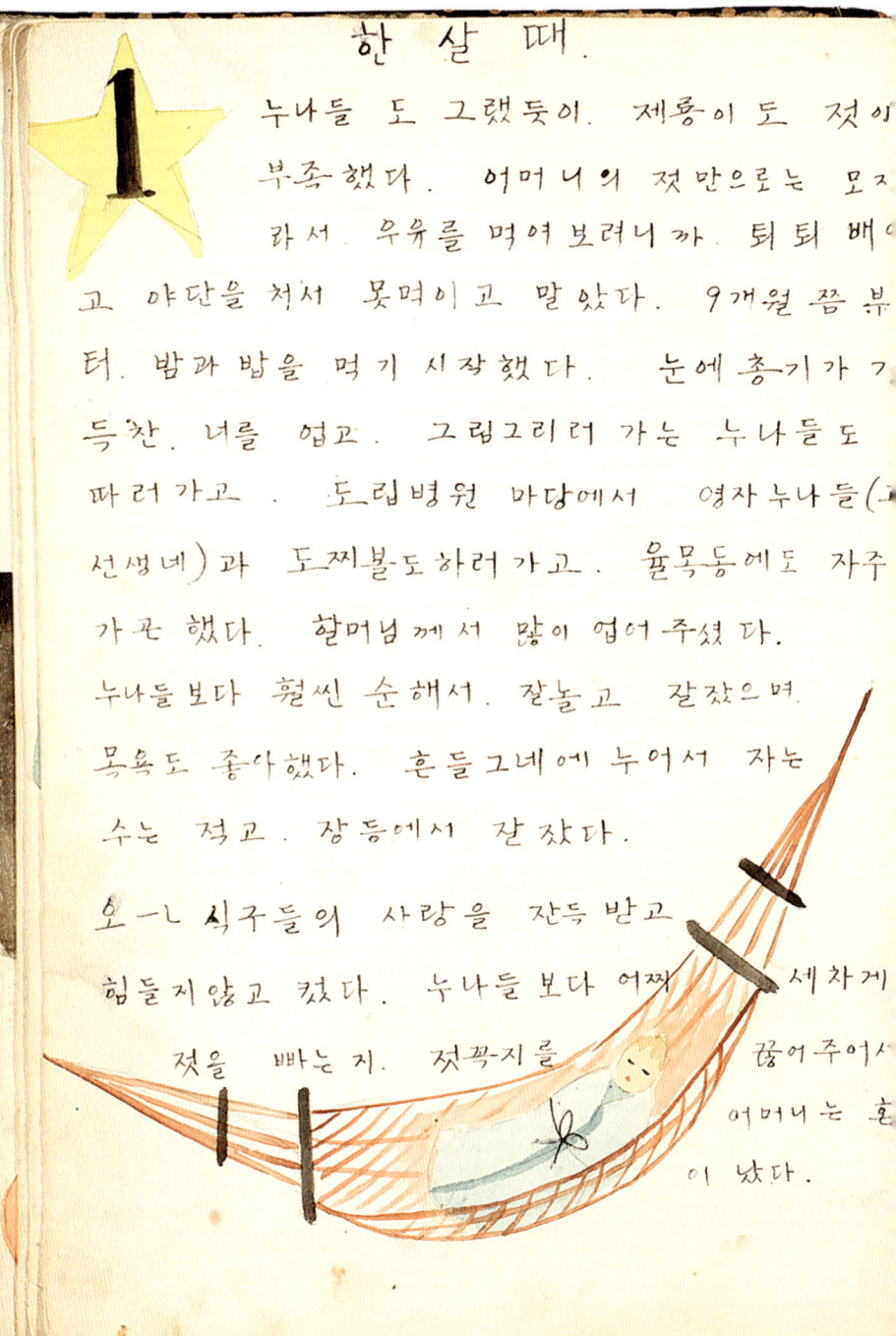

두 살 때

"남자가 분명해." 소리를 연거푸 하며 우리는 너를 길렀다. 첫돌 지내고 한 달 만에 자전거를 샀고 밀어주면 좋아서 환성을 올리니 누나들과는 딴판이었다. 첫돌 지나 6월에 젖을 뗐다. 고집이 세고 라디오 녹음기를 마음대로 돌리고 음악이 나오면 흔들대고 '은따 은따' 하며 노래도 잘 불렀다.
셋째 작은어머니가 마루에 그네를 매어 놓았다고 할머니와 놀러가서는 돌아오기를 싫어하고 꽃을 주면 싫다고 내던지니 여자 아이만 기르던 때와는 다른 점이 많았다.
복잡한 한길로 자전거를 밀고 나가기 일쑤고 재게 달아나니 쫓아가기가 힘이 들었다. 넘어져서 콧잔등에 큰 허물이 생긴 것도 너무 재게 달아나서였다. 젖도 더 먹이지 못하게 세차게 빨아서 자꾸만 젖꼭지가 고장나 혼이 났다. 희고 예뻐서 계집애 같다는 말을 늘 들었다.

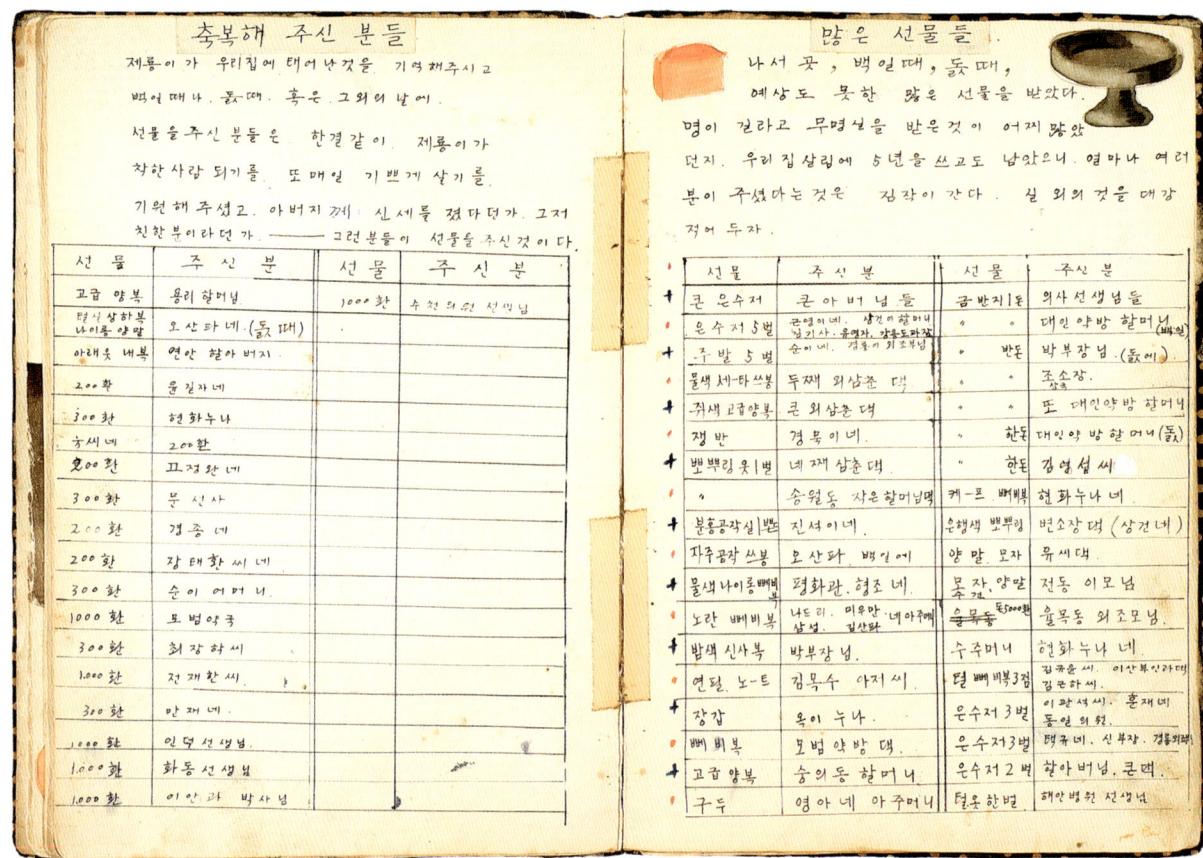

축복해 주신 분들

제룡이가 우리 집에 태어난 것을 기억해 주시고 백일 때나 돌 때 혹은 그 외의 날에
선물을 주신 분들은 한결같이 제룡이가 착한 사람 되기를 또 매일 기쁘게 살기를
기원해 주셨고 아버지께 신세를 졌다던가, 그저 착한 분이라던가, 그런 분들이 선물을 주신 것이다.

고급 양복_ 용리 할머님/ 털실 상하복, 나이롱 양말_ 오산파네(돌 때)/ 아래 위 내복_ 연안 할아버지/
200환_ 윤길자네/ 300환_ 현화 누나/ 200환_ 방씨네/ 200환_ 끄정완네/ 300환_ 문선사/
200환_ 경종네/ 300환_ 순이 어머니/ 1000환_ 모범약국/ 300환_ 최장학 씨/ 1000환_ 전재환 씨/
300환_ 만재네/ 1000환_ 인덕 선생님/ 1000환_ 화동 선생님/ 1000환_ 이안과 박사님/
1000환_ 수천의원 선생님/ 200환_ 장태환 씨네/

많은 선물들

태어나서 백일 때, 돌 때, 예상도 못한 많은 선물을 받았다.
명이 길어지라고 무명실을 받은 것이 어찌 많았던지
우리집 살림에 5년을 쓰고도 남았으니 얼마나 많은 분들이 주셨는가
짐작이 간다. 실(絲) 외의 것을 대강 적어 두자.

큰 은수저_ 큰아버님들/ 금반지 1돈_ 의사 선생님들/
은수저 5벌_ 근영이네, 상건이 할머니, 김기사, 유영자, 강용도 과장/
금반지 1돈_ 대인약방 할머니(백일)/ 주발 5벌_ 순이네, 경룡이 외조부님/
금반지 반돈_ 박부장님(돌 때)/ 물색 스웨터 쓰봉_ 둘째 외삼촌댁/
금반지 반돈_ 조상국 소장/ 쥐색 고급 양복_ 큰 외삼촌댁/
금반지 반돈_ 또 대인약방 할머니/ 쟁반_ 경묵이네/
금반지 1돈_ 대인약방 할머니(돌)/ 뽀뿌링 옷 1벌_ 넷째 삼촌댁/
금반지 1돈_ 김영섭 씨/ 뽀뿌링 옷 1벌_ 송월동 작은할머님댁/
케-프 베이비복_ 현화 누나네/ 분홍공작실 1본드_ 진석이네/
은회색 뽀뿌링_ 변 소장댁(상건네)/ 자주 공작 쓰봉_ 오산파, 백일에/
양말, 모자_ 유씨댁/ 물색 나이롱 베이비복_ 평화관, 형조네/
모자, 양말, 수건_ 전동 이모님/
노란 베이비복_ 나드리, 미우만, 삼성, 김 산파. 네 아주머니/
돈 500환_ 율목동 외조모님/ 밤색 신사복_ 박부장님/
수 주머니_ 현화 누나네/ 연필 노트_ 김목수 아저씨/
털 베이비복 3점_ 김규윤 씨, 이산부인과댁, 김근하 씨/ 장갑_ 옥이 누나/
은수저 3벌_이관석 씨, 훈재네, 동일의원/ 베이비복_ 모범 약방댁/
은수저 3벌_ 택규네, 신부장, 경룡 외조부님/ 고급양복_ 숭의동 할머니/
은수저 2벌_ 할아버님, 큰댁/ 구두_ 영아네 아주머니/
털옷 한 벌_ 해안병원 선생님/

백일 잔치

제룡이는 우리 집안에서만 기다리고 바라던 애기가 아니라 우리를 아는 사람은 누구나 같이 기다렸던 애기였던 모양이다. 너의 백일에 조용히 식구들끼리 축하하고 지내고 있는데 뜻밖에 여러 손님이 찾아오셔서 대접할 준비가 없었으니 퍽 민망하고 당황했다. 금반지, 굵고 튼튼한 공작 털실, 옷감, 갖가지의 베이비복 들을 들고 찾아오신 손님은 "에그, 잔치를 차릴 것이지 원. 이렇게 귀한 애기의 백일을 그냥 지내다니. 잘못했우. 원. 이놈 눈 좀 봐. 하나 구실 단단히 하겠는걸!" 하시며 축하해 주셨다.

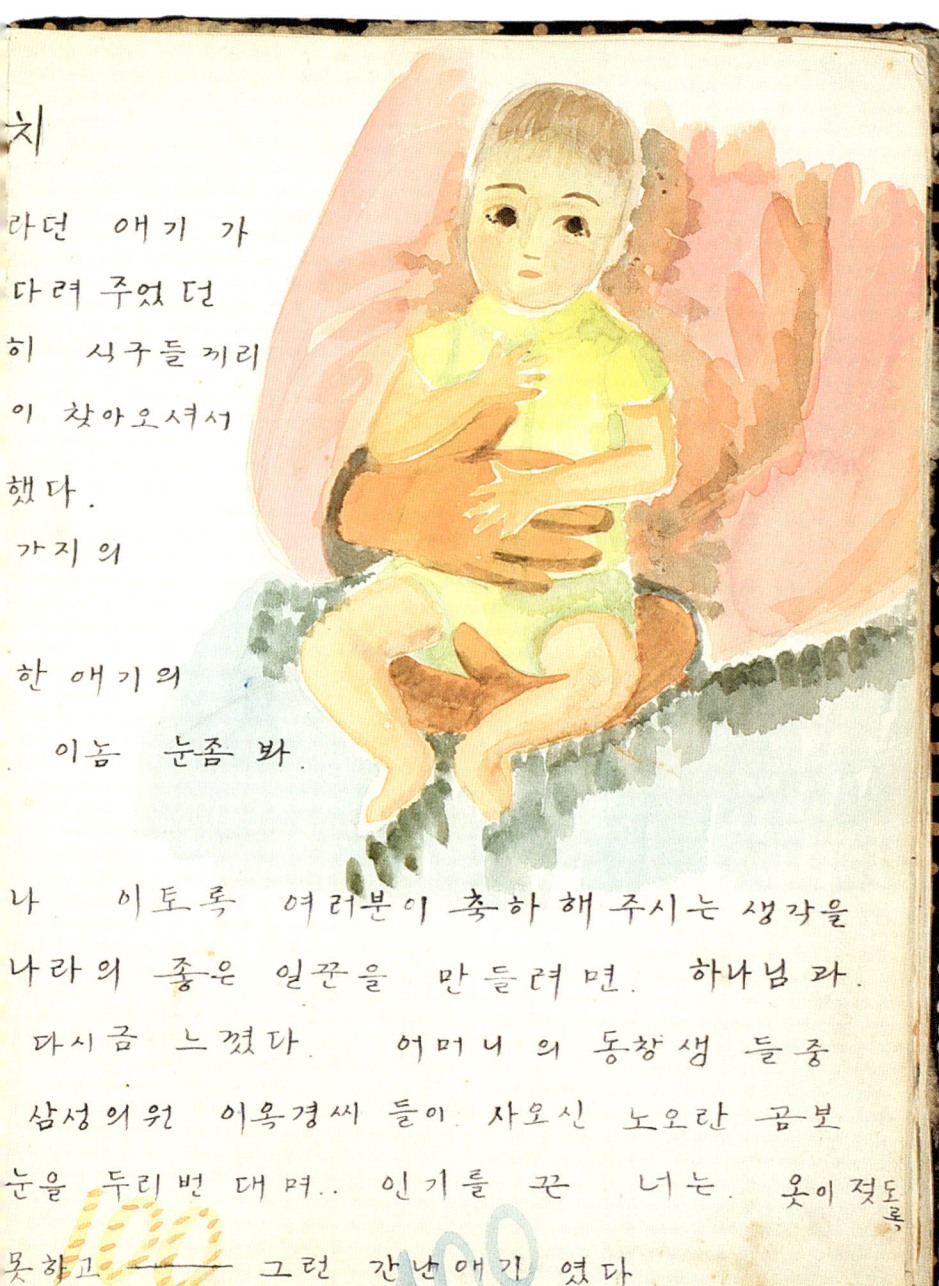

내가 낳기는 했으나
이토록 여러분이
축하해 주시는 생각을 할 때
제룡이를 잘 보살펴서
우리나라의 좋은 일꾼을
만들려면 하나님과
이웃 분들의 도우심을
받는 길밖에 없다고
다시금 느꼈다.
엄마의 동창생들 중에
나드리 집 장선악 씨,
미우만 집 오명숙 씨,
삼성의원 이옥경 씨 들이
사온 노란 곰보 나일론
베이비복을 입고
반짝이는 눈을
두리번대며 인기를 끈
너는 옷이 젖도록
침을 흘리며 머리는
한 번도 잘라 보지 못한
그런 갓난아기였다.

은주 누나

은주 누나를 제룡이의 은인이라고 하지 않을 수 없다.
낳기 전부터 아주머니 꼭 아들 낳으세요, 하고 마음을 써 주었고
낳은 날도 첫 목욕물을 데워 주었으며 매일 기저귀를 빨아 주었다.
얼마나 너를 사랑해 주었는지 이루 못 다 기록하겠다.
하나님께서 그런 사람은 꼭 굶기지 않으시리라 생각되리 만큼
몸을 아끼지 않고 부지런히 수고해 주었다.
네가 다섯 살 되던 해 시집을 갔는데 매부(이진용 씨)도 상당히 너를 귀여워해 주셨고,
너도 끔찍이 따랐다. 매부네로 나들이 가서 옥수수나, 참 대접을
잘 받았는데 늘 소사에 가는 것을 기다리곤 했다.
은주 누나가 너를 낳은 날 목욕물 시중을 하는데 아버지께
"아저씨, 아들을 낳으셔서 참 기쁘시지요." 했더니
"그래 기쁘다. 너도 와 봐라. 분명히 아들이지." 하셨다고 늘 이야기하며
너의 탄생을 기뻐했다.

세 살 때

이 해에 내가 써 놓은 일기가 남아 있어 그 중에 몇 개만 골라 써 놓는다.

4. 9_ 경룡, 현애 담임 선생님 뵈러 창영학교에 갔다 왔다.
제룡이가 학교 복도에 똥을 싸서 혼이 났다.

4. 29_ 갑자기 서울 창경원에 갔다 왔다. 원장(제룡이 아버지), 어머니, 제룡, 나 넷이서 다녀 왔다.
제룡은 꽃과 동물 사이에서 잘 놀았다. 새로 보는 것들에 눈을 또렷이 뜨고 보는 제룡이를
보배롭게 느끼고 앞날 잘 길러야지 하고 더욱 느꼈다. 인천에 오후 7시 와 닿으니
네 딸이 역에 나와 있었다. 딸들도 내게는 금싸라기 같은 생명들이라고 다시 느꼈다.
경룡이네가 아기(황룡)를 낳았다는 말에 기쁘기도 하고 다행하기도 했다.
두 내외가 놀이 차 서울에 가 보기는 결혼 후 처음이다.

10. 11_ 현애를 따라 원족겸 소풍에 갔다 왔다. 순애, 제룡을 데리고 갔는데
제룡은 버스 타기를 퍽 좋아했다. 길에서 보는 이마다 "고놈 영민하게 생겼다." 하고
여러 사람에게 칭찬을 들었다.

이 해에는 명애가 여중학교에 입학한 해이고 이른 봄에는 아버지, 명애, 은주, 채임, 나
돌아가며 독감에 걸려 혼이 났다. 너는 가만히 있는 아이는 아니었기 때문에 할머니가
퍽 피곤해 하셨다. 맥아더 동상이 세워진 해였기 때문에 할머니는 너와 순애를 데리고
공원에 잘 가셨다.

타고 가기를 좋아한 제롱

누나들과는
아주 딴판으로 무서움도
안 타고 퍽 용감한
편이었다. 기차 타기,
자동차 타기,
버스 타기, 타는 것은
모두 좋아했다.
세 살 때부터
"그네 장수"라고나
할까. 철근으로
의자처럼 앉게 해놓은
그네를 가지고
다니는 것이 있었다.
십 환 내면 몇 분씩
태워 주곤 했는데
말도 못하는 꼬마가
자꾸만 타겠대서 우리를
놀라게 했다.
순애를 태워 보니
무서워서 싫다는데
너는 그냥 좋다니
놀라웠다. 봄에
창경원에 가면 비행기
말 뽀-드 들이
흥밋거리였던 것 같다.

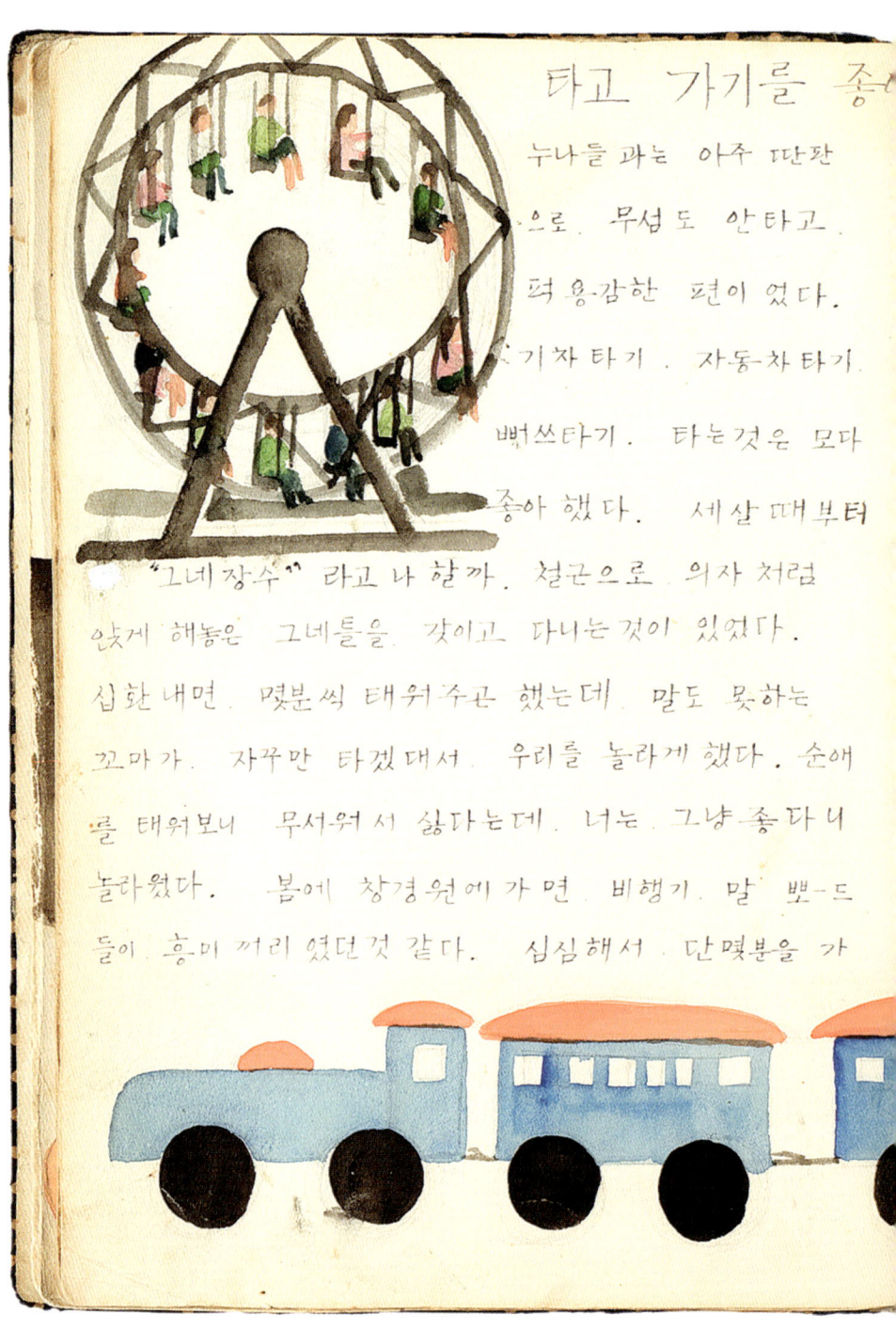

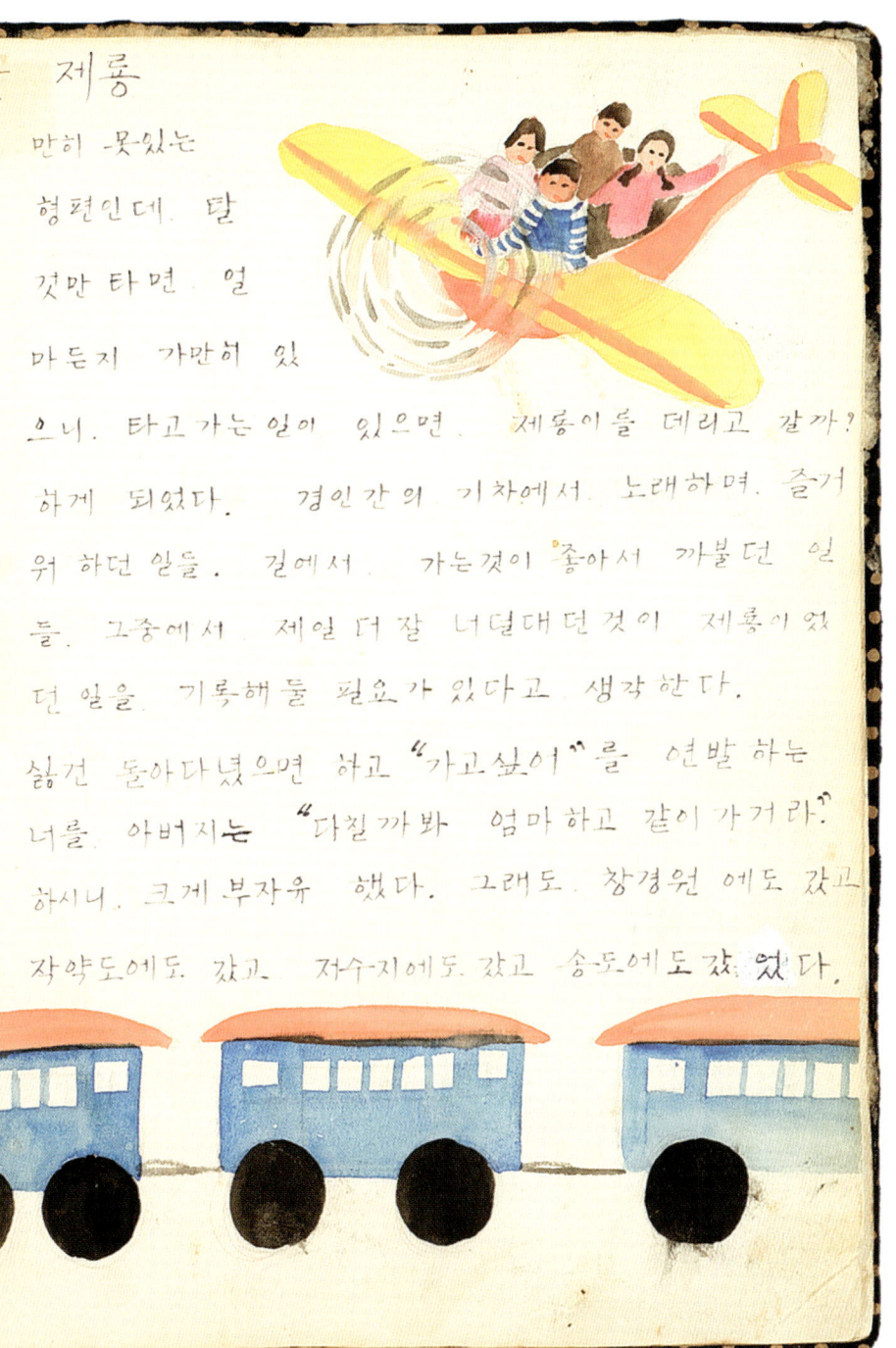

심심해서 단 몇 분을 가만히 못 있는 형편인데 탈 것만 타면 얼마든지 가만히 있으니 타고 가는 일이 있으면 제룡이를 데리고 갈까? 하게 되었다.
경인간의 기차에서 노래하며 즐거워하던 일들, 길에서 놀러 가는 것이 좋아서 까불던 일들, 그중에서 제일 더 잘 너덜대던 것이 제룡이었던 일을 기록해 둘 필요가 있다고 생각한다.
실컷 돌아다녔으면 하고 "가고 싶어."를 연발하는 너를 아버지는 "다칠까 봐 엄마하고 같이 가거라." 하시니 크게 부자유했다. 그래도 창경원에도 갔고 작약도에도 갔고 저수지에도 갔고 송도에도 갔었다.

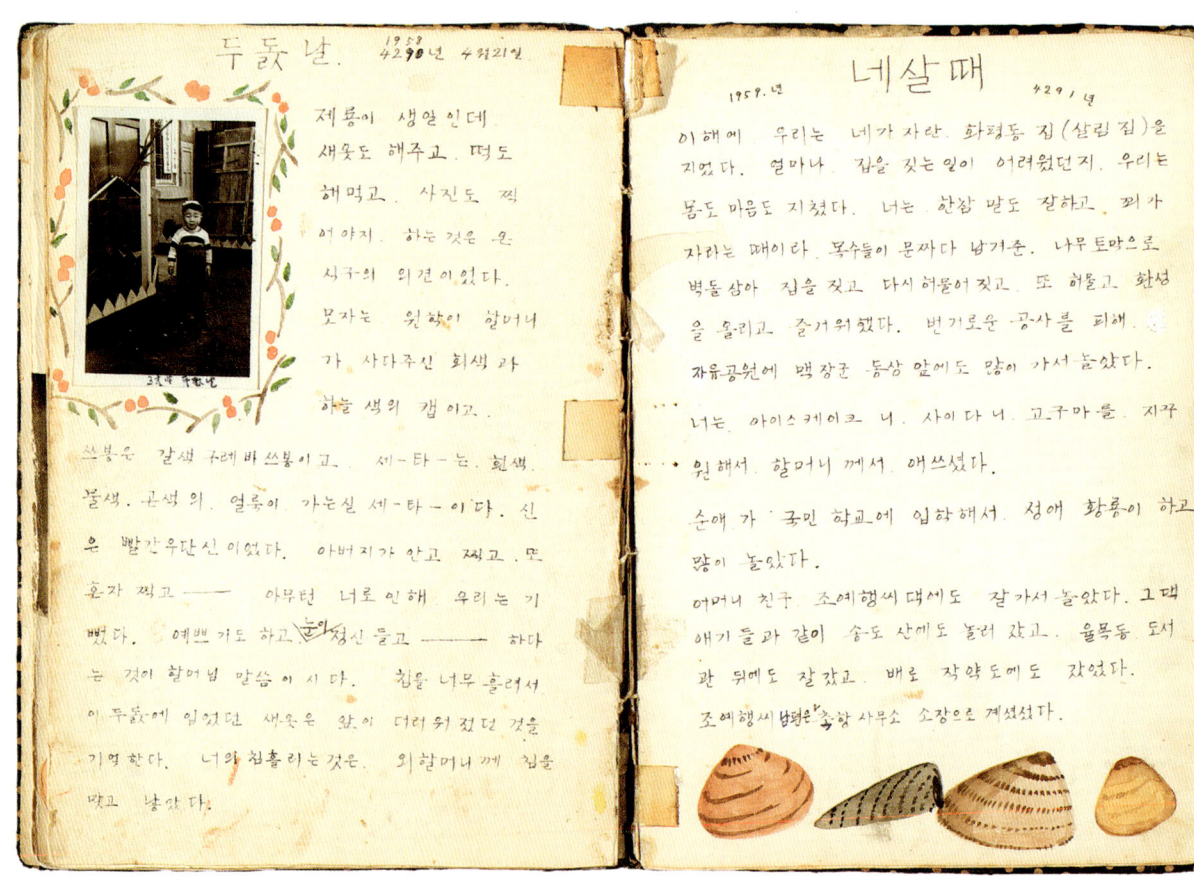

두 돌날

제룡이 생일인데 새옷도 해 주고 떡도 해 먹고 사진도 찍어야지 하는 게 온 식구의 의견이었다. 모자는 원학이 할머니가 사다 주신 회색과 하늘 색의 캡이고 쓰봉(바지)은 갈색 구레바 쓰봉이고 세-타(스웨터)는 흰색, 물색, 곤색의 얼룩이 가는실 세-타이다. 신은 빨간 우단신이었다. 아버지가 안고 찍고, 또 혼자 찍고, 아무튼 너로 인해 우리는 기뻤다. 예쁘기도 하고 눈에 정신 들었다는 것이 할머니 말씀이셨다. 침을 너무 흘려서 두 돌에 입었던 새옷은 앞이 더러워졌던 것을 기억한다. 침 흘리는 것은 외할머니께 침을 맞고 나았다.

네 살 때

이 해에 우리는, 네가 자란 화평동 집(살림집)을 지었다. 집을 짓는 일이 얼마나 어려웠던지, 우리는 몸도 마음도 지쳤다. 너는 한참 말도 잘하고 꾀가 자라는 때라 목수들이 문을 짜다 남겨 둔 나무토막으로 벽돌 삼아 집을 짓고 다시 허물어 짓고 또 허물고 환성을 올리며 즐거워했다. 번거로운 공사를 피해 자유공원 맥아더 장군 동상 앞에도 많이 가서 놀았다. 너는 아이스크림이니 사이다니 고구마를 자꾸 원해서 할머니께서 애쓰셨다. 순애가 국민학교에 입학해서 성애, 황룡이하고 많이 놀았다. 엄마 친구 조예행 씨 댁에도 잘 가서 놀았다. 그 댁 애기들과 같이 송도 산에도 놀러 갔고 율목동 도서관 뒤에도 잘 갔고 배를 타고 작약도에도 갔었다. 조예행 씨 남편은 축항사무소 소장으로 계셨다.

서부 활극과 제룡

오남매 중에서 너만은 유달리 서부 활극을 좋아했다. 따라서 총이나 칼 같은 장난감을 그토록 좋아했다. 네댓 살 때 자막도 못 읽는 네가 서부 활극을 즐겨 보았는데 몹시 흥분되어 영화를 보다 주먹을 쥐고 벌떡 일어서서 나와 다른 관객을 놀라게 했다. 또 〈광야의 결투〉라는 영화를 보다가 형의 숭고한 의협심에 눈물이 나는 고비가 있었는데 내가 자막을 읽어 주려고 다섯 살짜리 제룡을 돌아다보니 눈물을 줄줄 흘리며 울고 있었다. 7, 8세에는 '독립단'이라며 여름 날에도 털모자를 쓰고 총놀이를 하였다.

개와 제룡

두 살 때부터 개나 고양이나 토끼를 퍽 좋아했다. 개는 늘 길렀고 토끼도 한 번 먹여 길렀다. 누나들은 그다지 짐승을 좋아하지는 않았는데 너는 개와 입을 맞출 지경으로 껴안고 부비고 했다. 개의 버릇을 가르치느라고 할머니께서 개를 때리시면 울며 "개를 때리지 마세요." 하고 떼를 썼다. 우리 집에서 기르는 개는 절대로 걱정이 없지만 낯선 남의 개에게도 아무 두려움없이 가까이 가서 내 마음을 섬뜩하게 하는 일이 한두 번이 아니었다. 우리는 어찌된 셈인지 개가 잘 되지 않아 약을 먹고 애를 쓰다가도 죽고 차에 치여서도 죽어 또 얻어오고 또 사고가 나서 죽곤 했는데 그때마다 네가 퍽 슬퍼했다.

다섯 살 때

새집을 짓고 순풍에 돛을 단 기분으로 즐겁게 지낸 해였다. 이른 봄에 너를 길러 주다시피 한
은주 누나가 시집을 갔다. 크라운 예식장에서 결혼식을 올렸는데 매부가 상견례를 할 때 어찌나
최경례를 했던지 너는 그게 우습다고 몇 번이고 흉내를 내어 어른들을 웃게 했다.
이 해 가을에 희복이 삼촌이 공군사관학교에 있다가 미국 시카고 대학으로 유학을 갔다.
우리는 노래대회라고 이름을 붙이고 엄마, 할머니 앞에서 돌아가며 노래를 부르기도 하고 잘 부르면 상으로
돈을 받기로 되어 있었다. 너도 곧잘 한몫 했고 돈은 치부해서 맡아 달라고 하는 것이었다.
음악을 좋아해서 늘 리듬에 맞춰 흔들거리고 박자도 잘 맞췄으니 재롱꾼이었다.
이 해 여름에 2층에 비닐을 깔아서 깨끗하고 넓은 방이 생긴 셈이었으나 너는 너무 과당대서
진찰실 식구들께 늘 주의를 들었다. 광룡이들한테 잘 가서 놀고 왔다.

칼과 제룡

누가 권한 것 같지도 않건만 칼 장난을 좋아했고
집안에 굴러다니는 나무 조각으로 혹은 곽 조각으로 칼을 무수히 만들어
누나들이나 사촌들에게 나누어 주며 칼싸움 장난을 하자고 졸랐다.
주사약 곽이 비어서 버리면 어느 틈에 가져다가 오려서
그럴듯하게 칼을 만들어 허리에 찼으니,
늘어놓는다고 나무람을 듣기 일쑤였다. 여섯 살쯤부터
외가에 가면 외할아버지의 칼(예전에 훈도가 차던 칼)을 가지고 놀았는데,
늘 할아버지께 "저에게 주십시오." 하며 조르는 것이었다.
할아버지는 "오냐, 놀다가 두고 가거라." 하시고 웃기만 하셨다.
네가 국민학교 3학년 때 외할아버지가 돌아가시고 그 칼은 네가 갖게 되었다.
칼싸움 놀이를 하다가 맞고 쓰러지는 폼이 어찌나 우스운지
어른들은 웃지 않을 수 없었다.

추수감사절을 준비한 일

피난 온 후 어려운 고비도 많이 겪었으나
집도 생기고 아이들도 많아지고 네 문장대로
'부잣집'으로 인정 받게 된 것은 네 나이
네 살 때부터였다.
우리 꼬마들 열 명이 모두 시간이 흔한
때였으니 나는 어느 해 가을에 추수감사절의
아동극 무용을 꾸며서 연습도 하고
온 식구가 덤벼들어 배경도 그리고,
참으로 즐거운 시절이었다.
극에서는 부지런한 가정의 가을날
감사한 저녁 기도를 극으로 꾸민 것이었는데
할아버지 할머니 아버지 어머니 아이들의
모습이 우리 집과 비슷한 가정이었고
너는 애기 역으로 예배당 무대에 섰었다.
네 살 때였다.

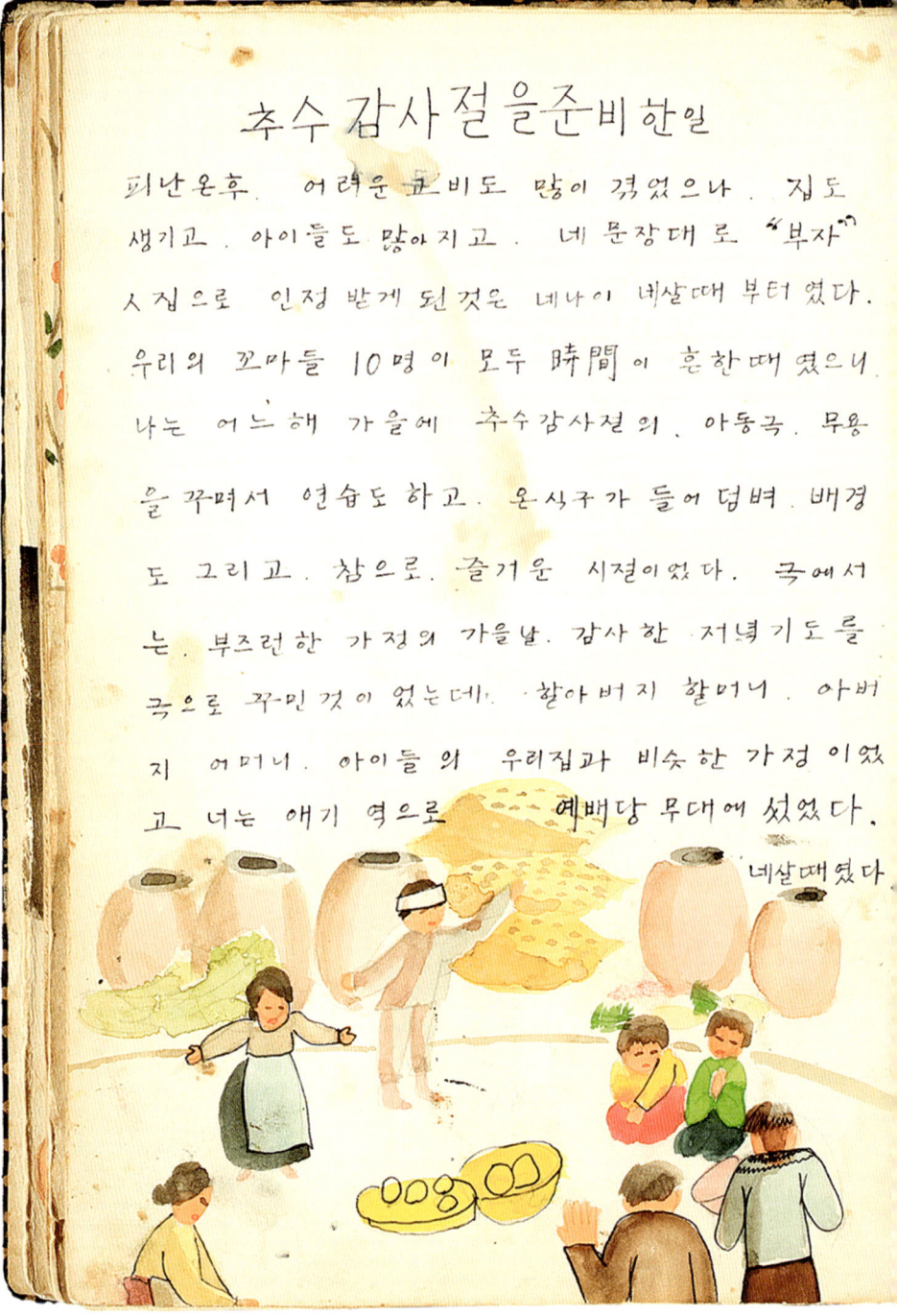

성애하고 춤추던 일

너를 낳고 우리는 늘 화평하고 기쁜 날을 갖게 되었기 때문에 작은어머니댁 꼬마들과 늘 같이 모여 끓고 웃고 하였다. 그 중 인기 있는 놀이는 너와 성애의 사교댄스였는데 얼마나 우스운지 할머님 앞에서 온 식구가 허리를 잡고 웃으며 즐겼다. 눈이 크고 맑은 성애의 모습이나 너의 희고 잘생긴 얼굴과 쫄랑대는 몸매가 얼마나 우스웠던지! 옛날에 아버지 큰아버지가 교회에서 "산중 호걸이라 하는 호랑님의 생일날……" 하며 춤추었다는 이야기까지 나오고. 참 즐겁고 고마운 나날이었다.

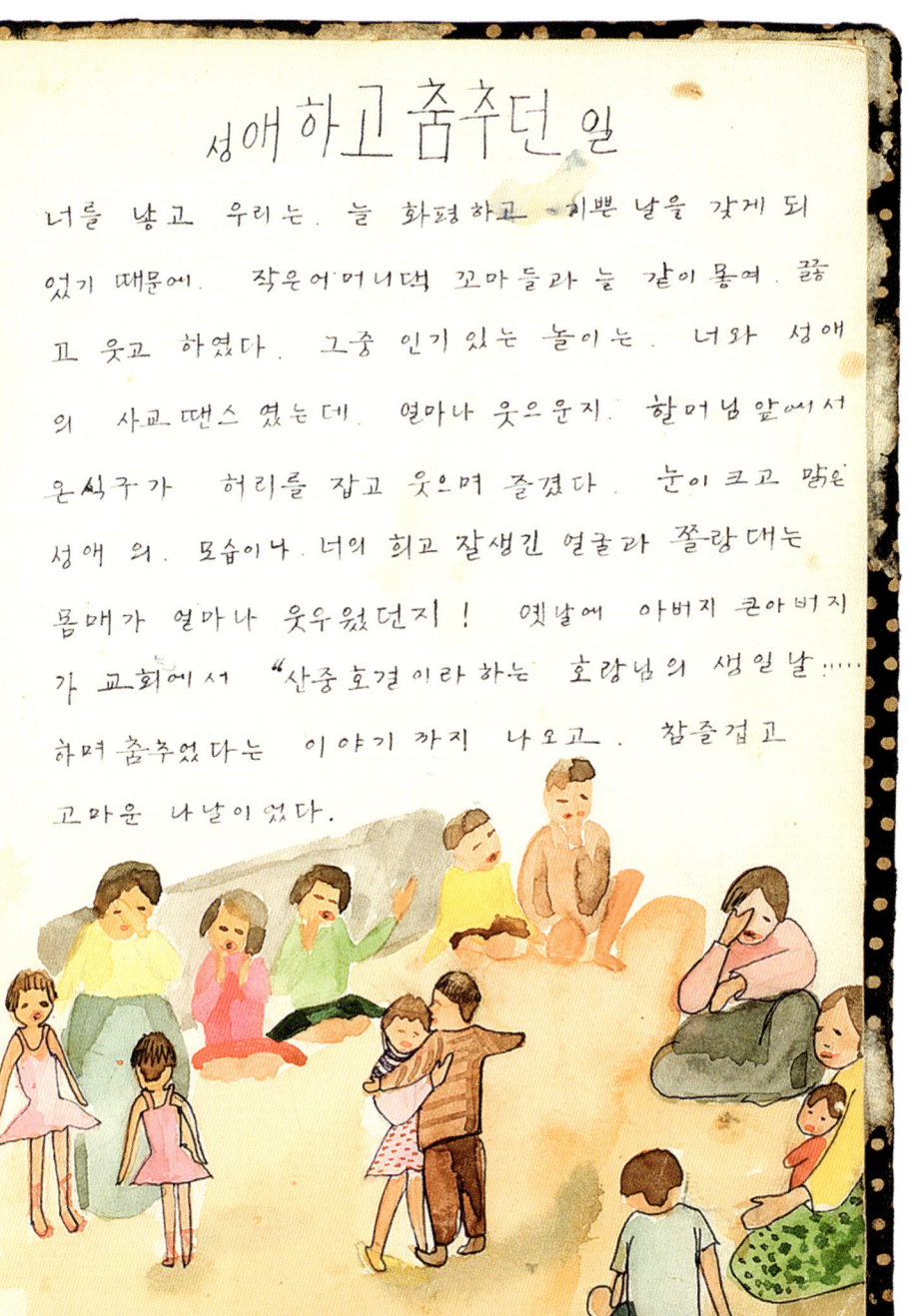

여섯 살 때

이 해에, 큰누나 명애가 경기여고에 입학했으니 우리 집 살림도 좀 복잡해진 셈이었다.
아버지께서는 네가 위험한 곳에 갈까 봐 남달리 근심을 하시면서도, 공부만은 끝끝내 잘 시켜서
훌륭한 사람이 되라고 서울 영천에 너희들을 공부시키기 위한 집까지 사셨다.
이 해 봄부터 집을 사고자 효자동, 광화문, 서대문, 아현동, 중림동을 두루 찾아다니다가
영천에 아담한 조선 기와집을 샀다. 너는 서울에 우리 집을 산다는 것이 너무 좋아서 가서 자기도 하고,
여기저기 구경도 다니기를 손꼽았으나 집이란 건물만 있으면 되는 것이 아니고 어디까지나
그 안의 식구가, 식구의 마음이 문제인 것을 모르고 지나친 꿈을 꾸었던 것이었다.
너는 큰아버지 댁에도, 작은아버지 댁에도 끔찍이 가고 싶어 했으나 늘 못 갔다. 여섯 살짜리로서는
말도 잘하고 생각도 조숙한 편이었다. 이 해 가을 김장 때 치과에 다니게 되었을 때 치료 받을 차례를 기다리는데
같은 처지에 있는 손님들이 너는 어리고 바쁠 것도 별로 없으리라 생각하고, "아가, 나 먼저 치료 받자. 응?"
했더니 네가 박 치과 선생님께 항의해서 모두 웃었다는 이야기를 들었는데 그 이야기는 다음과 같다.
"안 돼요, 우리 오늘 김장 들여온걸요!"
"아니, 김장 들여온 것과 너와 무슨 상관이 있어?" (계속)

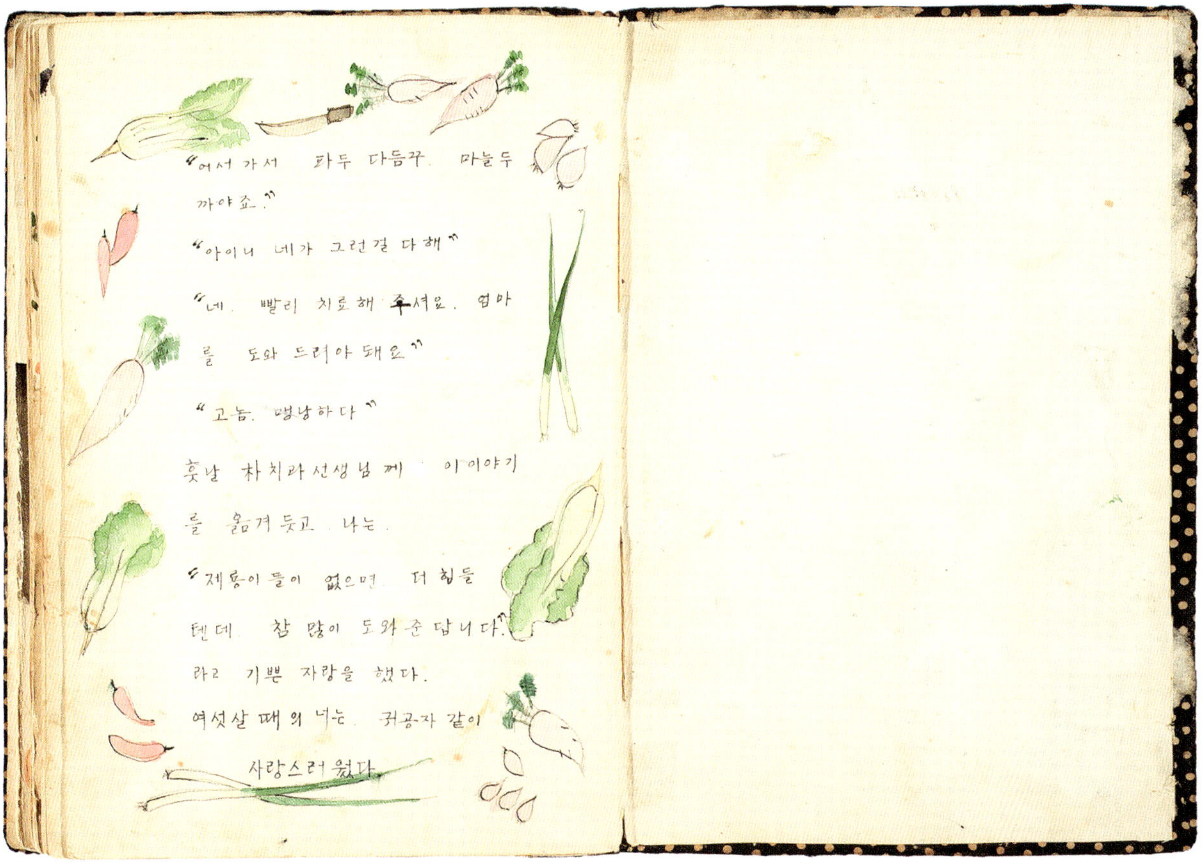
"어서 가서 파두 다듬구 마늘두
까야죠."
"아이나 네가 그런걸 다해"
"네. 빨리 치료해 주셔요. 엄마
를 도와 드려야 돼요"
"고놈. 맹낭하다"
훗날 박치과 선생님께 이 이야기
를 옮겨 듣고 나는
"제룡이들이 없으면 더 힘들
텐데. 참 많이 도와 준 답니다."
라고 기쁜 자랑을 했다.
여섯살 때의 너는 귀공자 같이
사랑스러웠다.

45 / 46

"어서 가서 파도 다듬고, 마늘도 까야죠."
"아니, 네가 그런 걸 다 해."
"네, 빨리 치료해 주셔요. 엄마를 도와드려야 돼요."
"고놈, 맹랑하다."
훗날 박치과 선생님께 이야기를 옮겨 듣고 나는,
"제룡이 없으면 더 힘들 텐데. 참 많이 도와준답니다."
라고 기쁜 자랑을 했다.
여섯 살 때 너는 귀공자같이 사랑스러웠다.

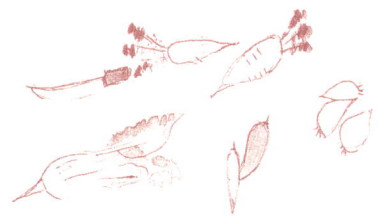

2부 나의 가족 이야기

대식구들의 먹을 걱정 입을 걱정… 그 바쁜 틈에도 박정희 할머니는 살아온 흔적과 살아가는 기쁨을 글로 남겼다 색 바랜 원고의 갈피 갈피에는 60년의 가족사가 세밀하고도 정겹게 기록되어 있다.

이야기 두 번째

나의
약혼

졸업 인사

경성여자사범학교를 졸업하게 된 나는 재학 중에 도움을 받은 집들을 방문하였다. 내일부터의 막중한 책임에 비록 마음은 무거웠지만, 공부를 마치고 인천으로 다시 돌아가게 되어 고마운 분들께 인사를 드리는 것이 도리라고 생각했다.

혜자네는 기숙사 생활을 하는 동안 신세를 많이 진 집이었다. 혜자는 여덟 살 때 유년 주일학교에서 사귀기 시작한 동무였다. 성도 같은 박(朴) 가요, 소학교도 같은 사범부속학교를 다녀서 동급생을 보고 사촌동생이라고 해 두었던 것인데, 여학교에서는 헤어지고 말았다. 가끔 일요일에 놀러 가면 그리운 한국식 밥상(사범학교 기숙사는 일본식이었다)을 차려 주며 혜자 어머니가 아주 특별한 대접을 해 주시곤 했다. 그러니 졸업장을 들고 인사를 다닐 집 가운데 결코 빼놓을 수 없는 집이었다.

혜자는 외동딸이었다. 혜자 아버지가 난봉이 났다가 돌아온 최근까지 혜자 어머니가 여관업을 하여 혜자 학교 뒷바라지는 물론 생활까지 씩씩하게 꾸려 나가고 있었다. 혜자 어머니는 그리 대단한 외모를 가진 분은 아니었지만, 여관업을 재미있게 해 나갔다. 또 고아들을 데려다가 몇 해씩 길러서 나중에는 시집 장가까지 보내 주곤 하던 분이다. 시들한 보통 여성은 아니었다.

혜자네로 졸업 인사를 하러 갔더니 혜자 어머니가 반색을 하며 나를 맞았다.

"아이구, 깜찍한 정희야. 나는 네가 사범학교에 간 것만으로도 훌륭하다고 칭찬을 했는데 아니, 그 일본 아이들 틈에서 우등을 하다니. 글쎄, 요런 아이가 어디 있을까?

이 신문 좀 봐라. 네 사진하고 이름을 보고 깜짝 놀랐구나. 아이고 신통해라."
 혜자 어머니는 나를 여간 반기는 게 아니었다.
 "정희야, 내가 오늘 너 오기만을 얼마나 기다렸는지 아니? 우리 고모 아들이 하나 있는데, 유영호라고 의사야. 이 사람을 장래 네 남편으로 알아라. 아주 약혼한 줄 알고 있어라. 너처럼 일등, 이등만 하고 평양의전(平壤醫專)을 졸업했는데, 참 얌전해. 예수 믿는 가족이고 아버지가 목사님이야. 그런데 갑부가 못 되어서 걱정이지. 고학했단다. 그래도 문제없어. 의사인데 뭐, 이제 부자가 되겠지. 애 정희야. 유영호야, 잊지 마라. 못 쳐 놓았으니까."
 단숨에 말을 쏟아 놓고 혜자 어머니는 생글생글 웃음을 가득 띤 얼굴로 나를 바라보았다. 그러나 내일부터 시작되는 교사로서의 책임만을 생각하고 있는 나에게 결혼에 대한 이야기는 그저 관심 밖의 일이었다. 사진까지 신문에 났다는 말도 남의 일처럼만 들렸다. 나는 별다른 내색도 하지 않고 감사의 인사를 전한 뒤 마침 부임지가 우리 집이 있는 인천이어서, 상경할 일이 생기면 꼭 들르겠다고 말하고는 집을 나왔다.

결혼과 교사 사이에서

결혼에 대한 관심이 전혀 없을 리는 없었지만, 교육자로서 워낙 부족한 나 자신의 지식과 기술 탓에 매일이 바쁘고, 고민하기에도 시간이 모자랄 정도였다. 나는 열정이 넘치는 젊은 여교사였다.
 아침에는 스무 명의 아이들이 우리 집 문 앞에 와서 나를 기다렸다가, 나와 함께 등교하였다. 아이들과 함께 교문에 들어서면 운동을 좋아하는 어린이들이
 "선생님, 얼른 나오세요!"
 하며 나를 부르고 자기들과 놀아 주기를 청하였다. 언제나 이른 아침에 운동장에서 소녀들, 소년들의 동무가 되어 공던지기, 줄넘기를 했다.
 "기운도 좋아. 한창이야."
 동료 교사들은 그런 내게 이렇게 말하곤 했다.

처음에 담임을 맡은 반은 2학년 여자 아이들 반이었다. 그 중에는 생활이 어려운 아이들이 많았는데, 그 아이들에게는 사회의 비극적인 그림자가 짙게 드리워져 있었다. 나는 부지런히 공부하고, 연구하고, 또 그 아이들의 상처를 씻어 주려고 애를 썼다.

아이들을 가르치는 일에서부터 교사로서의 사무, 또 아이들을 데리고 하는 청소 따위의 작업들로 나의 하루는 늘 분주했다. 그러나 모든 것이 수월치 않은 일이었고, 또 모든 것이 놀라운 일이었다. 결혼을 생각할 겨를도 없이 몇 해를 보냈다고 해도 과언이 아닐 정도였다.

청혼과 아버지

그렇듯 허덕이며 지내는 나에게 뜻하지 않게 여기저기서 청혼이 들어왔다. 이웃에서, 같은 학교 교사들에게서, 혹은 전혀 얼굴도 모르는 이들에게서 청혼이 들어올 때마다 아버지는 넌지시 '아직 어린 것을…' 하시며 번번이 거절하는 것이었다. 내게는 어떠냐는 의사도 묻는 적이 없었다. 아버지의 마음은 내가 보기에 '벌써 그럴 때가 왔나? 아직은 멀었어.' 하는 뜻이었지만 실은 상대방을, 딸을 줄 수 없는 청년으로 단정하셨던 것이다. 나를 끔찍이 사랑하시는 만큼 사윗감을 고르는 데도 많은 생각을 하셨던 것 같다.

"부잣집 아들은 건달이 많고 지식이 낮은 사람은 또 뭣하고, 재간이 많은 사람은 또 능한 값을 할 터이고… 딸자식이 자라서 이제 남이 가만두지를 않으니 걱정입니다."

언젠가 일가 할아버지 한 분이 오셨을 때 아버지가 이렇게 말씀하시는 걸 들은 적이 있다.

처녀의 마음

여기저기서 들어오는 청혼을 아버지는 번번이 거절하셨지만 같은 학교 교사들 중에는 나하고 친밀해지려고 애쓰는 남자 교사도 있었고, 또 이웃 학교에도 그런 이가 생겨났다. 결혼에 대해서 아무리 냉정해지려고 해도 냉정해지지 못하는 것이 처녀의 마음인지, 내 괴로움은 점점 커져만 갔다. 그래서 어느 날 나는 아버지께 결혼을 해야 옳은지, 안 해야 옳은지 여쭤 보기에 이르렀다. 아버지는 나를 앉혀 놓고 담담하게 말씀하셨다.

"결혼은 하는 것이 원칙이지만 하지 않아도 괜찮다. 그러나 여자가 결혼을 하지 않으려면 아이를 기르는 직업을 갖고, 늙은 후에는 그 아이들에게 기대 지낼 수 있게 마련을 해야 한다. 결혼은 좋은 상대자가 생기기 전에는 하면 안 되니라. 결혼이야말로 무엇보다도 묘한 것이다. 영국 황제가 거듭 결혼에 실패하고 세 번째에, 재혼하려는 한 여성과 결혼하기 위하여 황제의 지위를 버렸다는 얘기는 유명하다. 서로 반해 지낼 수 있는 사람을 만나서 결혼을 해야지, 아무렇게나 할 수는 없는 것이란다."

그러나 나는 웬일인지 나에게 마음을 주는 남자들에게 응하지 않는 것이 퍽이나 거만해 보일까 봐서, 또 그런 사람이 여기저기 생기는 것이 어쩐지 내키지 않아서 마음이 괴로웠다. 그리고 거리에서 그런 사람을 만나면 어쩌나 하고 학교에 출근할 때나 집에 돌아올 때도 되도록 여학생들이나 아이들과 같이 걸어가곤 했다. 공휴일 일직에는 동생을 데리고 가서 종일 같이 있다 오곤 했다.

혜자 어머니의 이야기와 아버지의 관심

그런 청혼자가 또 생긴 어느 날 나는 아버지께, 혜자 어머니가 나에게 한 이야기를 해 드렸다.

"아버지, 혜자네 아주머니도 날보고 평양에 있는 자기 조카라나, 유영호라고 이름까지 일러 주며, 너는 약혼한 줄 알아라, 그러시던걸요. 가난한 것이 단 하나 흠이라고 그러나 봐요."

아버지가 언젠가 혜자 어머니에 대해서 '여장부'라고 칭찬하신 일이 있었는데, 그 혜자 어머니의 이야기라니 조금 솔깃해지신 모양이었다. 내 이야기를 듣고 아버지는 평양 사람에 대해 나이, 학력 같은 것을 자세히 물으셨다.

그 뒤 오랜 날짜가 지난 어느 날 아버지께서는 서울 혜자네와 평양 사는 당신 제자들에게 부탁하여 그 청년을 알아보았노라고 말씀하시는 것이었다. 그저 알아보았다고만 하실 뿐 달다 쓰다 말씀도 없으셔서 나도 그만 묻지 않고 말았다.

맞선

나는 나름대로 분주하게 이 사람 저 사람을 사귀기도 하면서 지내고 있었다. 그러는 동안 그 해도 가고, 다음 해도 갔다.

스물두 살이 되려는 정초에 생각지도 않았던 혜자에게서 전보가 왔다. 오빠가 왔으니 다녀가라는 전보였다. 나는 웃으면서 알지도 못하는 사람을 보기만 하면 무엇하냐고 싫다고 했다. 그러나 아버지는 나와 생각이 다른 것 같았다.

"가 보렴. 백 명을 보고 퇴해도 무방하지. 보는 게 무슨 큰 일이야? 가 보고 오너라."

오빠도 올케를 시켜서 옷을 꺼내 놓으라는 둥 화장을 하라는 둥 재촉하고 나섰다.

팥빛 뉴-똉(비단의 한 종류) 긴치마에, 엷은 수박색 저고리, 짙은 수박색 두루마기를 입고 서울 혜자네에 찾아든 것은 정월 초이튿날 오후 5시경이었다. 혜자도 여관에서 심부름하는 아이들도 모두 싱글싱글 웃으며 나를 반겨 주었다.

그 집에 가면 늘 안방으로 들어갔었는데, 그날은 이상하게 혜자가 제 방으로 쓰고 있는 뒷방으로 나를 안내했다. 그러고는 제 어머니께 내가 왔다고 알렸다.

"오빠가 아까 왔는데, 지금 아버지하고 다투고 있다우."

혜자는 뜻밖의 말을 했다. 혜자의 말에 의하면, 평양의 사촌 오빠는 자기의 중매를 서던 것이라고 했다. 그 혜자의 사촌 오빠는 자기 동창생으로 봉천인지 하얼빈인지에 가 있는 의사를 소개했는데, 이야기가 잘 진행되어 오늘 맞선을 보기로 했다고 했다. 그런데 이번에 그 친구를 서울에 안내한 오빠의 입장이 매우 난처하게 되었다. 혜자 아버지가 돌연 맞선을 안 보이겠다고 고집하였기 때문이었다.

"먼 길을, 바쁜 몸이 오기까지 준비를 맡았던 것인데, 이거 모순 아닙니까? 친구를 보고 뭐라고 해야 될까요? 선을 뵌 다음에 가부를 결정하셔도 되는 것 아닙니까? 또 이렇게 선을 안 보이시려면, 일전에 편지로 여쭈어 보았을 때 그만두자고 하시지요. 나는 외삼촌 하시는 일이 그러실 줄은 몰랐습니다. 오늘 저는 친구를 조롱하려고 그 먼 데서 오라고 한 것이 되었으니 참 딱합니다. 저는 7시 발 기차로 평양으로 떠나겠습니다. 그럼 안녕히 계십시오."

청년은 이만저만 성이 난 게 아닌 모양이었다.

"아, 이 사람 그 일은 그렇게 되었으니, 저 인천서 온 정희나 만나 보아야지. 가긴 어딜 가나? 글쎄 앉으라구. 내 잘못했네. 자."

"아니오, 가겠습니다. 친구를 그렇게 해서 보내고 선을 보고 가요? 말이 됩니까? 또 저는 결혼할 생각이 도무지 없어요. 자격이 없으니까요."

"아, 그건 무슨 소리인가? 자, 앉게. 혜자야, 언니하고 건너오너라."

숨을 죽이고 안방에서 들려오는 음성을 듣고 있던 우리는 거북하기는 했지만 '네.' 하고 안방으로 건너갔다.

문을 닫고 아랫목에 앉은 혜자 부모님과 평양에서 온 성난 음성의 주인공에게 고개를 숙여 인사를 했다. 과연 나의 상대자로 온 사람은 파랗게 성이 나 있었다. 혜자 아버지가 백혈구 이야기며 북경의 화려한 사물 이야기를 하는 사이에 나는 그를 잘 보아 두어야겠다고 생각했다.

그는 퍽 가늘고 창백하였고, 내가 싫어하는 능글능글하고 기름진 인상과는 정반대로 깨끗한 맛을 느끼게 하는 외모였다. 꼿꼿한 자세도 좋았고, 내가 왔다는데도 친구를 생각하고 그토록 화를 내는 성깔도 밉지 않았다. 그러나 몸이 너무 나약해 보여 누가 보면 얼핏 아편쟁이라고 착각할 법도 했다.

음성과 이야기하는 태도로 보아 교제에 그리 능숙한 사람은 못 되는 것 같았다. 백혈구에 대한 설명을 듣고 그의 학생 시절이 깡판이 아니었다는 것을 알 수 있었다. 그는 냉정한 눈으로 나를 바라보았다. 그 냉정한 맛도 싫지 않았다.

30분 정도 이야기를 주고받다가 그는 보스톤백을 들고 일어섰다. 9시 밤차로 평양으로 가겠다고 나서는 것이었다. 아무리 붙들어도 고집스럽게 밤길을 떠나는 그를, 나는 혜자 부모님 뒤에서 말없이 배웅했다. 혜자는 역까지 그를 배웅하러 따라갔다. 남의 빈방에 있기가 민망해서 안방으로 들어갔다.

"어떻든?"

혜자 어머니는 나를 보자마자 만면에 웃음을 띠고 물었다. 나는 그저 빙그레 웃기만 했다. 두 내외는 그 청년의 칭찬을 늘어놓았다. 머리가 좋고, 마음이 깨끗하고, 몸은 약하나 병은 없는 청년이라고 했다. 장차 부자가 되기는 틀림없으니 지금 너무 궁한 것이 좀 흠이긴 하고 또 시부모를 모셔야 한다는 것이 어려운 일일 수도 있지만, 신랑은 더 말할 수 없이 좋다고 말했다.

30분 후에 혜자가 돌아왔다. 곧 저녁을 먹고 혜자의 방에 잠자리를 마련하여 함께 누웠다.

"언니, 어떠우?"

마치 기다렸다는 듯이 혜자가 물었다.

"인상은 그리 낯설지는 않아."

내가 대답했다.

"오빠도 좋은 인상이었던 것 같아. 내 일 때문에 워낙 골이 나서 그렇지. 아이, 잡시다. 지난 일은 할 수 없지."

잠을 청하면서 나는 평양행 기차를 탄 유영호라는 청년을 생각했다.

'어떻게 이 혼인 거래가 진행될 것인가. 재산이니 외모니 학벌이니는 결혼의 조건이 아닌 것이다. 그 사람을 위해서 나의 일생을 아낌없이 바칠 수 있다는 기쁨을 느끼기 전에는 결혼을 할 수 없을 것이다.'

첫 편지

또다시 바쁜 학교 생활이 계속되었다. 6학년 담임에다 3학기이니 이루 말할 수 없이 바빴다. 맞선을 보았던 평양 사람은 마치 꿈같이 느껴졌다. 다시 생각할 사이도 없었다.

그렇게 한 달쯤 지난 어느 날 학교에서 돌아온 나를 아버지께서 부르셨다.

"평양 사람이 편지를 보냈구나. 답장을 써 오너라."

하시며 개봉할 필요도 없는 엽서 한 장을 건네셨다.

'일전에는 이상한 인연으로 서울서 뵈었습니다. 그 후에도 여전히 건강하시어서 어린이들 교육에 힘쓰고 계신지요? 저도 무사히 환자를 치료하고 있습니다. 이후에도 많은 애고(愛顧 : 사랑하고 돌봄)를 바랍니다.'

너무 잘 쓰려고 하지 않은 엽서의 내용에서, 나는 좀 모자라고 부족하다는 느낌을 받았다. 더구나 그 '애고'라는 말 탓에 문방구점에서 내게 늘 하는 인사 편지같이 느꼈다.

"아이, 이게 뭐예요. 저 문방구점, 희문당 같아. 주인이 나한테 보내는 인사 편지 같군요, 이 글씨두…."

아버지께 뽀로통하게 말씀드렸더니,

"자-식, 글씨는 잘 썼다. 글도 괜찮아. 무슨 연애 대학에 다니는 사람이 쓰는 편지라도 너는 바랬더냐?" 어서 아무 말도 말고 답장을 써 오너라. 내가 읽고 부칠 수 있게 써 오너라."

하신다. 나는 내 방으로 가서 그 편지를 다시 읽고 다시 읽고 하였다.

'편지를 보내 주셔서 감사합니다. 건강하게 근무하신다니 감사합니다. 저도 6학년을 맡고 있어서 힘도 부치고 바쁩니다. 요사이는 겨울이 다 갔다고 하면서도 날씨가 찹니다. 부디 몸조심 하셔서 아픈 사람을 살리는 중한 책임을 완수하시기를 바라며 이만 올립니다.'

아버지께 쓴 편지를 가져가 보여 드렸다. 아무 말씀 없이 읽으시더니 갖다 부치라고 하신다. 나는 아버지 말씀대로 했다.

그 후에도 이 첫 편지와 같이 '바람이 붑니다. 비가 옵니다. 안녕하십니까' 식의 편지가 서너 번 오고 갔다. 그러나 나는, 이런 비바람에 관한 인사나 주고받고 있어 봐야 혼인을 바라고 교제하게 될 것 같지 않아서 야단이라는 생각이 드는 것이었다. 무의

미한 남녀간의 교제는 싫었다.

어머니의 평양행

아버지와 어머니께서는 평양에 가서 그 사람을 보고 와야지 하며 늘 의논을 하시더니, 2월 중순 하루는 어머니께서 길을 떠나셨다.

"장사꾼처럼 꾸미고 가던지, 아무튼 가서 본 것으로 무슨 인연을 꼭 맺는 것은 아니니까, 그렇게 알고 잘하우." 하고 아버지는 당부를 하셨다.

남의 일처럼 평양 사람의 일은 생각도 하지 않고 있었던 나는 '이래서 될까?' 하고 걱정도 되었다.

어머니는 3일 만에 몹시 피로해서 돌아오셨다. 어머니는 평양에서 마중 나온 나의 사촌 오빠와 아버지의 제자들의 안내를 받아 지내시다가 그 이튿날 병원에 가서 그 청년에게 진찰을 받아 볼 작정이셨다고 한다.

"출장 가고 없다고 내일은 출근한다고 그러더라. 그래서 그날 저녁 그의 집으로 갔다. 전차에서 내려서 30분쯤 걷는 길이 있었는데, 그 길을 같이 앞서가는 청년이 마침 그 청년같이 생각되더라. 그 집을 찾아 들어가니 정말 그 사람이었더라. 집은 교외에 한 50호 지은 부영주택의 한 채로 터는 넓더라. 온돌은 하나인가 보고, 다다미 칸이 하나인지, 둘인지 조그만 집이고….
당사자는 머리가 까맣고 몸이 가냘프고 얌전한 편이고, 그 형제들은 다 생기기도 잘 생기고 건강해 보이더라. 살림은 이렇다 할 가구는 없고 웬일인지 아버지라는 하얀 할아버지가 나를 접대하지, 그 어머니는 부엌에서 안 들어오고, 열일곱 살쯤 되는 학생이 홍차를 출렁출렁 가져오고, 사투리를 대단히 쓰는 분들이더라. 저녁 먹고 가라고 붙드는 것을 그만 떠나서, 아버지의 제자네에 와서 쉬고 오늘 아침 기차로 왔다."

어머니는 단숨에 말씀하시는 것이었다.

조사서를 고대하다

나는 오빠가 사 주어 읽었던 혼인교서(婚姻敎書)라는 책에서 선을 보고 결혼할 남녀가 서로 주고받았으면 좋겠다고 한 조사서를 본떠서 대담하게 조사서를 만들었다. 우리 주위에서 너무나 불행하게 사는 부부를 많이 보는 까닭에, 또 나는 나 자신을 끔찍이 아끼는 까닭에, 할 수 있는 수단을 다해서 내가 행복해질 것이라는 신념을 갖기 전에는 결혼 이야기를 진행시킬 수도 없고 무의미한 남녀간의 교제는 싫어하니, 어찌 할 수 없이 이런 편지를 보내기로 하였다.

우리가 서로 선을 보았다고 했는데, 혼인을 염두에 두고 한 행동이었던 것으로 생각합니다. 제가 이렇게 멀리 떨어져 있으니 교제할 기회도 없고 하여 저는 양심적으로 아래와 같은, 저를 소개하기 위한 조사서를 꾸몄습니다. 선생님께서도 적어 주시면 좋겠습니다. 또 요번에 회답을 주실 때는 제가 보낸 편지 전부를 동봉하여 보내 주시기를 바랍니다.

나를 소개하는 표

　　외향성 | 내향성
1. 활발하다. 5 | 5 얌전하다.
2. 돈 쓰기 좋아한다. 5 | 5 절약한다.
3. 웃기를 잘한다. 8 | 2 안 웃는다.
4. 골이 잘 난다. 2 | 8 골이 안 난다.
5. 일하기를 좋아한다. 10 | 0 일하기를 싫어한다.
6. 남과 교제를 잘한다. 6 | 4 교제를 싫어한다.
7. 사치한 복장을 좋아한다. 3 | 7 검소한 복장을 좋아한다.
8. 연구심이 강하다. 9 | 1 연구심이 약하다.

9. 남에게 주기를 좋아한다. 5 | 5 남에게 주기를 싫어한다.
10. 구경을 좋아한다. 8 | 2 구경을 싫어한다.
11. 독서를 좋아한다. 10 | 0 독서를 싫어한다.
12. 운동을 좋아한다. 8 | 2 운동을 싫어한다.
13. 결단력이 있다. 8 | 2 결단력이 없다.
14. 의지가 굳다. 6 | 4 의지가 약하다.
15. 음악을 좋아한다. 7 | 3 음악을 싫어한다.
16. 떠드는 것을 좋아한다. 2 | 8 조용한 것이 좋다.
17. 정리를 잘한다. 7 | 3 널어 놓기를 좋아한다.
18. 기억을 잘한다. 5 | 5 잊기를 잘한다.
19. 남의 말을 잘 듣는다. 5 | 5 남의 말을 안 듣는다.
20. 자주 놀러 다닌다. 5 | 5 자주 놀러 다니지 않는다.

기타
1. 살림을 전혀 할 줄 몰라서 부모님과 동거하기를 원합니다.
2. 17세 때 늑막염으로 휴학까지 하였으나, 현재는 의사의 말이 괜찮다고 합니다.
3. 재봉은, 조선 바느질을 대강 배웠습니다. 내 옷은 내 손으로 합니다.
4. 돈에 게걸든 의사를 많이 보았기에 의사한테는 시집을 가지 않을 생각이었습니다.

이상을 적습니다. 제가 적은 문집을 한 부 보냅니다. 안녕히 계십시오.

이 편지를 밤에 써 놓고, 아침에 출근하는 오빠에게 보이며 의논하였다.
"이런 편지를 쓰는 여성은 조선에서 너 하나일 거다. 아무튼 너를 차지하는 사나이는 행복한 사람이야." 하며 오빠는 편지를 가지고 나갔다.

아버지는 세수를 하고 계셨는데, 동생 명희가 쪼르르 달려가 아버지에게 이르는 것이었다.

"언니하고, 오빠하고 평양 사람한테 편지를 썼대요."

아버지가 나를 부르셨다. 내용 이야기를 한즉, '그 자-식.' 하고는 마셨다. 우표를 세 장쯤 붙인 편지를 보낸 후 나는 적잖이 마음이 쓰였다. 여성으로서는 무척 대범한 편지였고, 그 편지를 읽고 '흥, 건방진데.' 하며 여기저기 굴리게 될까 봐 걱정이 되기도 했다. 이번 편지의 답장은 누가 먼저 보기 전에 내가 먼저 받아 보고 싶었다. 아버지나 어머니의 간섭도 싫었다. 그래서 봉투 주소 난에 학교 주소를 적었던 것이다.

며칠 후 고대하던 묵직한 편지가 학교로 왔다. 그때 나는 6학년 과외를 담당하고 있었다. 담임을 맡은 교실이 마침 1교문에서 가까운 아래층이었던 까닭에, 교문에 저녁 배달을 다니던 집배원이 보이자 편지를 받으러 직접 나가 볼 수 있었다. 마침 기다리던 편지가 집배원의 손에 들려 있었다. 그 편지를 보자 내 가슴은 울렁거리기 시작했다.

편지 안에는 주문했던 대로 전에 보냈던 편지와 함께 자기소개서와 호적등본 한 벌이 들어 있었다. 성격 소개표에는 점수 쓴 자리 위에 메모를 붙이고 자기 점수를 적어 보내왔다. 나는 눈물이 핑 돌았다. 그가 나를 허술히 대하지 않은 것만으로도 감사했던 것이다. 내 편지가 여기저기 굴러다니지 않은 것도 무척 다행이었다. 어두워져 가는 교실에서 나는 조용히 그가 써 보낸 것을 읽었다.

편지를 감사히 보았습니다. 문집도 선생의 고결한 인품을 느끼며 읽었습니다. 나도 양심적으로 나의 성격과 나의 사정을 소개합니다. 읽어 주십시오.

1_ 체격은 좋지 못하나 건강합니다. 전문학교(專門學校) 시절에 단거리 선수로 대구

까지 원정 간 일이 있습니다. 중학교 시절에는 개근상도 탔습니다.

2_ 술, 담배는 안 합니다.

3_ 장차는 개업도 하겠지만, 현재는 꿈에도 그런 생각은 못하고 있습니다.

4_ 과거에 약혼했다가 파혼한 일이 있습니다. 부모님들의 잘못이었습니다.

5_ 나의 가족 소개를 합니다.

父 | 신학교 출신 | 무직
母 | 무직
兄 | 중학 출신 | 회사원
兄嫂 | 중학 출신 | 교원
第 | 중학 출신 | 징용으로 일본에 가 있음
第 | 중학 출신 | 교원
第 | 중학 3년 재학중 | 학생
第 | 7세

형님 내외는 별거하고 있고, 교원 다니는 동생은 평안남도 개천(价川)에서 하숙을 하고 있습니다.

나의 월급은 80원 정도이니 생활은 퍽 곤란한 편입니다.

6_ 교회에는 아니 나갑니다.

7_ 결혼하면 부모와 동생을 모실 생각입니다.

8_ 호적등본을 보냅니다.

9_ 결혼의 자격은 아직 없으나, 만일 결혼을 한다면 행복한 가정을 이루기 위해 최대한 노력할 것입니다.

이상입니다. 안녕히 계십시오.

성격표의 점수도 내 점수와 그리 큰 차이는 없었다. 이 편지를 받고 나는 상대에 대해 여러 가지를 알 수 있었다. 거짓 행동을 안 하는 양심적인 인간이라는 생각이 들었다. 성격도 조촐하고, 몸이 약해도 자주 앓지는 않으니 내 몸의 상태와 비슷하다고 생각했다. 생활이 흔하지는 못하지만, 부모를 모시겠다는 것으로 보아 의리가 굳은 사람이라는 것도 알 수 있었다. 그러나 그의 일생이 그의 부모형제들에 대한 봉사로 인해 늘 자유롭지 못한 듯이 보였다. 능란한 사람은 못 되는 것 같았다. 음악이니 카메라니 흔한 집 자식들이 갖는 취미도 없는 듯했다. 내가 늑막염을 앓았다는 사실도 그리 문제 될 게 없을 것 같았다. 그제야 나는 안심할 수 있었다.

그날 밤 아버지께 그 편지 전부를 보여 드렸다.

"괜찮을 것 같다. 그런데, 맏며느리가 아직 호적에 들지를 않으니 웬일일까? 부모를 모시지 않고 따로 있다니 그건 무슨 이유일까? 네가 부모를 모시면 맏며느리와 비교가 되므로 서로 사이가 좋지 않을 것 같구나. 궁한 것은 큰 문제가 아니다. 궁한 환경에서 자란 사람이 흔하게 살아온 사람보다는 낫단다."

아버지의 이런 말씀을 듣고 나는 그 밤으로 그에게 다시 편지를 썼다.

'자세한 편지 감사히 받았습니다. 이제는 안심하고 하나님과 부모님들이 지시하시는 대로 따라가겠습니다.'

3월 말이었다. 평양에서 장차 시아버지 되실 분이 사주를 가지고 오셨다. 약혼하러 오신 것이었다. 그날 저녁 나는 기쁘기보다는 어쩐지 세상이 좁아진 것 같고 무슨 큰 짐을 진 것 같은 무거운 마음이 들기 시작했다.

_1960년

부모님의
딱한 사정

결혼하기로 결심했을 때, 우리 집 사정도 마찬가지로 어려웠다. 할아버지가 73세, 아버지가 57세, 어머니가 52세였다. 오빠 내외와 젖먹이 조카까지 우리 집에서 지내던 터였다. 내 아우는 20세로 서울 여자의학전문학교 학생이고, 남동생은 12세의 초등학교 학생이었다.

아버지께서 농토에서 들어오는 쌀로 식량을 대고 학비를 댈 테니 나더러는 여동생 하숙비와 집안 살림을 맡으라고 하셨다. 초등학교 교사 월급 80원에 오빠가 내놓는 30원으로 꾸려 나가기가 너무 어려워 하숙생까지 치지 않을 수 없었다.

시집을 가기 전날 밤, 가계부를 아버지께 넘겨 드렸다. 아버지는 오빠가 따로 저축했던 돈에서 200원을 건네주시며 그간 수고 많았다고 위로를 해 주셨다.

평양 시댁의 살림이 무척 어렵다는 얘기는 신랑에게 들어서 짐작은 했었지만, 가서 보니 난감했다. 시아버지는 70세, 어머니는 54세, 남편은 27세, 셋째 시동생은 22세로 나와 동갑이고, 넷째가 19세, 다섯째가 16세, 막내 시동생이 7세, 조카가 19세였다.

아홉 식구가 남편의 월급 100원에 의지하고 있는 셈이었다. 남편은 나더러 월급을 봉투째 시아버지께 갖다 드리게 했다. 시아버지는 그 중에서 10원을 교통비로 하라면서 아들에게 주었다. 또 배급 쌀 값을 손수 치러 주셨다. 집 값도 월부로 물어야 했고 넷째와 다섯째, 막내 삼촌 학교 비용도 시아버지가 내셨겠지만 불투명하고 명랑하지 못했다.

어느 날 시어머니가 나를 부르셨다.

"새아이, 잘 들으라. 내래 젱 못 견디겠어서 하는 말이니 잘 들으라. 이 집 살림을 이제 네가 맡아라."

그러나 나는 할 줄 아는 것이 없으니 가르쳐 주십사고 했다. 어머니와 협력해서 연구해 나가면 꼭 살림을 일으킬 수 있다고 자신했다.

어머니는 무척 외로우셨던 모양이었다. 어린 나에게 별별 이야기를 다 털어놓으셨다. 열여섯에 아버지의 명령으로 서른두 살의 홀아비에게 시집온 이야기며, 남편을 따라다니며 팔남매를 낳아서 위로 남매를 잃고 육형제를 기른 이야기도 해 주셨다. 일가 문중 부잣집에 양자로 들어가 양시어머니를 모시고 산 이야기, 부잣집이 다 망하도록 남편이 여러 가지 사업에 손을 댔던 슬픈 이야기, 마음대로 돌아다니며 신학교에 가서 목사가 되어 목회하던 때의 이야기, 독립 운동에 앞장서서 애를 태우다가 5년이나 감옥살이를 했던 이야기들을 끝도 없이 새며느리에게 들려주었다.

어머니는 내 남편에 관한 이야기도 해 주었다. 처음엔 둘째 아들(내 남편)에게 농사를 짓게 하겠다고 농사일을 맡겨 놨다고 한다. 그런 아들이 공부해서 의학전문학교에 합격을 하고, 큰형님과 둘이서 평양의 부자를 찾아다니며 성적표를 보이며 부탁을 해, 박 씨라는 분의 집 문간방에서 그 집 일을 봐 주며 공부를 마쳤다고 하였다. 그러던 차에, 일 잘하고 집안에 도움이 될 시골 아가씨를 아버지가 마음대로 약혼을 시켰는데, 아들이 절대로 싫다고 해서 파혼하고 그녀는 다른 곳으로 시집을 가서 아주 남남이 됐다는 이야기도 해 주었다.

또 아버지가 옥살이를 해서, 둘째 아들과 셋째 사이가 5년이나 터울이 벌어진 이야기며 다섯째 아들로 끝난 줄 알았는데 9년 만에 막둥이가 생겨 갖은 방법을 다 써서 유산시키려고 애썼다는, 웃음을 참기 어려운 옛 이야기들까지 어머니의 이야기는 끝이 없었다. 그러는 사이에 나와 어머니의 정도 점점 깊어졌다.

　친정에서도 그랬듯 생활 대책을 연구해야 했다. 어머니와 의논해서 비누장사, 채소장사, 멸치장사, 미역장사를 닥치는 대로 했다. 물론 돈은 어머니가 건사하시게 했다. 감자 세 관을 사다가 열한 무더기를 만들었다. 동리 사람들이 10분의 1값에 가져가게 하고, 그 중 한 무더기는 우리가 먹는 방식으로 했다. 투명하게 장사를 한 셈이었다. 어머니는 웃음이 많아지시고 나도 좀 여유로워졌다.

　배급 쌀을 공기로 되어서 30일로 나누고 감자나 강냉이를 조금씩 섞으면 아주 굶는 일은 없겠다고 계산했고 어머니에게도 식구들에게도 밝혔다. 영양이 얼마나 모자랐던지 먹어도 먹어도 끝이 없는 형편이었다.

　한번은 팔뚝만 한 일본 무 한 접을 샀더니, 어머니께서 대중없이 많이 샀다고 책망을 하시는 것이었다. 그러나 저녁마다 출출한데 무 좀 벗겨 먹자고 자꾸 먹은 것이 닷새 만에 다 먹었다. 지금 생각해도 그 무가 얼마나 달고 맛이 있었던지.

　이토록 영양 보충도 하기 어려운 때이니 부모의 어떤 후광도 바랄 처지는 아니었다. 어머니는 새며느리에게 9년 만에 막둥이를 낳은 이야기까지 하시면서 부모 구실을 못해 미안하다고 넌지시 말씀하시는 것이었다. 그러나 어머니의 딱한 사정을 나도 모르는 바가 아니었음은 물론이다.

　"우리나라 전부가 가난한 것을 누구에게 탓할 수도 없어요. 어머니도, 저도, 삼촌들도 건강하니까 최고로 행복한 것이지요."

　나는 그런 어머니를 위로했다.

　어머니는 주머니에 돈이 조금 생기면,

　"야, 내가 보촌(고향)에 가서 쌀 좀 바꾸어 오마."

　하시며 시골에 가서 쌀이며 팥이며 콩 따위를 사 오셨다. 머리에 이고 허리에 차고 목에도 걸고 오시기 일쑤였다.

"어머니, 무거워 얼마나 힘이 드셨어요? 머리가 펄펄 더우네요."

하며 몸을 주물러 드리곤 했다. 그럴 때마다 어머니는 내게 속마음을 털어놓는 것이었다.

"야아, 서날미들(사내 아이들)은 파 먹기를 잘 하문서 이렇게 힘들게 져 나르는 어미 생각은 못 하더라. 기찻간에서 잡는 통에 힘들게 숨겨 갖고 오건만 그걸 모른단 말이다."

그러나 남편과 나는 아주 효자 효부로 살 팔자로 태어난 모양이었다. 잘잘못을 따진 일도 없고 부모 형제를 모시지 않겠다는 생각도 해본 일이 없었다. 같이 살아야만 행복했다. 시집온 지 벌써 50여 년이 지났어도 그때 여러 식구들의 식량을 대느라 애쓰던 시절이 그립다.

_2001년 2월

평양으로
시집간 새댁

새댁이 시집온 뒤로 웃는 일이 많아졌다. 우선 서울 색시가 평안도 사투리를 못 알아듣는 통에 웃는 일이 많았다. 시아버지 생신 때의 일이다. 동리 노인들과 온반(溫飯)이라도 같이 드시게 해야겠다며 나가 사는 큰며느리가 쌀, 닭, 녹두 지짐 재료와 잡채거리를 가지고 왔다. 한참을 분주히 음식을 만드는데, 일을 할 줄 모르는 새댁에게 어머니가 말하였다.
"너는 텅간에 가서 댕추나 개 오래."
"어머니 텅간이 어디에요? 댕추는 무엇이지요?"
새댁은 겸연쩍어하며 어머니에게 되물었다.
"더게 광에 가서 고추 한 웅큼 개 오라우."
만동서가 다시 말을 해 주어서야 겨우 알아들었다.
"길세, 데 아래 그런다니께니. 야아, 화판자나 꺼내 오라."
새댁은 시집올 때 갖고 온 사기 물 입힌 빨간 꽃양푼을 선반에서 얼른 꺼내다가 씻어서 말끔하게 물기를 훔친 뒤 어머니 앞에 갖다 놓았다.
어머니도 만동서도 깔깔거리고 웃었다.
"아이고, 우습다. 화판자는 텁서야."
"텁서요? 그걸 또 모르네요."
"아이구, 젱 웃기누만. 흐흐흐흐, 동서! 사라(접시의 일본 말), 사라 말이야."
"네, 킥킥, 화판자를 꽃이라는 소리로 들었네요."

"일본말은 금방 알아듣누나."

"아하하, 아이구, 우스워라. 형님 제가 일도 할 줄 모르는 데다가 말도 못 알아들으니 어머니께서 많이 힘들어 하신답니다."

세 여인이 한참 웃고 있는데 맏아들이 돌아왔다.

"저래 옵네다."

어머니는 그에게 웃는 이유를 말해 주었다.

"데수님, 우리 오마니는 더어게 신창이라는 산골에서 태어나셨고, 거기서 내내 자라고 일생을 사셨거든요. 평양에 나오신 지 몇 해 안 되니께니 관어를 모르시거던요. 별수 없디요. 흐흥흐흥."

새댁은 그 아주버니의 관어라는 말이 또 우스워서 견디기 어려웠다.

그때(1944년) 우리나라는 일본의 지배를 강요당하고 있을 때였다. 나라 잃은 사람들의 괴로움이 너무너무 크던 때였다.

새댁이 서울이나 인천에서 지낼 때와는 달리 평양에서는 더욱 살기가 어려웠다. 평안도 사람들은 민족의식이 유독 강해서 일본에 대한 반항을 노골적으로 표현하기 때문에 더욱 냉대를 받았다. 새댁의 친정은 속으로는 그렇지 않았지만 겉으로는 일본 사람들과 친하게 지내고 일본말도 잘했다. 그런데 평양에 시집을 와 보니 그런 차이가 확연했다. 일본말을 쓰면 밉게 여겼다.

우직해서 욕은 고작 '거랑 말코 같은 놈의 새끼' 정도이고, 서울에서 쓰는 간악한 욕은 전혀 없었다. 새댁의 시아버지는 3·1 만세운동에도 앞장섰고 옥살이까지 한 분이니 말할 것도 없었다. 어머니는 배급 쌀로 연명하기가 힘들어 울기도 하였다면서 이제 새 며느리에게 살림을 넘기려고 하였다. 그러나 스물두 살 된 새댁은 보통학교 교사로 근무하다가 멀리 시집을 왔고, 풍속도 너무나 달라 맡아하기는커녕 할 줄 아는 것이 없었다.

남편은 풋내기 의사로서 효자였다. 월급이 100원이었는데 월급봉투를 아버지께 드리고 10원을 타서 교통비와 용돈으로 썼다. 부엌 일을 맡은 어머니와 새댁은 아버지께 생활비를 타야 했으니 힘이 들었다. 살고 있는 집도 부영주택이었는데, 월부로 부어 가는 형편이었다. 시동생들은 학생이었다. 새댁은 시집 오기 전에 교사로 근무하며 80원의 월급을 타서 식구들을 위해 썼다. 시어머니는 새댁에게 살림을 맡기려고 했지만, 할 줄 아는 것도 없고 부엌 일조차 너무 서툴러 별수없이 같이 수고를 했다.

새댁은 단단히 결심을 하고 시집을 왔다. 매일 아침마다 어른들께,

"안녕히 주무셨어요? 춥지 않으셨어요?"

하고 인사를 드렸다. 처음엔 그것이 낯설어 시도령들이 수군거리며 흉을 보기도 했다.

"'오마니, 새 아주마니래 수태 간사하디요? 안녕히 주무셨나요?'라면서 말이야요."

"어, 무척 간사하다. 몇 날이나 그러갔나 두고 봐야갔다."

새댁은 곰곰이 궁리했다. 무뚝뚝하게 인사도 하지 않는 식구들이었지만, 어떻게 해서든 굶어 죽게 하지는 않겠다고 생각했다. 배급 쌀을 사다 놓고 되질을 하고 연필과 종이를 꺼내 놓고 계산을 했다. 아홉 식구를 먹이느라 지쳐 버렸다고 눈물까지 흘리며 고백을 한 어머니를 잘 도와야겠다고 주먹을 불끈 쥐기도 했다.

고개 너머 그리 멀지 않은 곳에 중국 사람들이 채소 밭을 부치고 있었다. 거기서 감자, 고구마, 옥수수, 무, 당근을 비싸지 않게 살 수가 있었다. 값은 사 온 가격의 10분의 1을 받았다. 야미쌀(암거래 되는 쌀)은 너무 비싸서 살 수가 없었다. 동리 사람들에게 공개하고 나눠 먹자고 했더니, 자신들이 나가서 사 오는 것보다 훨씬 이롭다며 가져갔다. 새댁의 신용은 갈수록 두터워졌다. 무, 당근 외에 미역, 멸치도 그렇게 사다 먹었다. 비누도 궤짝으로 가져와 썼다. 혼자 애태우며 지내던 어머니와 함께 부지런히 수고했다.

한번은 그런 식으로 감자 한 관을 가져오게 되었다. 껍질을 숟가락으로 긁어

벗겨 썬 다음 밀가루로 옷을 입혀 기름에 튀겨 저녁 반찬으로 만들었다. 식사 시간이 되자 식구들은 너무 맛이 있다며 미처 익혀 낼 수도 없을 정도였다.

"오마니, 다 먹었으니 더 주시라요."

"아주마니, 날래 하시라요. 더 개오래요."

작은 도령이 쉴 사이 없이 빈 접시를 들고 나왔다. 어머니도 새댁도 웃지 않을 수 없었다.

"수태 맛나는가 보다. 아무리 그래도 배래 불러 더는 못 먹갔다고 할 때가 있갔디."

그렇지만 양이 워낙 딸리던 젊은이들이라, 부엌에서는 부지런히 해도 양이 안 차는지, 나중에는 젓가락 장단을 치며 노래를 부르기까지 했다.

"서울 깍쟁이 놀랄기다. 에구머니나. 그걸 다 먹었소? 아하, 큰일 났우다래. 그만 먹으라우. 서울 깍쟁이 놀라 자빼질라!"

장난꾸러기 시도령들이 흥에 겨워 즉흥으로 작사 작곡의 노래를 부르자 아버지는 잠시 얼굴에 웃음을 짓다가 이내 한숨을 내쉬었다.

"너희들이 너무 못 먹어서 그러누나. 쯧쯧."

어머니가 방에 들어가시더니 별안간 큰 소리로 말했다.

"야, 이놈들아. 젱 다 먹었구나. 밖엔 없어야. 아주마니 먹게스리 냉기던 않구!"

어머니는 당신이 못 드신 것은 문제삼지 않고 새며느리가 애만 쓰고 한 조각도 못 먹은 것이 어이없었던가 보다.

우리는 또 배를 잡고 웃었다.

이렇듯 웃을 일이 많은 가운데 새댁은 점점 말을 잘 알아듣게 되었다. 그뿐 아니라 이제는 사투리를 쓰려고 노력하기까지 했다.

"적은이(도련님)! 더기 옷장 맨위 오른쪽 뺄… 아이구, 뭐더라 뺄랍에 있어요."

"뺄랍이오? 뺄함이야요. 아이구, 우리 아주마니는 새 말을 만들어 내기까지 합네까? 하하하."

몇 해 전 고향에서 잘 알고 지내던 훌륭한 가정의 아름다운 규수를 맏며느리로 맞아들여 석 달을 같이 살았는데 갑자기 부모를 모시고는 도저히 못 살겠다고 약속을 어기고 나간 일로 온 식구가 마음이 엾짢아 있던 터였다. 그런데 새댁이 시집온 후로 그 쓰라린 추억은 모두 잊혀지고, 날마다 엉뚱한 일로 웃어대며 지내는 날이 많았다.

"어머니, 오늘은 비누 공장에 가서 비누를 짝으로 떼다가 동리 사람들에게 나누어 드리고 우리는 몇 장 벌어 씁시다."

"오늘은 무를 몇 접 사다가 무말랭이도 말리고 잎사귀로는 장아찌도 담그고 생으로도 먹지요."

하며 새댁이 분주히 움직이고 함께 수고하다 보니, 자주 눈물을 보였던 어머니도 조금씩 기운을 회복해 가는 것 같았다. 새댁이 들어온 뒤부터는 이 가족에게도 용기와 희망이 생기는 모양이었다. 아홉 식구 모두가 몸도 마음도 편안해졌다.

그렇듯 부지런을 떨며 웃기 잘하던 새댁에게 아기가 생겼다. 김치를 썰다가 구역질이 자꾸 나서 토하고, 날마다 맛있게 먹던 되비지를 냄새도 싫다고 변덕을 부렸다. 그러더니 이제는 밥상 앞에 앉지도 못하게 되었다.

새댁이 밥을 짓고 상을 차리면 맨 아랫목에 앉게 하는 것이 이 집의 풍속이었다.

"모두 웃목으로 올라가라. 아주마니 몸 녹이문서 먹게스리 날래 올라가라."

어머니가 호령하였다. 그러면 아랫목에서 윗목으로 아버지도, 시도령들도 올라가 앉는데, 새댁은 도무지 상에 앉지를 못했다.

어느 날은 일곱 살 된 막내 시도령이 이웃집에 놀러 갔다가 황율(말린 밤)을 얻어 가지고 왔다. 그런데 그 시도령이 황율을 얻어 오면서,

"난 안 먹갔이오. 호주머니에 넣고 가갔이오. 우리 새아주마니래 자꾸만 게우 문서 아무것도 못 먹으니께니 이 밤 갖다 주갔이오."

하고 말했다는 것이다. 그렇게 얻어 온 것이 한 대접이나 되었다. 그것은 게우지 않고 맛있게 먹었다.

"먹고 싶은 것을 먹으면 메스껍디 않은 법이니 생각해 보고 사다 먹도록 하자."

하고 어머니는 새댁에게 말하였다. 새댁은 이것저것 더듬어도, 먹고 싶다고 생각되는 것이 도무지 없었다.

"난 아 설 땐 냉면 곱배기를 먹고, 암퇘지 두 근을 푹 삶아서 도마에 놓고 쓱쓱 썰어 김치 싸개지구 먹으문 그만이던데, 넌 별하기도 하다."

어머니는 새댁의 입덧을 걱정하였다.

벌써 여러 날을 굶었을 때였다. 새댁의 친구가 학교에 근무하고 있었는데, 문안 편지를 했기에 몸이 마음의 명령을 따라주지 않아 고생을 하고 있다고 했다. 그는 서울에서 오래 살았던 일이 있었다. 어느 날은 그의 어머니가 저녁을 먹으러 오라고 초대했다. 서울 식으로 소고기 무국에 잘 익은 김치 동치미, 깍두기, 팥시루떡, 묵 무침, 잡채를 만들어 주었다. 얼마나 맛이 있는지 부끄러울 지경으로 실컷 먹었다. 그의 어머니는 새댁이 허겁지겁 먹는 것을 보고 남은 시루떡을 싸 주었다. 새댁이 고맙다고 인사를 드리자 더 먹고 싶은 것이 있느냐고 묻기에 생무가 먹고 싶다고 했더니 뒷곁에 묻어 놓은 것을 한 자루나 꺼내 주었다. 새댁은 너무 좋아 힘든 줄도 모르고 가지고 돌아왔다.

"야, 네가 잘 먹었다니 너무 도타. 신세 좀 져야디 어르카간 고맙기도 하다."

어머니는 새댁이 가져온 음식을 먹으며 기뻐하였다.

그날 이후 이상하리만치 속이 편안해졌다. 새댁은 다시 웃음이 많아졌.

그 뒤로도 막내 도령은 군밤, 사과, 찐 감자 등을 곧잘 얻어다 주었다. 그 덕분에 메스꺼워 애쓰던 것이 나아 버린 줄만 알고 지냈다. 그런데 어느 날 점심을 먹으려고 상에 둘러앉았는데 새댁이 갑자기 화장실로 뛰어가더니 한참 있어도 조용했다.

"어르카고 있는디 가 보래."

어머니가 막내 도령에게 일렀다.

잠시 뒤에 막내 도령의 다급한 목소리가 들려왔다.

"아이구, 오마니, 날래 와 보시라요."

새댁은 화장실 변기에 얼굴을 대고 쓰러졌는데 입에서 피가 흐르고 있었다. 어머니는 새댁을 일으켜 안았다.

"아이구, 야단 났구나. 정신이 없구나. 이거 억하간. 넌 빨리 아재비께 뛰어가 알기고, 야 넌 수건을 물 무테 오라. 아이구, 이런 벤이 일어날 줄이야. 야아 야아, 정신 좀 차리라, 엉? 야, 이거 어르카간? 피를 닦고 뉘어야 갔으니 자리 피라. 얘, 너 아주마니 좀 같이 들자."

어머니는 새댁의 뺨을 치며 애를 썼으나, 새댁은 깨어날 줄을 몰랐다. 조카의 기별을 받고 새신랑이 급히 달려왔다. 웃기 잘 하던 새댁이 기절을 하고 누워 있는 것을 보니 어이가 없었다.

"어껀어껀 당개(장가)를 들어서 부모님 공경 잘하는 사람이구나 싶어 고맙다 했더니 이거 젱 큰일이네."

새신랑은 맥을 보고 눈동자도 살피고 가슴에 청진기도 대 보더니 굳어졌던 얼굴이 다시 펴졌다.

"괜티 않을 것 같수다. 왈칵 게우다가 식도가 터져서 피가 나온 모양이야요. 피를 보고 놀라서 기절한 겐가? 아팠댄나? 맥은 괜티 않수다."

새신랑은 새댁에게 주사를 놓았다.

"아이구, 야, 내래 젱 놀랐다. 거 무슨 아래 딴 때처럼 우스겟소리 하문서 밥상에 들어와 앉다가 갑재기 획, 하고 벤소로 달려가더니 이리케 돼 버렸으니, 피는 많이 토한 건 아니더라. 내, 원…."

"오마니, 이 사람이 무엇이든 다 낯설구 서툴러도 오마니께 고분고분 배울라구 애는 쓰디오. 느리고 답답해도 오마니래 너무 나무라디 마시라요."

"나무라다니 나무랄 새도 없어. 웃길 잘 해서 나까디 웃을래게 볼일 못 본다. 아무 일 없깐?"

온 식구가 수심에 싸여서 새하얀 새댁을 들여다보고 있었다. 한참 만에야 새댁은 깨어났다.

"여보, 웬일이에요?"

"이제 정신 들어?"

"어떻게 무슨 일 난 거예요?"

"화장실로 뛰어가더니 토하다가 벤기에 엎드린 채 기절했댔어. 야."

"아이구, 어껀어껀 당개 들었다 했더니, 간 떨어데서 어디 겐디갔어?"

"어머나, 그래서 당신까지 오시게 했군요."

"응 아무 일 없을 거야. 갑자기 토하느라 식도가 파열된 모양이야. 아무일 없어."

새댁은 천천히 일어나 앉았다.

"어머니 놀라셨죠? 죄송해서 어찌해야 좋을지 모르겠네요. 이젠 아무렇지도 않아요."

"야아, 아무렇지 않아도 안 되갔다. 나케 퇴근할 때 차표 사 개디고 들어오라. 내일 서울로 데려다 주고 오라. 조금 고비 넘기면 오기로 하자. 저 먹던 음식도 얻어 먹고 몸도 좀 쉬고 오게 하자. 이러다가 큰일 날까 봐 두렵다."

이튿날 아침 새댁은 서울행 기차에 몸을 실었다. 서울에서 또 갈아타고 인천까지 가야 했다. 저녁 때에야 친정에 도착했다.

새댁은 예전에 하듯 '다녀왔습니다-' 하고 큰소리로 인사하며 집으로 들어섰다. 할아버지, 아버지, 어머니, 올케, 조카 모두 눈이 휘둥그래져서 새댁을 맞았다. 몰라보게 야위었으나 예전과 다름없이 씩씩한 새댁이 자초지종을 설

명했다.

"저런, 얼마나 어른들이 걱정이 되었겠니? 잘 먹고 추스려서 돌아가도록 해라."

가족들은 모두 반가워했다.

시어머니 생각대로 친정 음식은 조금도 메스껍지 않아서 맛있게 배불리 먹었다. 소화도 잘 되고 잠도 잘 잤다. 곧 편지를 부치라는 시어머니의 당부가 떠올라 잘 와서 건강히 지내고 있다는 내용의 편지를 썼다. 그때는 전화가 없었다. 친정 식구들과 평양의 사투리와 음식에 대한 이야기로 웃음꽃을 피웠다. 또 새댁이 가끔 사투리를 쓰는 통에 모두 웃게 되었다. 친정 어머니는 너무나 야윈 딸이 안쓰러워 이것저것 맛있는 음식을 해 먹였다.

그새 한 주가 훌쩍 가 버렸다. 토요일 저녁 때였다.

"제가 옵니다."

평양에서 온 새신랑이 집안에 들어서는 것이었다. 식구들이 대청에 모여 절을 받았다.

"갑재기 혼자 보내서 놀라셨디오. 입덧이 심해서 툭하면 게워댔는데, 그날은 식도 파열로 피까지 토하며 기절하는 바람에 온 식구가 놀란 거예요. 제가 기별을 받고 가 보니 맥은 팬티 않았디오. 오마니가 친정 음식을 먹으면 될 거라 데불고 가라는데, 저는 그렇게 함부로 결근할 수가 없어서 혼자 보냈던 거예요."

"오죽 걱정을 하셨겠나. 여기서는 언제 그랬더냐 싶게 잘 먹고 지냈다네. 바쁜 사람이 걱정이 돼서 왔구먼."

"저는 말할 것도 없고요. 집안이 온통 불이 꺼딘 것 같아서 큰일이야요. 그러니 가야디오. 임신하면 아기집에 태반이 생기면서 독소가 나옵니다. 그래서 입덧을 하는 것인데 5개월이면 끝나는 법이디오. 이젠 괜찮을 겁니다. 여보, 내일 아침에 떠나야 월요일에 출근할 수 있다오."

새댁은 한 주만 더 머물다 가길 바랐지만, 새신랑이 발뒤꿈치가 뺑 뚫어진 양

말을 신고 와서 조르는 바람에 그냥 따라가기로 했다.

이튿날 친정 어머니가 사준 조기, 대구포, 멸치, 미역 등을 선물로 들고 신랑을 따라 평양 시댁으로 갔다.

"어머니, 다녀왔습니다. 죄송했습니다. 그때 너무 혼나셨지요? 잘 지내고 왔습니다."

"말도 마라, 젱 놀랐다. 괜티 않았네? 아이고 간 떨어디는 줄 알았어야!"

"아주마니, 이젠 괜티 않소? 기날 참 놀랐시오. 앞으론 무엇이든지 먹고 싶다고 생하지(사양하지) 말고 말 하소거래."

"알았어요. 이젠 안 게울 것 같아요."

새댁은 건강해졌고 다시 웃기를 잘하며 지냈다.

_2000년 4월

삼팔선을
넘은 이야기

삼팔선을 넘던 이야기라면 그까짓 흔한 이야기, 하며 모두 웃을지도 모르지만, 시어머니와 우리 아이들에게 벌써 몇 차례나 해 주고 싶었던 이야기다. 두서 없이 여러 번 되풀이하게 되는 이야기들이라, 그런 것을 새삼스레 쓸 맛이나 있을까 하는 생각도 든다. 무슨 목적으로 쓰는가? 그 무슨 정치적인 이유는 전혀 없다. 그저 재미있고 쉽게 읽고 나서, 착한 사람은 살고 밉게 구는 사람은 죽고 마는구나, 재산보다 귀한 것이 우리에게는 있구나, 하는 생각들을 할 수 있다면 이 글을 쓰는 목적을 이룬 것이다.

나는 어려서 밥을 먹는 시간도 아까워하며 재미있게 읽던 동화들이 이렇게 어른이 된 오늘에도 내 가슴 속에 살아 있는 것을 느낀다. 이 무딘 솜씨로 써 나갈 '삼팔선을 넘던 이야기'가 그 위대한 문호들이 남긴 동화들처럼 우리 어린이들에게도 읽힐 수 있기를 바란다.

1. 평양

며칠 지나지 않은 것 같은데, 잘 세어 보니 그새 10여 년이나 흘러 옛날이 되어 버린 때였다. 명애 말고는 아무도 낳지 않았을 때였다. 명애의 첫돌이 지난 때였다. 아버지는 평양 철도병원 내과에 근무하고 있었다. 우리 식구는 할아버지, 할머니, 셋째 작은아버지, 넷째 작은아버지, 다섯째 작은아버지(이 세 분은 그때 모두 총각이었다), 그리고 막내 삼촌, 아버지 이렇게 아홉 식구였다.

　그 당시 평양은 인민공화국이라고 해서 공산주의였고, 지금 살고 있는 인천은 자유 진영에 속해 있었으니 서로 다닐 수도 없고 편지 왕래도 못했다. 평양과 인천 사이에는 삼팔선이 가로막혀 있었다. 삼팔선은 아무 때고 터져야 할 큰 문제 거리가 되어 버렸다. 일본의 손아귀에서 우리가 해방될 때 미국과 소련이 삼팔선을 경계로 남북을 갈라 지배하기로 했던 것이라는데, 그 삼팔선으로 인해 우리나라 사람들이 겪은 여러 가지 손해는 개인적으로나 국가적으로나 이루 헤아릴 수 없이 큰 것이었다. 삼팔선 때문에 겪은 여러 형편들은 여태껏 씌인 소설이나 동화들보다도 더 절절한 이야기일 거다. 더욱이 나는 인천에서 평양으로 시집 간 지 1년 만에 삼팔선이 막혀 버려서 퍽 안타깝게 되었다.

　어느 날 넷째 삼촌과 다섯째 삼촌은,

　"말 한 마디도 마음대로 못하고 마음껏 공부도 못하게 될 것 같으니, 삼팔선을 넘어 서울로 가겠어요."

　라고 말하고는, 고학(苦學)의 길을 떠나 버렸다. 서울에 그렇게 가는 학생은 많다고 들었으나, 경비대에 들키면 큰일 날 것은 뻔한 일이고 서울 간다고 해도 살 길이 막막한 터인데, 공부까지 하겠다고 떠난 것이다. 우리 식구들은 퍽 슬프고 가슴이 답답했다. 워낙 궁한 살림이다 보니, 준비하고 말 것도 없었다. 삼촌들은 입은 옷 그대로 학교 가듯이 훌쩍 가 버렸다.

　그 뒤에 인민위원회와 학교에서 조사를 하러 와서 묻기에,

　"학교 갔는데, 안 돌아옵니다."

　하고 대답할 수밖에 없었다. 한 달쯤 후에 서울에서 장사차 평양에 온 사람 편에, 서울까지 무사히 갔다는 소식이 왔다.(아직 그때는 교묘한 수단으로 삼팔선을 이용해서 장사하는 사람들이 있었다.)

　할머니는 사랑하는 아들을 둘이나 객지로 보내 놓고 추우나 더우나 눈물로 기도를 하셨다. 삼촌 둘이 서울로 간 뒤로는 여섯 식구가 살았다.

그러던 때 아버지가 출장을 떠나게 되었다.
"북조선을 빙 돌아볼거야."
"누구하고요?"
"이왈수 선생하고 나하고 정 선생하고."
이 분들은 모두 철도병원 의사였다.
"해주도 가셔요?"
"음."
"인천에 가고 싶어 어쩌지요?"
"나는 해주서 사무를 보고 잠깐 아무도 모르게 인천까지 다녀올까 하는데…."
"그러면 얼마나 어머니가 반가워하실까요?"

2, 아버지의 출장

아버지가 출장을 떠난 뒤에 우리는 셋째 작은아버지의 잔치 준비에 바빴다. 셋째 작은아버지는 그 당시 철도병원 서무과에서 사무를 보고 있었는데, 작은어머니와 약혼하고 며칠 안 남은 결혼식을 기다리고 있던 터였다. 셋째 작은아버지는 우리와 함께 철도병원 관사에서 살고 있었으나, 우리보다는 좀 살기가 편한 큰아버지 댁에서 모든 준비를 해 주었다. 결혼식도 피로연도 큰아버지 댁에서 치르기로 했다. 그렇기는 해도 우리 집도 분주하고 어수선하기는 마찬가지였다.

그때 우리 집 형편은 암담했다. 아버지가 하루 종일 몹시 바쁜 의사인데도 밥 세끼를 먹기 어려운 살림이었다. 공공연하게 받는 월급 외에는 수입을 도모하지 않는 아버지여서, 함께 사는 식구들은 궁한 생활을 면치 못하고 있었다. 아버지는 근무 시간 외에 우리 집으로 찾아오는 환자에게 치료비를 받아 주머니에 넣어 본 적이 없었다. 그럴 때 환자들이,

"선생님 고맙습니다. 얼마나 드릴까요?"
하면, 아버지는
"아이, 얼마는 무슨 얼마요? 그냥 가세요. 댁은 나보다 더 박봉이신데."
하고 말았다.
"그렇지만 값이라도 알고 가야죠."
"아니오. 괜찮습니다. 그냥 가세요."
이런 대화는 내가 귀에 못이 박히도록 들었다. 끼니를 잇기 어려운 생활을 꾸려 가고 있는 나로서는 그런 아버지가 늘 불만이었다. '몇 푼이라도 받아서 약도 사고 살림에도 쓰면 좀 좋을까.' 하는 아쉬운 마음이 들기도 했다.
아버지가 저쪽 사정을 먼저 보아 주는 의사이고 보니, 그런 아버지를 모신 나는 언제나 먹을거리, 땔 거리를 걱정하는 것으로 매일같이 허덕이기 일쑤였다. 물론 작은아버지의 결혼식에도 금전적인 아무 도움도 줄 수 없었다. 그런 사정이 슬퍼서 눈물도 참 많이 흘렸다.
그래도 큰아버지 댁에서 모든 수고를 도맡아 해 주어서 셋째 삼촌의 결혼식과 피로연은 순조로이 준비되어 갔다. 내가 모시고 지내던 할머니, 할아버지와 삼촌들은 이 혼인 잔치를 앞두고 모두 큰아버지 댁에 머물고 있었다.
잔치 전 날, 나와 명애가 집을 보고 있는데, 출장을 갔던 아버지가 돌아왔다. 반갑게 맞이하는 내 앞에 아버지는,
"자, 선물."
하며 매끈한 포장지에 싼 크림과 빽- 하고 부는 장난감, 그림책들을 내놓는 것이다. 당시 평양에서는 볼 수 없는 것들이었다.
"어떻게, 이남에 갔다 오신 게로군요."
아버지는 고개를 끄덕였다.
"세상에, 그래, 안녕들 하십디까?"
"응, 딸이 너무 보고 싶어 미칠 노릇이라고 장모님이 날 붙들고 눈물 흘리시

는 걸 뵈니까 당신을 안 데리고 가서 잘못한 것 같더군."

"아니 그래, 인천 집에서 하루 묵고 오셨수?"

"아니, 인사만 드리고 곧 떠나왔지."

"원 세상에, 이남은 어떻습디까?"

"모두 밝은 낯으로 호사를 하고 지냅디다."

"적은이(도련님)들은 만나 보셨나요?"

나는 넷째 삼촌과 다섯째 삼촌의 안부가 궁금했다.

"그 자들은 서울 간 비현 집에서 얻어먹기도 하고 외삼촌네서도 지내고 그런대."

"학교는요?"

"서울은 고학생 탕수가 난 모양입데다(고학생이 들끓는 모양입디다). 아직은 학교에도 못 나가지 뭐."

"저런, 가엾어라."

"철없는 것들이 여기저기 다니며 신세만 지고 있는 모양인데."

아버지는 한숨을 길게 내쉬었다.

"그래 함께 떠나신 분들은 지금 다 돌아오셨나요?"

"그것 때문에 큰일났다니까!"

"아니, 왜요?"

"해주서 만나 당신 집에 다녀오겠다니까 같이 가자고 하잖아. 처음엔 날 위해서 동무해서 가자는 것으로 알고 서울까지 갔더니 모두 미리 계획을 짜 가지고 떠난 모양이던걸.. 아, 서울 가 보니 여기서 해방 후에 간 친구들이 참 재미있게 살고 있잖아. 미 군정(軍政) 하에 있는데, 소련 놈들과는 정반대로 저희 나라서 자꾸 갖다 주니까 배급도 많이 주고, 보기 힘든 물건도 쎄서(흔해서) 놀랍더라구. 그 사람들은 글쎄 돌아오지 않겠다잖아. 내가 인천에 휘딱(빨리) 다녀올 테니 돌아오자고 암만 졸라도 '아, 유 선생은 돌아갈 마음을 먹고 삼팔선을 넘었소? 그건 안 될 말이요.'라네. '아, 부인은 어떻게 하고요?' 했더니, '내 목숨이 위태로운데, 식구 걱정을 어찌 하겠소, 내가 안 가면 겉으로는 배반을 당했다고 하면서 아이들 데리고 넘어오겠죠.' 하잖아. 그제야 식구들하고 모두 짜고 평양서부터 그렇게 정하고들 떠나온 게구나, 하고 깨달았어. 나 혼자만 돌아와도 비밀리에 다녀온 것이 폭로될 것은 없지만, 그들이 안 돌아왔으니 이리 불려 가고 저리 불려 가서 거짓말을 꾸며 댈 생각을 하면 큰 야단이거든."

"세상에 별일을 다 보겠네. 이 선생들이 식구를 여기 둔 채 안 오면 어쩔 셈일까?"

"글쎄나 말이지. '그래 사람이 그렇게 신의가 없어 어쩌나. 세 사람이 고스란히 돌아갔다가 내년에고 올해고 다시 월남해 와야지, 이게 될 말인가. 식구들이 당할 괴로움을 생각해야지.' 하며 붙잡아서 삼팔선 경계에 있는 여현 역까지 오긴 했지. 거긴 기차가 가로놓여 있단 말이야. 캄캄한 밤에 그 기차 밑으로 철로를 기어 넘어서 곧 떠나는 기차, 그러니까 어제 저녁에 떠나는 기차를 집어타야 감쪽같이 평양에 와 닿을 것이라 의논하고는 어둠 속을 엉금엉금 기어갔지. 한참 기어가다 돌아보니 그 자들은 이남 쪽으로 뛰어가고 있잖겠어. 그 일대가 보리밭인데, 그 보리밭 사이로 막 달아나두만. 소리쳐 부를 수가 있나, 쫓아가려니 너무 걸어 발바닥에 물집이 잡혀서 아프기는 하지, 쫓아갔댔자 또 그 타령일 거라. 에이, 나 혼자 평양으로 가서 그 선생들을 잃어서 기다리다 그냥 왔다고 할까, 어쩔까 걱정하면서 돌아왔어."

아버지의 이야기를 듣고나서 벗어 보이는 발바닥을 보니 몹시 아프게도 되어 있었다.

'의사로서 돌아다니지도 못하고 종일 환자를 진찰하고 치료에 머리를 앓는 생활을 하던 이들이라, 별안간 그렇게 많이 걸어 물집이 생겼군.' 하는 생각이 들었다.

기차 밑을 기어오다 친구도 잃고 자기 앞에 닥친 위험을 뻔히 알면서도 식구들을 배반할 수 없어 고집 세게 돌아와 준 아버지를 보니 가슴이 찡해 왔다. 고마움과 반가움, 두려움이 한데 섞인 마음으로 나는 아버지가 풀어놓은 물건들을 한쪽으로 치웠다.
"운명의 수레바퀴가 우리를 인도하는 대로 움직일 수밖에 없지. 그러나 나는 나만 편하고 가족은 울게 하는 그런 일은 못해."
다짐하듯 말하는 아버지의 말에 나는 눈물을 머금었다.
철없는 명애는 빼액- 빼액-, 선물로 사다 준 장난감을 불며 좋아했다.
"아바지 빼빼."
하며 좋다는 뜻으로 절을 꾸벅하기도 했다.

3, 이별의 슬픔

5월 18일이 잔칫날이었다. 기쁘기도 하고 걱정도 되었다. 우리는 안팎 문에 못을 주어 잠그고 큰아버지 댁으로 갔다. 큰어머니의 정성으로 모든 준비는 순조롭게 진행되고 있었다. 공산주의 아래에서도 수단이 워낙 좋아 아무 부족함 없었다.
교회 사람들, 집안 어른들의 지인들, 시골 집안의 일가들이 잔뜩 모인 가운데 서평양교회에서 아름다운 신랑, 신부의 결혼식을 올렸다. 피로연은 룡흥리 집에서 희떠웁게 치러졌다. 나는 워낙 아무 도움도 주지 못한 채 당일에도 대단한 일을 맡아 보지 않고 명애를 업은 채 손님들의 안내 정도나 했다.
잔칫집의 하루는 더 빠른 것 같았다. 어느덧 해가 뉘엿뉘엿 지고 저녁이 다 되었는데, 방에서 손님 대접을 하고 있던 아버지가 얼굴이 파래져서 나오셨다.
"여보, N 선생 말이 빨리 이남으로 가래. 모두 우리가 이남으로 간 줄 알고 있는데, 내가 여기 와 있다고 놀라더라구! 어떻게 하나?"
"N 선생도 당신이 이남에 있는 줄 알았대요?"
"음, 며칠 안에 내무서에서 날 데리러 오는 그런 일이 나기 전에 아주 이남으로 가 버리라잖아."

"맏형님하고 의논하시죠."

"맏형님도 같이 들었어. 여러 사람 눈에 띄기 전에 어서 관사 집으로 가서 준비하래."

우리는 뛰는 가슴으로 쏜살같이 시오리 길이나 되는 관사로 자동차를 타고 돌아왔다.

못을 주었던 창문을 뜯고 들어앉으니 종일 서성거리던 몸이라 피곤하기 짝이 없었다. 우선 명애를 재우고 보자고 젖을 먹이고 드러누웠는데, 무슨 잠이 그리 오는지 내외가 다 쓰러져서 그만 아침까지 자 버리고 말았다.

"여보, 여보! 고단하시겠지만 일어나슈. 아침이 되도록 잤으니 어쩌면 좋우?"

아버지는 소스라치게 놀라 깼다.

"아이구, 너무 피곤하고 잠든 당신이 가엾어서 나도 좀 자 보자고 한 것이 아침까지 잤구나. 어떻게 한다? 음, 어떻게 한다?"

아버지는 안절부절하며 이 궁리 저 궁리 하는 것이었다.

나는 도망을 하건 말건 기저귀를 빨고 조반은 지어야겠다고 생각하고 부엌으로 들어갔다. 한데, 아버지가 나를 불렀다.

"여보, 저 건너의 김조역 씨 좀 오시라고 여쭈어요."

나는 아버지 말대로 김조역네에 그 말을 전했다. 좀 있으려니 순하디 순한 성품의 김조역이 건너왔다. 아버지는 방으로 그를 맞아들여 한참을 이야기했다. 얼마 후 방으로 들어가 보니 두 사람은 모든 계획을 다 짠 모양이었다.

"아주마니, 멀리 가시면 젱 우리넨 서분하갔수다."

"아유, 글쎄, 이런 뚱딴지 같은 일이 나서 여러분을 괴롭게 해드리게 됐구만요."

"원, 천만에요. 유 선생님이 우리 식구의 생명을 무료로 보살펴 주시던 생각을 하문 무슨 일인들 못해 올리갔소? 아무 넘네(염려)는 노슈. 유 선생님이야 맨 주먹으로 이남에 가셔두 곧 자리 잡으실 것이고요. 아무튼 내래 자꾸 드나들면 놈들이 뭐랄까 봐 내일 낮 2시에 서평양역에서 차표 사 놓고 기다리갔으니 짐은 오늘 밤중에 데켄 상호네 집에 갖다 노슈. 내일 아침에 상호 아버지가 처남네 짐이랑 역으로 실어 오게요. 네현 역에서의 일도 제래 오늘 사람을 보내서 다 짜위를 해 놓갔수다. 어드케 돈 준비는 해 놓고 계시라요."

"세상에 이런 고마울 데가 있어요."

"천만에 말씀이우다.. 우리가 얼마나 선생님댁 신세를 졌게요."

김조역은 이렇게 우리의 도망 계획을 세워 주고 집으로 돌아갔다.

"김조역 말대로만 일이 이행되면 우리는 사는 게구, 그 중에 한 사람이라도 김조역을 배반할 사람이 끼면 죽는 게구, 그렇구만."

"하늘이 도와야죠. 자, 김조역 말대로 돈 만들 궁리나 합시다."

입맛은 없었지만 우리는 꾸역꾸역 아침밥을 먹었다.

관사를 내 집이라고 생각하고 살아왔건만, 이 집을 떠나 피난민이 될 생각을 하니 슬프기 짝이 없었다.

친정 집의 방을 얻어 살 마음은 전혀 없었다. 풍속의 차이도 문제였고, 아버지 성격을 생각하니 절대로 처가살이를 시키고 싶지 않았다. 이남에 가서 우선 두어 달 지낼 생활비와 방 얻을 비용을 가지고 떠나야겠다고 생각하고 돈으로 바꿀 수 있는 것들을 헤아려 보았다. 그러나 정작 돈으로 바꿀 수 있는 것은 쌀밖에 없었다. 장작이나 석탄도 있었지만 남들 눈에 너무 띄고 시간도 걸릴 것 같았다. 이부자리나 옷가지들은 팔지 못할 것 같았다. 친정 부모님과 시부모님이 우리에게 평생 쓰라고 해 주신 것들을 어찌 헐값에 팔 수 있으랴. 삼팔선이 곧 터질 것이고 그러면 언젠가 돌아와 살아야 할 것이니 그것들은 그대로 두는 것이 좋겠다고 생각했다.

이런 의논을 하고 있는데 할머니가 들어오셨다.

"어떻게 되었니? 아침에 큰아밤 말을 듣고 하두 걱정스러워 뛰어오는데 와 그리 걸음은 안 걸리는지…."

어제 저녁부터 지금까지의 이야기를 빼놓지 않고 해드렸다.

"가긴 가야지 되겠구나. 쌀을 모조리 팔아라. 내가 이웃에 꾸어 준 돈을 좀 재촉해 보마."

할머니는 그 잰 솜씨로 우리를 돕기 시작하였다.

나는 쌀이나 약품을 팔러 나갔다. 물론 붉은 군표를 받았다. 그리고 서평양역 앞에서 과일 장사를 하고 있는 허규라는 사람에게 가서 그 당시 이남에서 쓰이던 조선은행권으로 교환해 달라고 했다. 그가 이유를 물었다.

"이남에 가는 친한 분 편에 우리 시동생들에게 돈을 좀 보내려구요."

나는 이렇게 둘러댔다.

허규라는 사람도 아버지에게 치료를 받았던 일이 있어서 친해진 사람이었다. 그날 쌀을 이고 다니는 나를 보더니,

"우리 창근이(사환 일을 보던 사람) 시켜서 내오죠."

하며 도와주었다.

허규 씨는 과일 장사만 하는 것이 아니라 군밤[평양 밤은 작고 달고 버미(속껍질)도 잘 벗겨졌다], 달걀도 팔았다. 그가 언젠가는 김장 밭을 사서 김장감을 판 일이 있었는데, 그 밭에서 김장감을 사 온 일도 있었다. 또 창근이가 몹시 앓았을 때 아버지가 왕진을 해준 일이 있어 퍽 친해졌다. 그는 문학을 좋아해서 군밤 한 봉지를 들고 우리 집에 놀러 와서 이슥해질 때까지 이야기를 하다가 밤이 깊은 줄도 모르고 있다 가곤 하였다. 또 내가 과일을 사러 갈 일이 있으면 그의 가게로 가서 사 오곤 했다. 그래서 웬만하면 우리가 내일 남쪽으로 간다고 말해 주고 싶었으나 그가 말하든 안 하든 실수로라도 비밀이 탄로 날까 걱정이 되어 바른 말을 못하고 말았던 것이다.

이것저것 내다 팔아 돈을 마련하느라 정신이 없었는데, 잠깐 보니 할머니의 눈이 토끼눈처럼 빨갰다.

"어머니, 눈이 왜 그러셔요?"

내가 놀라 묻자 할머니는 억지로 참았던 울음을 터트리며 억, 억 소리내어 우신다.

"어머니, 너무 당황해서 어머니가 소리 없이 우시는 것도 몰랐어요. 고만하셔요. 이렇게 철없는 저를 사랑해 주시고 명애도 끔찍이 아껴 주셨는데…. 아범 말이 삼팔선이 두 달 후에는 꼭 터진다고 하니까요. 그동안만 영록이 적은이하고 셋째 적은네하고 계셔요. 제가 삼팔선 터지는 날 곧 달려올게요."

위로를 해도 할머니는 걷잡을 수 없이 우시기만 하였다.

궁한 살림에도 할머니는 나를 끔찍이 도와주셨다. 어떻게 하면 굶지 않나, 어떻게 하면 입을 것을 싸게 마련하나를 골몰하면서 정말 살을 아끼지 않고 살림을 거들어 주셨다. 나도 할머니의 큰 사랑에 힘입어 열심히 살림을 했기 때문에 우리 집은 늘 웃음과 찬미소리가 떠나지 않았다. 암담한 사회적 조건과는 별개로 집안의 생활은 마냥 즐겁기만 했다.

"어머니, 어머니의 수고에 비해, 제대로 평안히 모시지도 못한 것 같아서…, 저희가 꼭 돌아와서 어머니 모시고 함께 살게 될 터이니 너무 슬퍼하지 마세요."

"아, 글쎄, 왜 이리 눈물이 나간? 너는 너의 본가(친정) 곁에 가면 좋게 지낼 수 있겠는데, 나는 어뜩하노. 누구를 보고 웃고 누구를 보고 이야기할까. 누구래 나를 살뜰히 생각해 주갔네? 영록이가 학교 가면 우리 명애가 눈에 선해서 어뜨케 겐디간? 따라 나서서 갈래도 당장은 너의 본가로 들어서야 하니, 돈없이 가는 놈들을 따라갈 수도 없고. 여기 아들이 없으문커니와 잘 사는 맏아들이 있으니. 니치(이치)는 그렇지만 왜 이리 눈물이 쏟아지는지 젱 큰일났구나."

모르는 새 우리 고부의 울음소리가 커졌던 모양이었다. 안방에서 책장을 뒤적이던 아버지가 문을 벌컥 열었다.

"아니, 이거 왜 이래? 울긴. 에거, 울믄 어드케 하갔다구 웁네까? 젱 나 하나

잡혀 가문 될걸. 인천으론 가지 않갔수다. 어머니 우시는 것을 보니 가슴이 아파서 가고 싶지 않수다. 안 갈께 울지 마슈."

할머니는 눈물을 치마자락으로 씻어 내셨다.

"어, 내래 잘못했다. 너희가 가야지. 그놈들에게 붙들려 가문 소리도 없이 강제 노동시키려고 서백리아(시베리아)로 데불고 간다는데. 야, 어미야, 명애는 나를 업혀 주고 어서 짐을 싸라."

눈물은 참아도 참아도 하염없이 흘러내렸다. 마치 제재소의 큰톱에 마찰열을 식히려고 적시는 물처럼 눈물은 너무 벅찬 슬픔 탓에 심장이 타버릴까 봐 심장을 적시며 눈과 코로 끊임없이 흘러내리는 것 같았다.

눈물을 씻으며 짐을 정리하느라니 어수선하기 짝이 없었다. 그래도 밥은 끓여 먹어야지 하는 생각에 밥을 지어 놓고 할머니를 찾으니 자는 명애를 업고서 앞밭 호박넝쿨 그늘에서 하릴없이 또 소리 죽여 울고 계셨다.

억지로 저녁을 먹고 짐짝을 만들었다. 이불 보퉁이 하나, 고리짝 둘이 전부이다. 남의 신세가 어렵다고 조금만 가지고 가자는 아버지의 말대로 짐은 최소한으로 쌌다. 옷도 알몸으로 가다시피 한 삼촌들의 옷과 아버지의 옷, 명애 옷, 내가 갈아입을 옷 몇 벌뿐이었다. 밤이 깊어 새끼줄로 묶은 세 덩어리의 짐을 할머니와 함께 마주 들고 두 집 건너에 있는 상호네 집으로 갔다.

"아이구, 이거 젱 가십네까?"

상호 어머니가 뛰어나왔다.

"다 가뻐리문(가버리면) 어드케 살갔소? 젱 선생님께두 신세졌수다. 할머니는 맏아드님과 계시게 됩네까? 거 젱 서분하우다. 명애 오만두 정을 들여 살뗐는데. 또 알갔수, 나두 뒤따라갈지? 좌우간 몸조심하우. 아무큼 내일은 밝은 날에 눈이 많아 못 건너가드라두 편안하게 가슈."

"네, 저두 여간 섭섭한 것이 아니에요. 우시는 어머니를 여기 계시게 하고 떠나려니 정말 가슴이 아파요. 상호 어머니께 늘 신세를 졌는데, 마지막까지 이렇게 귀찮게 해드립니다."

"나 원 무슨 소리. 그게 무슨 소리요. 명애네와 우리는 한식구 같이 지냈는데. 명애 아바지라 곁에 계시문 딘딘하든걸, 쟁 서분하외다."

젊은 내외는 우리의 어려운 부탁을 달게 받아 주고 떠나는 것을 진심으로 섭섭해 했다. 명애와 동갑인 상호는 남자 아기인데, 우리들이 수군대는 소리가 나건 말건 그 순한 얼굴에 미소까지 띠고 쌔근쌔근 잠들었다.

4. 벌거벗은 청년남녀

울기에 지치고 몇 푼 안 되는 돈 마련에 고단하고 짐을 꾸리느라 몹시 피곤했는데도 웬일인지 깊이 잠이 들지 못했다. 꿈에도 생각지 못했던 일이라 두고 갈 짐들 중에도 정리해 놓고 싶은 것들이 한 둘이 아니었다. 책들, 옷들, 앨범들, 모아 둔 편지들을 마음속으로 생각하고 어루만지고만 있었다.

'그릇들은? 장작은? 밭의 채소는 어떻게 하지? 한없이 더듬어도 별 도리 없는 살림살이들은 슬픔에 젖어 계신 어머니께 모두 맡기고 내일은 떠난다. 가자. 어서 자야지.'

되풀이되는 생각들로 결국 자는 둥 마는 둥 하며 아침을 맞이하고 말았다. 어제와 같이 어김없이 날은 밝았지만 우리의 마음은 도둑질한 사람이나 경험할 무서움에 사로잡혀 있었다.

모래 씹듯 조반을 먹고 마지막으로 내 정든 안팎을 보고 싶어 내다보았다. 그런데 밖의 공기가 심상찮게 느껴졌다. 우리 집은 기차의 선로를 바꾸거나 기관차를 바꿔 달 때 쓰이는 조차장에 접해 있었는데, 그 선로가에 백여 명에 가까운 중년 남녀가 모여 서 있는 것이 보였다.

설마 우리를 감시하러 온 사람들은 아닐 테고 무슨 일인가 하고 자세히 보니 모두 울고 있는 것이 아닌가. 한참을 내다보고 있는데 참으로 놀라운 일이 눈앞에 펼쳐졌다. 목조 감옥처럼 문을 해 단 짐차가 여덟 칸쯤 연결된 기차가 시나

브로 가까워지고 있었다. 그 문 사이에는 벌거벗은 사람들이 동물원의 원숭이처럼 밖을 내다보고 있었다.

"앗! 저게 뭐야, 여보?"

나는 너무도 놀라서 아버지를 불렀다. 아버지도 내가 서 있는 창가로 와서 창 밖을 내다보았다.

"앗!"

하고 소리치곤 아버지도 곧 숨을 죽여 그저 바라보고만 있었다.

기차가 다가오자 그 수상한 군중은 기차를 따라 물결치듯 움직이는 것이었다. 나는 밖으로 뛰어나갔다.

악몽 같은 광경이었다. 그 짐차에 탄 벌거벗은 사람들이 기어올라 애달피 손을 내민다. 밖에서 따라가며 덤비는 사람들은 제각각 제 옷을 벗어 그 내민 손에 옷을 건네주려고 애쓰고 있다. 그때가 5월이어서 그리 추운 날씨는 아니었는데도 알몸이나 가리라고 그렇게 주는 모양이었다.

더 가까이 보려고 우리 집 앞 밭 끝까지 가서 보니 짐차 안의 벌거숭이들은 모두 청춘남녀들이었다. 그 짐차 지붕 위에는 로스키(소련군)가 군복을 입고 따발총을 쥔 채 혈색 좋은 얼굴에 웃음을 띠고 서 있었다. 내 가슴은 퉁, 퉁, 퉁 터질 것처럼 뛰었다.

"저게 웬일일까? 분해서 어쩔까?"

뜨거운 눈물이 흘러나왔다. 무슨 일인지 알아보려고 집 밖의 울타리를 나서니 울고 있는 김조역 댁이 보였다.

"아니, 저게 웬일이래요?"

내가 물으니 김조역 댁은 눈물을 연신 닦으며,

"개놈들 하는 짓이지요. 비판횐지 뭔지 할 때 학생들이 바른 소리나 하문 몇 날 안에 간 곳도 모르게 잃어진답네다래. 우리 사촌 언니네 아들이, 열여덟이나 되는 아래 지난 크리스마스 때 온다 간다 말없이 잃어뎄던 걸 묻구 어쩌구 해서 내무서에 있는 줄만 알구 돈만 수탠것 팡가치고 다녔대요. 글쎄 아무 날 오문 될 거라구 해서 오늘 갔대요. 그랬더니 선교리 가는 길에 있는 조차장 기찻길에 가 있으라더래요. 그러더니 저 구경을 시킨답니다. 저 숱한 자식들이 제 에미 애비의 속을 얼마나 아프게 하구…. 에구, 이놈의 세상 무슨 맛에 살갔수. 데렇게 해서 갖다가 무슨 노릇을 시킬라는지. 저 아버지 오마니들이야 지금 차바쿠에 들어가 죽갔다구 난리친다우. 글쎄 이놈의 세상을 어드케 하문 좋우?"

이 어처구니 없는 이야기를 듣고 표정이 굳어진 이는 나말고도 관사 아낙네들 대여섯이 더 있었다. 그러나 다들 쉬쉬하며 곧 달아나 버렸다. 나도 우리 집으로 들어와 숨어서 내다보고 있는 아버지에게 그 얘기를 전했다. 아버지는 긴 한숨만 내쉬었다.

"이게 꿈이면 좋으련만, 어떻게 이럴 수가 있을까?"

이렇게 중얼거리며 공연히 왔다갔다 하는데, 문득 보니 내 손에 도끼가 들려 있었다.

"못된 놈, 못된 놈들. 제 한 몸만 버렸지! 무슨 말을 했기에! 에구, 분해!"

하고 땅바닥에 주저앉아 소리치며 우는 아낙네의 목 쉰 소리가 수십 년이 지난 오늘에도 내 귀에 쟁쟁하다.

명애를 업고 군것질할 것을 사러 갔다 돌아오신 할머니께 벌거숭이들을 가리키며,

"저것 보세요."

했더니, 할머니는,

"에그, 이놈의 세상 죽어야디 살아 뭐하간."

하시며 목을 놓아 우신다. 나도 아버지도 따라 울었다.

5, 평양을 떠날 때

그러자니 시간이 급해졌다. 허둥지둥 점심밥을 먹었다. 누가 눈치채면 큰일

이니 명애를 업고 먼저 역으로 가라고 한다. 보통이는 할머니께서 가지고 오신다고 했다.

나는 명애를 업었다. 눈물이 나서 문을 열고 나갈 수가 없었다. 이를 악물며 마음을 가라앉히고 할머니께 절을 올렸다.

걸어서 5분이면 역인데, 가는 길에 허규 씨를 만났다.

"댁에 놀러 가던 길이에요."

"네? 낮에요? 무슨 일이 있으셨나요?"

"아뇨, 별 것은 없었어요. 그런데 사모님은 어데 가셔요? 안색도 다르시구."

우리 두 사람의 눈은 서로의 마음을 읽느라고 온 신경을 모으고 있었다. 나는 피할 수 없음을 직감할 수 있었다.

"네, 허 선생. 우리 이남으로 가려고 나섰어요. 이번 기차로요."

나는 결국 실토하고 말았다. 말을 하자니 눈물이 또 흘러내렸다.

"예? 아이구, 그럼 빨리 가셔요. 역에서 뵙죠."

그의 놀라는 표정에서 나는 한량없는 동정의 마음을 읽었다.

그는 나보다 먼저 겅정겅정 뛰어서 역 쪽으로 내달았다. 그 이유는 모르겠지만, 무섭지는 않았다.

'모든 일은 내 힘만으로는 불가능하다. 운명이다. 하늘이 도와야 한다.'

나는 다시금 다짐을 했다. 돌아보니 할머니, 아버지는 아직 보이지 않았다.

역에 도착하니 항상 그렇듯 긴 사람의 줄이 여러 줄 늘어져 있었다. 그들은 증명서와 노비문서를 가지고 며칠을 줄을 지어 있다가 기차를 타는 것이었다.

거의 기차가 떠날 시간이 다 되었기에 나는 개찰구까지 나갔다. 어느 낯 모르는 철도국원이 나에게 다가왔다.

"유 선생님 사모님이시죠? 여기 차표입니다. 어서 나와 타셔요."

"할머님이 기저귀 보따리를 가지고 오시는데…, 좀 기다려야 할 것 같은데요."

"기다리시지 못합니다. 기차가 곧 떠나게 되니까요."
"네 고맙습니다. 그럼 타지요."
"그렇게 하세요. 나중에라도 될 수 있는 한 전해 드릴 테니까요. 이리 들어오세요."

그를 따라 플랫폼으로 들어서서 정신 없이 차에 올랐다. 고맙다는 인사를 할 새도 없이 그는 사라졌다. 그제서야 나는 땀에 흠씬 젖어 있는 나 자신을 깨달았다.

'그이는 탔을까? 어머니가 명애 먹을 것이 든 보따리를 꼭 전해 주셔야 하는데…'

이런 저런 걱정을 하고 있는데, 기차가 꿈틀 움직이기 시작했다. 나는 초조했다. 이제 막 젖을 뗀 명애를 데리고 여행을 하려면 사과나 과자가 꼭 필요했다. 기차는 요란한 소리를 내며 조금 지체했다가 또 덜컹하며 움직이기 시작했다.

"큰일났군."

나는 가슴이 뛰기 시작했다. 그때까지 내 등에서 잠들어 있던 명애가 갑자기 보채기 시작했다.

"에엥, 함머니 가자. 함머니 가자."

그때 헐레벌떡 저쪽에서 뛰어온 철도국원 하나가 낯익은 보따리를 내 앞에 내놓고는,

"안녕히 가십시오."

하고 급히 뛰어내렸다. 내가 고맙다고 한 말도 듣지 못하고 그는 가 버렸다. 나는 또 눈물을 머금었다. 얼굴도 대면하지 못하고 보통이만 전한 할머니 생각을 하니 또 명치 끝이 아파왔다. 느닷없이 차창 너머로 외치는 소리가 들려왔다.

"명애야, 명애야."

허규 씨의 음성이다. 내다보니 허규 씨가 과일과 사이다를 들고 기차를 따라

뛰고 있었다. 나는 얼른 창 밖으로 손을 내밀어 흔들었다.
"아, 거기 계셨군요. 이것 받으서요."
그러나 손이 닿지 않았다.
"아, 저것 좀 받아 주서요."
하며 남의 도움을 청할 수밖에 없었다. 그러나 그 물건을 기차 안으로 넘겨주려다 허규 씨는 기차의 속도를 따라잡지 못해 그만 플랫폼 바닥에 넘어지고 말았다. 내가 놀라서 내다보았을 땐 이미 저만치 멀어져 간 플랫폼에 깨어진 사이다 병과 흩어진 밤알들과 함께 그는 엎드려 일어나지 못하고 있었다.
"기차 바퀴에 들어가지 않은 것만도 다행이외다."
"거 젱 큰일날 뻔 했수다."
찻간의 사람들 말대로 정말 아슬아슬한 순간이었다.
등골에선 진땀이 났고 싸하니 가슴께가 아려 왔다. 허규 씨, 김조역, 그 낯모르는 철도국원을 생각하면, 뜨거운 눈물이 왈칵 쏟아지는 걸 참을 수가 없었다.
기차가 한참을 달려서야 눈물이 멈췄지만 나는 다시 근심에 휩싸이게 되었다.
'그이는 기차에 무사히 탔을까? 옆에 사람이 어델 가느냐고 물으면 어떻게 한다? 이웃 사람들이 우리의 이남 행을 알게 되면 남은 식구들이 괴로움을 당하지나 않을까? 이 차는 언제 목적지에 닿을까? 여현에 친정이 있다고 하랬지?'
가슴은 이런 오만 가지 걱정으로 들끓었다. 게다가 내 마음을 알 길 없는 명애가 자꾸 보채기까지 했다.
"함머니 가자. 아바지 가자. 으응, 함머니 우여 어뚱 가자. 으응."
칭얼거리는 명애를 달래려고 나는 차창 밖으로 부지런히 바뀌는 경치를 가리키기도 하고 노래를 불러 주기도 하고 사과를 먹이기도 했다. 그래도 명애는 좀처럼 칭얼거림을 그치지 않았다. 나는 자꾸 눈물이 났다.

평양을 떠나면 우선 무서운 생각이 없어지리라 생각했는데 그게 아니었다. 남쪽으로 넘어가는 사람을 막느라고 북조선 인민위원회에서 나온 사람들 때문에 기차 안의 공기는 퍽 불안했다. 나도 비밀이 있었고, 맞은 편에 앉은 이들도 눈치가 이상했다. 우선 말을 크게 하지 않고 귓속말로 수군거렸다.

"어데까지 갑네까?"

"네, 네현까지 갑네다."

"어드러래서 야래 할머니 가자고 대꾸 보채나요?"

"친정에 다니러 가는데, 할머니한테 빨리 가자구 보챈답니다."

"데런, 그런데, 아 오만은 와 자꾸 울우?"

"너무 가고 싶다가 막상 가니까 좋아서 눈물이 나누만요."

나는 묻는 이에게 이렇게 대답했다. 물론 애매한 대답이었다. 그러나 노파는,

"거, 젱, 안 그렇갔소? 가고프지, 그럼. 어서 갈걸. 아가 우지 마라. 함머니 간다잉."

하며 명애를 달래 주기까지 했다. 중하까지 장사차 간다는 중년 남자 하나, 서울로 양복 기술 배우러 간다는 열네 살쯤 되어 보이는 소년 하나, 사리원에 사는 딸을 보러 간다는 예의 그 노파까지 우리는 서로 마주 보고 말도 주고받으며 길동무가 되었다. 소년은 아주 신나 하며 말을 하곤 했다.

"난 소원이 양복 기술을 배우는기니까, 아무래도 경성(서울)으로 가야겠거든요. 우리 동네 사람이 그르는데, 서울 가기만 하문 양복점두 많고, 나그튼 아들은 밥 먹이구 처음엔 단추 달기부터 시키다가 나중에는 고급 기술도 가르쳐 주믄 그것 배우면서 소제도 하구 심바람(심부름)두 다니구, 한 5년만 그렇게 하문 혼자서 신사복을 할 수 있게끔 된다거든요. 나무 해다 팔구 남의 삯일도 조금씩 해서 찻삯을 망그렀어요(만들었어요). 이거 보셔요. 이것까지 사서 께구 가요."

소년은 손가락에 바늘 받침 할 쇠골무 낀 것을 우리 앞에 내보였다. 청운의 꿈으로 빛나는 눈동자를 하고 명랑하기만 한 그 소년의 모습만이 그 차 안의

특별한 존재였다. 그 소년은 고아였고, 차표와 골무가 전재산이었다. 너무 어려서 공산당의 경비대원에게도 아무 무서움이 없던 탓인지, 소년은 공공연하게 월남한다는 것을 떠들어 댔지만 아무도 그 소년을 나무라지는 않았다.

대동강을 지나 역포, 중화역을 지났다. 이제 평안도는 다 지난 것이었다. 아버지와 할머니를 걱정하며 길동무들의 이야기에 귀 기울이다 보니 어느새 해도 서서히 기울기 시작했다. 밖에서 역원이 사리원이라고 외쳤다.

"사리원이면 황해도 한복판인데…."

하고 중얼거리며 나는 창 밖을 내다보았다. 그때 신기하게도 철도국원복을 입은 아버지가 나를 찾으려는지 저 뒤쪽 끝에 내려서 있었다.

"여보!"

나는 손짓을 했다. 아버지는 내 앞으로 걸어오더니 눈을 꿈벅거리며 말했다.

"있다가 해가 지면 저 앞 차장실로 와요."

그 말만 하고 아버지는 휙 가 버렸다. 나는 휴우, 하고 길게 한숨을 쉬었다. 나는 이제 앞의 일만 생각하면 된다고 마음을 가다듬었다. 기차는 또다시 움직여 남쪽으로 달리기 시작했다. 할머니가 보퉁이에 싸 주신 사과와 과자를 먹으면서도 명애는 여전히 '함머니 가자.'를 노래처럼 입에 달고 있었다.

이윽고 창 밖은 캄캄한 어둠으로 아무것도 분간할 수 없을 지경이었다. 나는 차장실로 갈 준비를 했다. 희미한 전등 아래로 눈동자가 편하지 못한 사람들이 왔다갔다 했다. 나처럼 비밀스럽게 행동하려는 사람들인 것 같았다.

중하까지 장사하러 간다는 중년 남자와 사리원에 간다는 노파는 내리고 그 자리에 중년 내외가 앉았다. 그들도 우리처럼 월남을 하려는 사람들 같았다. 그들은 아무 말 없이 그저 잠만 잤다. 어둠에 싸인 시골 역에 정거했을 때 나를 찾는 아버지의 목소리를 들었다. 나는 보퉁이를 챙기고 낑낑대는 아기를 업고 기차에서 내려 기관차 바로 다음 칸에 있는 차장실로 옮겼다. 나는 몹시 어리둥절하고 무서웠다.

"사모님이십니까? 수고가 많으시네요."

철도국원복을 입은 남자들이 인사를 하며 맞이했다. 나는 말을 잊은 사람처럼 공손히 고개만 숙이고 차장실로 들어섰다. 안에는 두 사람이 있었다.

"이분들이 오늘 우리를 보살펴 주셨고, 네현에서 애써 주실 분들이오."

아버지는 나에게 그들을 소개했다.

"천만에요. 저희들이 무슨 애를 씁니까? 선생님의 신세를 얼마나 졌는지 모릅니다. 이렇게 불편한 데 타시게 해서 죄송합니다. 어떻게 해서든지 무사히 이남으로 넘어가셔야겠는데. 아마 오늘 내일은 남북협상이라나 해서 퍽 경비가 심할 모양이군요."

그들은 진심으로 우리를 염려했다. 곧이어 우리에게 몇 가지 주의해야 할 것들을 되풀이해서 일러 주었다. 여현역에 내린 후 경비원들을 피하고 조역 댁으로 쏜살같이 갈 수 있도록 간데라(전등)를 둥글게 흔드는 사람을 무조건 따라갈 것, 절대로 '증명서가 없는 사람은 이리 오시오.' 하는 쪽으로는 가서는 안 된다는 것이었다.

입맛은 없었지만 우리는 평양에서 준비해 온 주먹밥을 꺼내 나누어 먹었다. 주먹밥을 다 먹어 갈 즈음 차장들이 분주히 서둘기 시작하더니 다음이 여현역이라 일러 주었다.

6. 여현역

여현이라는 곳은 보잘것없이 자그마한 역이었다. 그런데 삼팔선 접경이라 근래에 와서 오르고 내리는 사람들이 부쩍 늘어 분주했다.

총을 노국(露國) 식으로 멘 경비대원 수십 명이 개찰구 안에 들어와 있었다. 역원들도 많이 웅성대는 품이 삼팔 이북 즉 북조선인민위원회 관할 하의 종착역다웠다. 여현(礪峴)을 평안도 사람들의 말 풍속으로는 '네현'이라고 발음하고, 서울 말로는 여현이라고 그대로 발음하는데, 역 이름을 어떻게 발음하느냐에 따라 이북 사람과 이남 사람임을 갈라 세울 수 있었다.

이북 친척집에 다니러 왔다 이제 간다, 이북에 일제 때 징용으로 끌려왔다가 못 가고 있었는데 이제야 가는 거다, 이남에 아기 낳으러 가서 안 오는 아내를 데리러 간다, 이남에 딸을 보러 간다, 아기 낳으러 친정 왔다가 돌아간다 따위의 별의별 증명서를 가지고 이 역을 찾아오는 사람들은 경비대원들의 비위에 거슬리지 않도록 온갖 수단을 다 썼다. 돈을 집어 주는가 하면, 귀한 선물로 그들을 매수하기도 했다. 그 틈에는 전문적으로 삼팔선을 넘나드는 상인도 많았고 넘어 다니는 사람들을 안내하는 전문 안내자도 있어, 끔직이도 화려한 돈벌이가 이 삼팔선 접경에서 벌어지고 있었다. 우리는 도망을 하는 형편이니 화려하게 뿌릴 돈조차 없이 여현에 다다른 셈이었다.

다음이 여현이라는 소리를 들었을 때부터 우리 가슴은 뛰기 시작했다.

"잘 봐요, 간데라를 휘두르는 이가 어데 있나."

"명애를 잘 달래라요. 나의 주의를 끌게 되면 야단이오."

서로 주의를 하고 짐을 나누어 들고 두리번거리며 간데라를 휘두르는 사람을 찾아보았지만 찾을 수 없었다. 벌써 여기저기 차를 내린 사람들이 열을 지어 늘어서고 있었다. 가슴이 쿵쿵거렸다.

"우리는 저 열에 들어가면 안 된다는데…."

우리를 찾는 신호는 좀처럼 눈에 띄지 않았다. 맨 꼴찌로 내리기도 무서운 일이므로 서둘러 차에서 내렸다. 그런데 우리가 내리자마자 어떤 역원이 우리를 툭 치며 지나가는 것처럼 하더니,

"이리 오십시오."

하는 것이다. 우리는 무조건 그 사람을 따라갔다. 아무도 없는 역 밖으로 곧 빠져나갈 줄 알았더니, 그 사람은 우리를 역 안의 숙직실인 듯한 곳으로 안내했다.

"좀 들어가 계십시오. 너무 경비가 심해서요."

낮게 속삭이던 그는 달아나듯 사라져 버렸다. 문을 여니 오래 신은 양말에서 나는 퀴퀴한 냄새가 코를 찌른다. 안은 캄캄했다. 물론 그 냄새 때문에 망설일 수는 없는 노릇이었다. 안으로 들어가는데, 남의 발도 밟히고 남의 몸에도 부딪힌다. 그곳에는 우리말고 여러 사람이 있는 모양이었다. 무작정 앉아서 명애를 앞으로 돌려 놓고 있으려니 소근소근 이야기 소리가 들린다.

"오늘은 경비가 심해서 꼼짝 못 한대요."

"안내자는 얼마 주기로 하셨소?"

"모르죠. 차에서 내리니, 내가 아는 철도국원이 큰일 났으니 이리 오라고 하며 이 방으로 데려다 주었으니. 안내자니 뭐니 할 여유도 없었지요."

"아무튼 오늘 밤 안으로 넘어만 간다면 살아난 셈인데요."

이런 소리를 듣고 있는데, 별안간 왁자지껄하는 소리, 구둣소리가 들려왔다. 순식간에 그 방은 찬물을 끼얹은 듯 숨소리조차 사라져 버렸다. 방 쪽으로 걸어 오는 네댓 명쯤의 발소리가 들렸다. 그러고는 곧 왈칵, 우리가 있는 방문이 열리며 회중전지가 방 안을 비추었다. 다락 안에도 움직이는 사람이 있고 방 안에도 십여 명이 둘러앉아 있었다. 그들의 험한 눈초리 앞에 사람들은 꼼짝달싹 못한 채 그저 고개만 푹 숙이고 있었다. 그런데, 내 옆에 앉아 있던 아버지가 그를 향해 말을 걸었다.

"아, 동무, 여기 계슈? 나 모릅네까? 철도병원에서 뵈었는데. 이제는 건강이 어떠시오?"

아버지의 얼굴은 핏기가 사라져 있었지만 입가는 어색한 미소를 띠려고 애쓰고 있었다. 나는 가슴이 터질 것만 같았다. 그래도 참아야 한다고 나는 모든 힘을 다했다. 그가 아버지에게 옛 주치의를 만났다는 반가운 태도로 나오기를 기대했으나, 그는 칼로 자르듯 잡아 뗐다.

"난 동무 모르겠소. 여봐, 저기를 먼저 봅시다."

하고 그는 사라졌다.

"그 자가 나를 모른다고 하네. 병들어 왔을 때 우리 병원에 입원했었건만."
"그런데 이상하죠? 여기를 비켜 준 게."
"음, 그동안에 우리보고 도망하라는 겐가?"
바깥에서 또 발소리가 났다. 다시 가슴이 떨리기 시작했다.
"유 선생님 나오슈."
다행히 이번에는 역원이었다.
"경비가 더 심하군요. 조용히 따라오셔요."

앞장서는 역원을 따라 우리는 온통 어둠뿐인 역 밖으로 따라나갔다. 역을 나오며 들으니 여러 사람들의 웅성대는 소리가 등 뒤에서 들려왔다. 경비원들의 조사를 받는 여행자들이 많은 모양이었다.

길은 매우 조용했다. 도리어 우리 발소리가 큰 것이 걱정이었다. 보리밭 사이인지 감자밭 사이인지는 알 수 없었지만 시골의 오솔길인 것만은 분명한 듯했다. 그런 길을 조금 가다가 언덕을 올라서니 큰 길이 되고, 그 길을 건너 또 좁고 꼬불꼬불한 길로 접어들었다.

"이젠 됐습니다. 그 자들이 밤중에 집집마다 뒤질 때만 잘 피하시면 됩니다. 아기만 울리지 마셔요. 아마 3, 4일은 못 움직이실 것 같군요."

우리가 안내받은 곳은 여현역의 K라는 조역의 집이었다. 몹시도 어두워서 방향도 모르겠고, 초가인지 기와집인지도 알 수 없었다.

7. K씨 집의 건넌방

"아주머니, 문 좀 여슈."

역원이 부르는 소리에 대답도 없이 문을 열어 준 여인은 이 집의 주인인 모양이었다.

"이 분들 건넌방에서 쉬시게 하시래요. 오늘은 경비가 심하다고 신이고 뭐고 다 들여놓고 불도 켜지 말구요. 덧문까지 걸어 놓으시래요. 늘 해놓듯이만 하시래요."

우리를 안내한 사람의 당부에 주인 아낙은 아무 대꾸도 없었다.

"너무 괴로움을 끼치게 되었습니다."

내가 인사를 했지만 그 아낙은 그저 무뚝뚝한 말투로 대꾸했다.

"그놈들이 밤에 와두 기척 마셔요."

당부하는 품이 반갑지 않다는 뜻이 뚜렷했다.

돌처럼 차가운 방으로 들어가 보퉁이를 내려놓고 앉으니, 아낙은 신을 들여놓고 덧문을 닫은 후 고리까지 걸었다. 우리는 꼭 갇힌 셈이었다. 아무 말 없이 우리 시중을 해준 여인에게 순순히 갇히며,

"미안합니다. 너무 폐가 많습니다."

하고 거듭 말했다.

잔등의 명애를 내려놓고 세 식구가 마주 앉았으나 엉덩이가 차서 견딜 수가 없었다. 명애를 끼고 드러누워야겠는데, 보퉁이에서 기저귀를 꺼내 깔고 그 위에 앉아 보아도 찬 온돌방의 냉기는 견디기가 어려웠다. 5월인데도 이렇게 찬 방바닥에 앉아 있질 못하는데, 몇 달 전에 삼팔선을 넘은 삼촌들은 얼마나 추위에 고생하였을까 생각하니 가슴이 아팠다.

명애는 역에서부터 잠이 깨어,

"함머니, 가자 으응."

하며 계속 보챘다.

"얘, 명애야 노국 놈이 와서 큰일났어. 너 가만히 있어야 된다. 노국 놈이 우리를 잡아가면 어쩔래? 큰 일이지? 울지 마라. 가만히 있어야 한다. 응?"

이렇게 달래며 겨우 업어 왔던 터였다. 이 찬 방바닥에 와 앉으니 이제는,

"엄마, 자자, 코 자자."

하고 보챈다. 이제 첫돌이 지나 아무것도 모르는 명애가 그러는 바람에 우리 가슴이 더 굳어진 건 말할 것도 없다. 명애에게 다시 노국 놈 얘기를 했다. 노국

놈이라면 말을 다 못하는 명애까지 떨었다. 어미, 아비의 급한 사정을 알아차리고 젖도 떨어져 못 먹는 것이 숨소리를 죽여 가며 모든 불편을 견디는 것을 보고 아버지와 나는 가슴이 찌르르해졌다. 말은 안 했지만 눈물을 머금고 명애의 그 조그만 손을 쥐어 주며 다짐을 했다.

'괜찮다. 너를 데리고 무사히 삼팔선을 꼭 넘으마.'

아버지는 아버지대로 나는 나대로 얼음장 같은 방바닥에서 올라오는 냉기를 벌써 한 시간 가까이 견디고 있었다. 참고 있는 동안에 돌아누우면 더 추울 것 같아 명애의 자자는 청을 들어주지 못하고 내 젖가슴을 헤치고 명애의 손과 뺨을 가슴에 대게 하고 토닥거리고만 있었다. 안방의 무뚝뚝한 아낙은 잠들었는지 사방은 죽음처럼 적막하기만 했다.

"오줌이 마려워 야단났군. 명애의 오줌을 뉘어야 할 텐데."

아버지가 겨우 입을 열었다.

"아까 문을 걸기 전에 그 생각을 했어야 했는데요."

명애의 기저귀가 있었지만 밤에나 적시고 낮에는 그냥 뉘어 오던 것이라, 내 신을 내어놓고 '쉬-쉬-' 하며 오줌을 뉘었다. 명애가 오줌을 잘 누었다. 아이의 오줌을 뉘고 어른 둘은 쭈그리고 앉아 방광이 터질 것 같은 것을 한참을 참고 있으려니, 마침 주인이 돌아왔다.

어찌해서 이 세상에 남자는 호인이 많고 여자는 매몰찬 사람이 많은지…. K씨는 돌아오자마자 우리의 편의를 보아 주었다.

"이런 냉방에 깔 것도 안 드렸네. 연기 때문에 불은 못 때겠고. 우선 이 안방에 오셔서 계시다가 인기척이 나면 얼른 건너가시죠. 그 위에 좀 누우셔요. 요강도 들여놓겠수다."

그는 이부자리부터 건네주었다. K씨가 돌아와서 그나마 불편을 많이 덜었다. 참 고마운 일이었다.

끔찍이 걱정을 했지만 그날도 다음날도 별 일 없이 지나갔다. 식사는 재료를 사 달래서 손수 끓여 먹었다. 그 다음날 밤도 그 이튿날도 별일은 없었지만 이제나 저제나 하고 기다리는 우리에게는 따분하고 지루한 날들이었다. K씨의 말이 경비가 하도 삼엄해서 지금은 꼼짝할 수 없다고 했다. 또 삼팔선 저쪽으로 넘어설 수 있을지도 불확실한 일이라고 했다. 초조한 마음으로 K씨의 눈치만 살피는 일 외에는 어찌해 볼 도리도 없었다.

그러던 중 우리는 주머니 돈을 털다시피해서 우리를 숨겨 준 여현역의 직원들을 K씨 집으로 초대해 저녁을 대접했다.

"과장님 신세를 우리가 얼마나 졌는데요. 집 걱정은 마세요. 틈만 나면 넘어가시게 해드릴 테니, 저쪽 마을에 가시면 첫 여관집에 가셔서 쉬세요. 짐은 그리로 보내 드릴게요."

그들은 우리에게 희망적인 말을 해 주었다.

8. 어둠 속의 삼팔선

그날 밤이었다. 새벽 3시쯤이었을까. 역에 가 있던 K씨가 돌아와 문 밖에서 우리를 깨웠다.

"유 선생님 나서십시오. 지금 못 가시면 또 여러 날 애써야 합니다."

우리는 자는 명애를 서둘러 들쳐 업고 보통이를 챙겨서 K씨 부인께 간절히 사례의 말을 하고는 K씨를 뒤따랐다. 보통 때에도 밤 길은 다녀 보지 않았으므로 두렵기 짝이 없었다. 그래도 잔등의 명애를 생각하고 열심히 걸었다. 보리밭 사이로 20여 분 정도 걸었을 때였다.

"이것이 삼팔선이라는 팻말입니다. 저기 저 집으로 가시면 짐은 내일쯤 전해 드리게 될 것입니다."

K씨는 우리를 안심할 수 있는 삼팔선 이남까지 데려다주고 돌아서려는 모양이었다. 아무도 보는 이는 없지만 막상 삼팔선이라는 팻말 앞에 서니 두렵고 걱정스러웠다.

"고맙습니다. 또 뵈올 날을 기다리겠습니다."

아버지는 머리에 썼던 모자를 그에게 벗어 주었다. 밤바람을 쐬며 들키면 자신도 무사하지 못할, 길 안내를 해준 것에 대한 감사의 표시였다. 그도 사양하지 않고 그 모자를 선뜻 받아 들었다.

"안녕히 가십시오. 잘 쓰겠습니다."

그는 곧 돌아서서 오던 길로 쏜살같이 가 버렸다.

우리는 조금 더 걸어 초라하지만 떠들썩한 이남 땅의 여관에 들어 더웁게 쉬었다. 쉬쉬하던 이북 땅에 비해 어찌나 소란스러웠던지 10여 년이 지난 오늘에도 그 인상이 잊혀지지 않는다.

그렇게 이남 땅에서 맞는 첫날이 밝았다. 모두 명랑한 얼굴을 한 사람들뿐이었다. '아이구, 이젠 살았구나.' 하고 소리를 지르고 싶을 만큼 사지(死地)를 면했다는 생각에 가슴이 벅차올랐다. 넘어오는 자들을 지키는 그 무엇도 없어 조금 맥이 빠지긴 했지만 우리 세 식구는 무척 가슴이 설레었다.

"아무튼 인천 가서 친정 부모님을 뵙고, 어떻게 해서든 살아나가자."

하고 다짐하며 남쪽을 향해 발걸음을 내딛었다.

밥상을 걷어찬
이야기

아기가 고열에 시달려 젖도 빨지 못하고 자리에 누워 자지도 못하고 화들짝 놀라 우는 통에 온 집안이 걱정하던 때였다.

홍역 때문에 얼굴에 빨갛게 열꽃이 돋고 숨도 가빠 하며 여간 애를 쓰는 것이 아니었다. 불덩어리 같은 아기를 업고 남편의 잠을 방해하지 않으며 조심조심 서성댔다. 그래도 낑낑대면 옆방의 진찰실로 나가서 '오오 오 오오 오.' 하며 걸어도 보고 옆으로 몸을 흔들어도 보고 중얼중얼 기도도 드려 보았다. 어쩌다 잠이 든 것 같으면 방으로 들어와 포대기 위에 앉아 끄덕끄덕 졸기도 하다가 다시 울면 일어나서 또 옆방으로 나가 '어어 어 어 어.' 하며 달랬다. 그러기를 반복하며 새벽을 맞았다.

안방에서 주무시던 시어머니가 건너오셨다.

"어미가 아직 업고 있는 걸 보니 밤새 못 잔 게로구나. 내래 아기를 봐 줄께니 나가서 조반 지어야디. 어르카간."

시어머니에게 아기를 맡기고 부엌으로 나가 조반을 짓고 도시락을 쌌다.

할아버지 세숫물을 떠 드리고, 삼촌 둘과 아이들의 세숫물도 뜨고, 방을 치운 후 할아버지 진짓상을 올려다 드렸다. 안방에 두레상을 펴려는데 남편이 몹시 화가 난 음성으로 말하는 것이 들렸다.

"여보, 이게 부러뎄으니 웬일이야. 누가 이런 짓을 했지? 2, 3일이면 피려고 봉우리가 실컷 부풀었는데, 이것을 이렇게 분질렀으니, 에- 거, 정 피기 직전인데!"

그것은 제라늄 가지였다. 밤새 부러졌으면 범인은 내가 아닐까 하고 생각되었다.

"어머 그 꽃 어디 있었나요?"

"진찰실에 있었지. 어디 있어!"

"그럼 내가 부러뜨렸나 봐요. 밤새 정신없이 드나들었으니 내가 그런 것일 거예요."

"왜 부러뜨렸어?"

"부러뜨린 게 아니구, 아기 때문에 정신없이 드나들다가 그 화초의 가지를 건드린 것 같아요. 곧 필 것인데 미안해요. 아니, 그걸 왜 못 봤을까?"

남편은 내 말을 들으려고도 하지 않고 식구들에게 돌아가며 물었다.

"너 이것 부러뜨렸니?"

"오마니가 이것 분지른 것 아닙네까?"

"야 이게 부러뎄구나. 네가 부러뜨린 거 아니가?"

내가 사과해도 듣지 않고 애를 태우는 남편이 밉기까지 했다. 그러나 삼촌, 큰아이가 학교에 가야 하니 부지런히 상을 차려야 했다. 남편과 어머니, 삼촌들, 명애, 현애, 인애, 순애를 부르고 기도를 드리려는데, 안방으로 들어온 남편이 또 성화였다.

"아니, 이것을 부러뜨리다니, 에— 거, 낮에는 창가에서 볕을 쪼이게 하고 저녁에는 추울까 봐 안쪽으로 들여놓으며 얼마나 정성을 다했는데. 마침내 꽃을 볼려던 참인데."

"그러게 말입니다. 미안해요. 아기가 너무 보채서 화초 생각은 전혀 못 했어요."

밤새 애를 쓴 아기는 할머니 품에서 잠들어 있었다. 아버지는 아기에 대해서는 한 마디 묻지도 않고, 오로지 화초에 대해서만 열을 올리고 있는 것이다. 나도 남편이 미웠지만 어머니도 못마땅하신 모양이었다.

"이왕 부러진 걸 억하간? 아래 깽깽대니까 화초 생각을 못 했다잖네?"

아들을 달래 보려고 어머니가 한말씀 하시자, 다섯 남매의 아버지인 아들은 화가 더 나 버렸는지 더 큰 소리로 성을 내었다.

"당신 어르케 이걸 부러뜨리냐구? 왜 분질렀느냔 말이야!"

나도 더 이상은 받아 줄 수 없을 것 같았다.

"아니 이런 답답한 사람이 어디 있을까? 누가 분질러요? 보채는 아기 달래느라 긍매다(끙끙거리다) 부러뜨린 모양이라고 사과 드렸잖아요?"

"화초를 비켜 다녀야지!"

"아이구, 답답해. 난 지렁이만도 못한 물건인 줄 알아요? 이렇게 밤새 잠 못 자고 애를 썼는데 한 마디 위로는 못 하시고. 나도 화풀이 할 줄 안다구요!"

나는 두레상을 발길로 차 버리고 말았다. 국은 쏟아지고 반찬은 엎질러졌다. 나는 더욱 분하고 억울해서 반찬 접시를 두 손으로 들어서 태질을 쳤다.

"참자, 참자 해도 안 되네요. 나도 화풀이 좀 해 볼까요?"

소리치자 딸들이 놀라서 울었다.

"엄마야."

"엄마, 왜 그래?"

"엄마 참으셔요."

"엄마 무서워."

저희끼리 껴안고 우는 것이었다. 그런데도 시어머니는 도리어 내 편을 들어 주었다.

"잘한다, 잘했다. 에미네(여편네)가 너무 물렁해도 못쓴다. 아래 이 모양이 돼서 정신없이 그랬다는데 할말이 없다. 누구래 대신 봐 줄 게니 자란 말은 않고, 난데없이 화초를 왜 부러뜨렸냐고 문초를 하다니, 어쩌자는 게야? 사람이 겐딜 재간이 있간? 잘했다. 좀 화풀이도 해야디."

나는 화가 사그라지지 않아 울며 기저귀를 빨아 너는데 삼촌(시동생)이 심각한 표정으로 다가오더니,

"아주마니, 그만 우시라요. 잘 했우다. 가끔 따끔하게 굴어야디 너무 '네네' 하니께니 안 됩네다. 다녀오갔수다."

하고 뛰어나갔다.

어처구니없는 만행(?)을 저지른 나를 딸들도 애처로웠는지 졸졸 따라다니며 조그만 손으로 어루만져 주는 것이었다. 다시는 이런 짓은 하지 않겠다고 눈물로 다짐했다.

부부는 일심일체란 말에 기대지 않고 잘 견디며 살기로 결심했는데도, 무섭게 화풀이를 해 버리고 만 것이다. 그런 나를 식구들은 따뜻하게 용서해 주었지만 남편은 아니었다. 번번이 그랬듯 1주일 이상을 잔등을 대고 성 낸 채 살았다. 나는 식구들과 함께 집안 일을 할 때는 웃고 잘 지내고, 밤에는 아기에게 젖을 먹이며 또 기뻤으나, 내 짝은 외로운 존재였다. 그는 죽어도 '마누라 내가 심했어.'라고는 못했다.

제라늄은 그 다음 가지에서 꽃이 피었고 해를 거듭하면서 싱겁게 가지도 뻗고 꽃도 마구 피는 통에 어느 날은 남편의 표정을 살피며 말했다.

"우리의 소중한 기념품이 왜 이토록 싱겁게 마구 필까?"

그러나 남편은 전혀 느낌이 없는 모양이었다.

_2000년 1월

집을 지은
이야기

우리처럼 삼팔선을 넘어온 K 선생도 B 선생도 멋있게 집을 짓고 병원 간판을 붙이고 진찰을 하는데 우리는 아직도 집을 짓지 못하고 있었다.

쌀쌀한 날씨였다. 세무서에 가다가 정호경 씨라는, 앞을 못 보는 분을 만났다. 그 분은 점을 치는 일을 하고 사는 분이었는데, 나의 아버지의 권유로 점자를 배우고 점자로 복술(卜術)에 대해 다시 공부를 하면서 기쁘게 사는 분이었다.

"정 선생님, 안녕하십니까?"

"아이구, 사모님. 그렇지 않아도 찾아뵙고 긴히 드릴 말씀이 있었습니다."

"무슨 일인데요?"

"아, 다름이 아니고요. 사모님이 언젠가 집을 짓고 싶다고 하셨지요?"

"그러문요. 준비가 안 돼서 못 짓는 것이지요."

"사모님, 그런데 내년에는 절대로 못 짓습니다. 왜냐하면 내년에 원장님 연세가 55세거든요. 누에 해란 말씀입니다. 내년에 집을 지었다가는 누에처럼 집을 다 짓고 나서 돌아가실 수가 많으니 무리를 해서라도 올해에 지으시지요."

"호호호, 정 선생님, 재미있는 이야기네요. 명심하고 후년에나 짓겠습니다."

헤어져서 걸으며 그 분이 우리 나이를 잊지 않고 이런 염려를 해주었다는 것을 고맙게 생각하지 않을 수 없었다.

세무서에서 사무를 보고 나오는데 같은 처지에 있으면서도 부인이 야무지게 살림을 잘해서 집을 새로 짓고 자랑하며 지내는 C씨를 만났다.

"아주머니, 이 편지 형님 갖다 드리시라요. K 선생과 B 선생이 빨리 형님도 병원을 지으라고 쓴 편지예요. 많지는 않지만 제가 무이자로 3백만 원 빌려 드리갔수다."

앞가림에도 바쁜 우리에게 또 이런 사랑을 베푸는 이웃이 있네 하며 집으로 돌아오는 길에 보니 새로 지은 B 선생의 집이 보였다.

'아이구, 부럽기도 해라. 지금 들어가서 평당 얼마나 예산해야 되는지 알아보고 가야지.'

하는 생각이 들었다.

B 선생은 아침마다 우리 원장과 타임반(의서를 읽기 위해 매일 아침에 모이는데 30년이 넘은 모임이다)에서 같이 만나는 친한 사이였다. 문을 열고 들어서자,

"아이구, 사모님, 웬일이슈? 안으로 들어가십시다. 여보!"

하고 대뜸 살림 집에다 소리치는 것이었다.

"아닙니다. 곧 가야 됩니다. 이렇게 병원을 잘 지으신 게 얼마나 부러운지 모르겠네요. 도대체 평당 얼마나 들어야 하나 알고 싶어서 들렀답니다. 세무서에 다녀오는 길이에요."

"알려 드려야죠. 있다가 갈게요. 따끈한 차나 준비해 주슈."

"놀러 오시는 것은 얼마든지 오셔요. 그냥 대강 얼마쯤 들면 이렇게 지을 수 있나요?"

"알았습니다. 가서 가르쳐 드릴게요."

"아이구, 우린 돈이 아직 준비가 안 돼서 못 짓는 거예요. 대강 얼마쯤 들어야 되나 알기나 하려고요."

"알았습니다. 가 계시라니까요. 제가 가서 정확하게 가르쳐 드릴게요."

B 선생의 지나친 호의에 얼떨떨해서 목적도 이루지 못한 채 집으로 돌아오고 말았다.

그날 저녁 때였다.
"여보!"
남편이 크게 부르는 소리에 놀라서 달려 나갔다.
"당신 아까 B 선생께 들렀다며? 거긴 왜 갔어? 자기 병원 맡아서 지어 준 신도건설 사장님을 안내하고 왔으니 어떻게 해! 돈은 어림도 없는데. 빨리 차나 가지고 와요!"
그때만 해도 남편은 젊은 편이어서 화가 나면 무서웠다. 나는 쩔쩔매며 차를 준비해 들고 나갔다.
"아니, B 박사님, 저희 부부싸움 붙이러 오신 것은 아니실 텐데. 혼자 오셔도 큰 일이 나는 건데 어쩌지요?"
나는 시비 걸듯 그에게 인사했다.
"신도건설 변 사장님이고 저희 집을 지어 주신 분이십니다."
"처음 뵙습니다. 아직 때가 아닌데…."
나는 우물쭈물 인사를 하고 도망치듯 물러 나왔다. 마음 착한 남편이 돈이 부족해서 몇 년 후에 부탁을 드리겠다고 진땀을 빼며 그이들과 마주 앉아 있을 생각을 하니 여간 심란한 게 아니었다.
"여보!"
남편의 두 번째 호출이었다. 그런데 아까보다는 화가 가라앉은 음성이었다. 고개를 갸웃하며 가 보니 내 눈앞에 참으로 요상한 광경이 벌어지고 있었다. 우리 내외가 밤마다 머리를 맞대고 마련해 온 은행 통장들이 모조리 방바닥에 나와 있고, 다들 윗도리를 벗어부치고 와이셔츠 소매를 걷어올리고 싱글벙글 웃고 있는 것이 아닌가.
"당신 들어와 앉아서 우리 얘기 좀 들어보라."
어리둥절한 나에게 남편이 들려준 얘기는 놀라웠다. 그 변 사장이라는 분의 고향은 평안북도 운산군 북진(금광으로 유명한 곳)이었다. 나의 시아버지께서 목사로 교회를 맡아 시무하시던 곳이다. 남편은 여덟 살부터 열두 살까지 거기서 살았다. 두 사람은 옛날에 의형제하자며 팔 오금에 바늘로 상처를 내고 검정 먹물을 찍어 문신으로 표를 삼았던 개구쟁이 시절에 대해 얘기 꽃을 피우고 있던 차였다. 그 변 사장은 맏아들이 중앙대 연극과에 다니는데, 그 아들의 출세에 도움이 될까 하고 어느 유명 텔런트가 짓는 극장을 맡아 짓고 있었다. 그런데 워낙 큰 공사라 예정대로 돈이 풀리지 못해 목수, 미장이, 재료상 들의 돈 독촉을 받으며 '며칠만 참으면 해결이 날 텐데.' 하면서 어려움을 겪고 있는 처지라는 것이었다. 그 애타는 순간에 우릴 만났다는 얘기다.

"이 돈을 저에게 주면 이 집을 헐고 4층으로 콘크리트 집을 지어 드리겠습니다. 건평은 120평이 될 것입니다. 3월 15일에 기초공사를 시작하면 6월 말에는 완공을 볼 수 있을 것입니다. 돈은 현재 있는 것을 전부 내놓고 5월 말에 얼마를 더 내놓고 6월 말에 얼마를 더 내놓으면 끝나는 것이죠."

하고 변 사장은 거침없이 자기 계획을 얘기했다.

나는 미리부터 방안지에 집을 짓고 싶은 마음을 담아 끄적끄적 집을 그려 본 것들이 댓장 있었다. 2층, 3층은 거죽만 짓고 1층은 진찰실, 약방, 검사실, 원장실, 처치실, 간호원실로 잘 꾸며지면 좋겠다고 생각했다. 나는 그것을 변 사장에게 보여 주었다. 변 사장은 놀랍게도 2층은 우리 내외의 살림집으로 3층은 입원실이나 아이들의 방으로 꾸미자고 시원스럽게 이야기를 진행시켰다. 그는 우리를 매료시켰다.

이튿날 변 사장은 가설계도까지 그려 가지고 와서 또 한번 우리를 놀라게 했다. B 박사는 먼저 집을 지은 경험자답게 말했다.

"변 사장, 이 집 주인의 돈을 전부 가지고 가는 동시에 담보물은 내놓으셔야 하고요, 공사 예정표를 제시해 주시오. 돈을 어느 날, 얼마 준비하라는 것도 밝혀 주셔야 미리 마련하고 통장들을 내드리도록 하지요. 이 집 주인이 통장을 모조리 꺼내 놓을 때 별수 없이 내가 중간 역할을 맡아야겠다고 결심을 했어요."

그는 매섭게 쐐기를 박았다.
"B 선생, 너무 힘든 일을 맡아 주셔서 어쩌지요."
우리는 그에게 진심으로 고마워했다.
"나는 외과 의사라서 밥을 먹다가도 간호사가 부르면 일어나야 된다구요. 그런데 허구한 날 밥을 먹다 말고 일어나기는 싫거든. 누가 보낸 환자인가 물어본 뒤에 느긋하게 마저 먹고 일어나기도 하고 먹다 말고 수저를 내던지고 가슴 조이며 뛰어나가 수술을 하는 수도 있단 말입니다. 이 집에서 보내왔다면, 밥을 다 먹으며 이렇게 진찰을 하고 금방 보내면 환자가 기운도 괜찮고 주머니 사정도 너무 어렵지 않아요. 그와 반대로 다른 의원은 약물로 가라앉히려고 애를 쓰다 못해 생명이 위험할 때 보내거든요. 그러면 수술을 서둘러야 한단 말이에요. 그래서 너무 지치지 않은 환자를 보내 올 때마다 고맙다, 언젠간 고마운 마음을 표시해야 되겠다고 벼르고 있었는데 이번에 기회가 왔네요. 내가 감독을 맡아 공사가 끝날 때까지 100번은 와서 잔소리를 할게요. 변 사장, 잘 부탁합니다."
B 선생은 내 남편과는 달리 아는 것도 많고 배짱도 좋았다. 약속대로 그는 하루에 한두 번씩 와서 주인노릇을 해 주었다.
집을 짓는 동안 우리는 많은 기쁨을 맛보았다.
첫째로 변 사장은 언행이 투명한 멋진 분이었다. 목수고 미장이고 타일공이고 페인트장이고 소리없이 그 분의 지휘에 따라 움직이는 품이 보기 좋았다. 그 분이 오셨을 때마다 제왕 같다고 감탄하지 않을 수가 없었다. 우리 내외도 그 분에게 '고맙기도 하다. 어떻게 고맙다는 표시를 할까.' 하며 지냈을 정도다.
도면을 그리고, 진행표대로 공사를 시작했다. 재료는 우리가 사고 품삯을 계산해서 주는 방식으로 했다. 마침 서울 마포의 와우아파트가 붕괴된 후였는데, 재료를 아끼지 않기 위해서라도 이 방법이 제일이라고 했다.
그렇게 공사가 시작되었는데, 그가 지하실을 파다가 도면보다 열 평을 더 늘리기로 했다고 우리에게 말했다. 100평이 넘는 건물의 지하실이 18평밖에 안

되니 너무 좁아서 더 파기로 했다는 것이었다. 그는 또,

"2층 살림집의 주방이 아무리 생각해도 도면대로 했다가는 안 되겠어서, 보조 부엌을 이렇게 내대서 짓기로 했어요. 다른 공사장에서 안 쓴 창지두리(창틀)를 가져왔으니 재료비는 안 든 셈이고요." 하기도 했다.

준공된 뒤에도 지나다가 들러 보았다.

"외벽에 이상한 녹물이 흐르니 무엇인지 보러 올라가야겠어요."

하며 직접 보살펴 주었다. '건축물도 예술품이니까요.' 하고 그는 늘 말했다.

공사는 석 달 반이 걸린 셈이다. 건물 옆은 좁은 골목길이었는데 도면대로 하면 리어카도 드나들기 어려울 수 있으니 우리가 몇 치만 들여 짓기로 해서 동리 사람들에게 칭찬을 듣고 어수선한 공사 기간에 큰 소리 없이 지냈다.

재료값이 내려서 서로 놀랍다고 한 때도 여러 번이었다. 시멘트 값만 해도 우리 집을 짓고 나자 두 배로 뛰었다. 벽돌 값도 이상하게 싸게 샀다. 문짝의 손잡이를 말도 안 되는 값에 사게 되기도 했다.

"사모님, 100개나 되고 값의 높낮이도 크니 서울 을지로 건축 재료상까지 같이 가시죠."

변 사장이 내게 청했다.

"별 말씀을 다 하십니다. 저는 아는 것이 없으니 가나마나지요. 집에서 국을 끓이는 일도 거를 수 없고요."

"일제는 1,600원, 국산은 800원이었거든요. 그럼 중요한 방 3개의 손잡이만 일제로 사기로 하지요."

하고는 변 사장이 혼자 떠났다가 저녁에 돌아왔는데 얼굴에 희색이 만면했다.

"너무 이상해서 무엇에 홀린 것 같네요. 늘 가는 집인데 일제를 빨리 팔아야 해서 600원씩에 주겠대서 모두 같은 것으로 사 왔어요."

100개나 되는 열쇠에 꼬리표를 달며 나도 얼마나 기뻤는지 모른다.

보일러 공사는 따로 계약을 해야 된다며 전 사장이라는 분에게 견적을 뽑게 했다. 우리는 그 분이 가져온 견적서를 보고도 비싼지 싼지 몰라 그저 알았다고만 했다.

"이 금액을 준비하겠습니다."

그런데 B 선생이 같이 있다가 거들었다.

"아이구, 이 집주인은 이렇게 재미가 없으니. 나 원, 좀 깎자고도 해봐야지, 그냥 통째로 알았다고 하다니. 여보 전 사장, 이런 물렁한 사람 처음 만났지요? 그 값으로 2층 화장실의 변기는 미제 좌변기로 놓아 드리도록 하세요."

그가 우리를 꾸지람하는 바람에 모두 껄껄 웃었다.

"네, 그렇게 해 드리겠습니다."

전 사장도 기꺼이 그러겠다고 대답했다.

석 달 반 동안 일꾼들이 아파서 못 나왔다는 소리도 없었고 다친 사람도 없었다. 공사하는 동안 살림집 마루를 진찰실로 꾸미고 안방을 약방으로 꾸미고 진료를 하기로 했는데, 의외로 수입이 많아서 5월 말과 6월 말에 지불하기로 했던 돈도 무사히 건넸다. 공사도 기일 내에 무사히 끝냈다. 우리는 너무 고마워서 결혼식에도 만들지 않았던 서돈 반짜리 백금반지 세 개나 만들어서 변 사장, B 선생, 도 목수 양반께 선물로 드렸다.

_1997년

병원을
접고 나서

1949년 4월 12일에 개업한 평안의원을 2000년 6월 30일에 문을 닫았다. 32세부터 83세까지 평안의원 원장으로 살아온 남편은 간판을 떼자 무척 평안해졌다. 나도 따라서 느긋해졌다.

병원을 접었다고 하면 사람들은 말한다.
"그럼 어떻게 사시나?"
"심심해 어쩌시나?"
어떤 이는 이런 인사도 한다.
"우리는 평안의원 없이는 못 사는데."

52년이란 세월을 아픈 사람들을 돌보며, 의사가 될 때 선서한 대로 살아온 남편이었다. 그야말로 좋은 의사였다. 남이 생활 대책을 걱정해 주는 것도 기쁘다. 아프다고 찾아온 사람을 만나면 내 수입 챙길 생각은 못하고 어떻게 하면 빨리 낫게 하나를 생각하는 의사였기 때문에 가난하게 지내는 데 익숙했다. 내가 대접하는 대로 입고 먹고 하는 남편도 나도 의식주 문제에 아무런 불평이 없었다. 게다가 나는 30여 년 전부터 안방과 응접실에서 그림 지도를 해 왔는데, 그 일로 적은 수입을 도모하며 조촐하게 지낼 수 있었다.

심심해서 어떻게 하느냐고 걱정을 해 주는 사람들이 있는데, 원장이 30년 전부터 모이는 타임반은 그대로다. 그는 새벽마다 모여서 의서(醫書)를 읽기 위한 모임을 계속하고 있고, 콘사이스를 찾아가며 예습도 한다. 신문이나 텔레비전도 보고 방문객의 전화도 받고, 창가에 들여놓은 화초 시중도 한다. 가끔 건평이 100평이 넘는 집안을 돌아보기도 하면서 반년 간을 심심할 사이 없이 지냈다. 비용을 준비했건만 보청기도 맞추지 않고 조용히만 지내고 있다 보니 얼굴도 뽀얗게 되고 허리에 살이 올라 보기 좋아졌다.

평안의원이란 간판을 붙여 놓고 지내 온 50여 년의 세월을 되돌아보면 어려운 일들이 많았다. 밤중이라고 아픈 사람의 전화를 안 받을 수 없었다. 젊을 때는 밤중에 왕진을 다녔는데, 밤에 잠 한 숨 못 자고 이튿날 진료를 하는 날도 많았다.

병원에는 '선생님, 꽃구경 갑시다.'라든가 '송도로 점심 드시러 갑시다. 제가 한 턱 내렵니다.' 하는 손님은 없었다.

점점 어렵게 되었을 때 일하던 간호사가

"저는 앞으로 세 달 후까지만 근무하겠으니 후임을 구하시기 바랍니다. 컴퓨터 일을 하는 조그만 회사로 가기로 했어요."

하는 것이었다. 꼭 두 명씩 고용했던 것인데, 2년 전부터 한 명만 두었다. '노인 원장을 받들고 얼마나 어렵겠느냐'며 극진히 대접해 오던 터였다. 원장에게 그 말을 전했다.

"그래. 마침 잘 되었군. 나도 한계라고 생각하던 차이니 6월 말에 간판을 떼기로 하겠소."

남편은 그렇게 결단을 내린 것이었다.

20평 남짓 되는 진찰실의 원장실, 검사실, 조제실, 진찰실, 간호원실의 칸막이를 모조리 없애고 넓은 홀로 꾸며야 세를 놓을 수 있을 것으로 알고 의논을 했더니 영감은 '천천히 합시다.' 한다. 우리가 늙어서인지 머리도 몸도 빨리빨리 움직이지 못하는 편이니까 차차 처리하자며 보낸 것이 반년이 흘러 버렸다.

지난 설에 옛날처럼 선물을 들고 와 주신 분이 여럿 있었는데, 그들이 말했다.

"아이구, 원장 선생님, 피부도 매우 고와지신 것을 보니 좋습니다. 우리는 병원을 접으셔서 아쉽지만 선생님 부디 건강하시기 바랍니다."

참 다행이라고 생각했다.

이제 우리는 간판을 떼고 완전히 쉬게 된 셈인데, 언제 우리 생명이 끝날지 전혀 알 수 없기 때문에 정신을 차려서 생활을 잘 가꾸어 가야겠다고 다짐한다. 젊은 자식들에게 너무 짐스럽게 살지 말자. 기뻐할 연구를 많이 하자. 쉬지 말고 기도하는 시간을 날마다 갖자. 범사에 감사하자.

_2001년 2월

우리의
부부생활

20대에 나는 하나님의 명령에 순종하겠다는 마음으로 초등학교 교사직을 버리고 평양으로 시집을 갔다. 가난한 의사 남편에게 시집을 간 것이었는데, 지금 생각해도 참으로 용감한 신부였다. 서울과 평양은 풍속도 다르고 말도 너무나 달랐으니 말이다. 부모 형제를 모시고 하나님을 두려워하는 마음으로 착실하게 살겠다는 마음 맞는 젊은 남녀가 만난 셈이었다.

  목사님은 주례사에서 '일심동체(一心同體)되라.'고 하셨다. 일심동체를 외우면서 무척 노력은 했지만, 초등학교 교사였던 신부는 불만이 많았다. 나의 수입은 없어졌고 오로지 남편의 수입만으로 부모님과 네 아우들의 생활을 해 나가야 했으니 그럴 법도 했다. 월급은 계산도 하지 않고 칠십 노인인 아버지께 봉투째 갖다 드렸다. 그러면 아버지께서는 10분의 1을 주시면서, '의사 교통비로 갖다 주라.'고 하셨다. 쌀을 살 때도, '새아가. 쌀자루 들고 배급쌀 사러 가자.' 하셔서 따라나서면 당치도 않게 부족한 배급쌀을 사시고는 당신이 돈을 지불하곤 했다. 생활비로는 한 푼도 내주지 않는 요상한 살림을 하는 집이었다.

  그때 어머니 연세가 쉰넷이었다. 어느 날 어머니가 나를 불러 놓고 말씀하셨다.
  "야아, 나는 젱 살림을 해 나가기가 싫어서 네게 다 맡기니 맡아 해라. 설었어도 탓하지 않을 것이고 굶으라면 굶어야지 별수 있간. 이제 유식한 며느리가 왔으니 잘해 보라."
  나는 난감해 하며 말씀드렸다.

"어머니, 저는 살림살이를 못해서 부모님 모시고 살고 싶다고 했는데 무슨 그런 말씀을 하십니까."

쌀이 부족해서 강냉이, 수수, 조를 섞어 짓는 법부터 하나하나 배웠다. 부엌일을 하던 새댁 시절을 돌이켜 보면 하나님의 지휘를 받으며 사는 사람이어서 견뎠다고 생각할 수밖에 없을 정도였다.

새댁은 생소한 부엌 일이 힘들었으나 새서방은 좋기만 한 모양이었다.

"당신은 왜 인사도 않고 출근을 하십니까? 맨손으로 도시락 여섯을 싸는 방법이 없는데 어찌하면 좋지요? 여러 식구가 쓰는 물을 나 혼자 길어 댈 수는 없는데 어떻게 모두 이럴까요!"

내가 항의해 보아도 그저 마이동풍이었다. 오죽하면 건넛집 새댁이 찐 감자를 앞치마에 싸 들고 와서 먹으라고 줄 정도였다.

"목사님(나의 시아버님)네 새댁은 절구질도 그렇게 서툴고 물지게도 서툰 게 서울 사람이라 그런 게지요?"

건넛집 새댁의 말에 나는 씁쓸하기도 하고 부끄럽기도 했다.

정말 나의 솜씨는 서툴기만 했다.

당시에는 석탄가루를 물에 개어 놓고 불이 꺼지지 않도록 적당하게 때서 밥도 짓고 방도 데우며 지냈다. 불이 괄할 때 젖은 죽 같은 석탄을 척척 덮어 놓으면 한참 만에 마르며 타곤 했다. 밥솥은 들어낼 수 없는 것이니, 그 밥이 끓었을 때 진 석탄을 덮고 그게 피어나기 전에 밥은 퍼야 했다. 그 옆의 솥에다가는 우거지국을 끓여야 했다. 나는 그것이 도무지 서툴러서 식구들에게 미안한 적이 많았다.

그러나 진짓상을 갖다 드리면 무슨 뜻인지,

"너희 오만보다 훨씬 나아."

하고 시아버지가 칭찬 투로 한마디씩 하셨다. 내외분은 항상 다투시는 일이 많았다. 게다가 각방을 쓰기까지 했다.

신혼 방이라고 하는 것은 가로 세로 3미터짜리 온돌 방이었다. 시아버지께

진짓상을 갖다 드리는 방은 훨씬 작았다. 문을 잠글 수도 없게 되어 있고, 온 식구가 식사하는 방이 신혼 부부 방이다 보니 불편하기 그지없었다. 그러던 어느 날 시아버지께서 우리가 잠들어 있을 때 문(미닫이)을 여시고 웃으시며,

"그래야디. 금실이 도와야디. 허허허."

하시는 게 아닌가. 나는 안 되겠다는 생각이 들어 어머니께 작은 방으로 옮겼으면 좋겠다고 말씀드렸다. 방을 옮겼지만 그래도 오랫동안 불안해서 괴로웠다. 그런 상태에서 아기가 섰고 임신 중독으로 심하게 고생을 했다. 나는 부부 일심동체란 말은 절대로 가능한 말이 아니라고 깨달으며 살았다. 남편은 임신으로 인한 몸의 변화에 놀라며 시달리는 아내를 사랑했다. 그러면서도 아내의 과중한 노동을 덜어 줄 생각은 전혀 하지 못하는 것이다.

실제로 아기에 대해서도 엄마처럼 절실하지는 못한 것처럼 보였다. 성경에서 읽은 아브라함의 아내 사라가 90세에 이삭을 잉태한 이야기를 외우며 그를 아내로서 사랑해야 한다고 노력하며 금실 좋게 살았다.

6·25 동란 때였다. 나는 남편을 피난 가게 한 뒤, 세 딸을 데리고 친정 아버지를 4개월쯤 모시고 산 적이 있었다. 10월 중순에 돌아온 남편은 야윈 모습이었다. 남편은 나를 보자,

"어어, 당신은 얼굴이 좋아졌네."

하며 눈물을 흘렸다. 같은 곳에서 피난살이를 하고 돌아온 나의 어머니는 남편에 대해 이렇게 이야기했다.

"아이구. 아범이 속을 얼마나 썩이는지 혼이 났다. 인천이 함포사격을 받던 날 '오마니 내 옷 챙겨 주시라요. 데렇게 함포사격을 하는데 제가 어르케 여기 있갔나요. 가다 죽는 한이 있어도 가야 되갔시오.' 하고 떼를 쓰기에 '아이구 걱정 말게. 그까짓 딸만 셋을 낳은 마누라 함포에 죽으면 내가 새 마누라 얻어 줄게. 그만 진정하게.'라고 했다."

짐을 받아 드는 나에게 남동생은 또 이렇게 투정을 섞어 말했다.

"아이구 누나. 내 짐은 그만두고 저 뒤에 울면서 오는 매부나 맞으러 가슈. 아이구 우리 누나 참 대단합니다."

정작 남편은 어린애 같았다.

"다시는 장모님하고 같이 피난을 가지 않갔어. 얼마나 나를 못살게 구는지 혼났어."

나는 우습기만 했다. 사실 불안하기 그지없던 4개월 동안 왠일인지 체중이 늘었던 것이 사실이다.

이제 84세, 79세의 노인이 되어 모든 수고가 끝났다. 남편은 60년 동안 의사로서 아주 성실하게 봉사했다. 이제 우리는 인생의 마지막 코스를 어떻게 사랑하며 사느냐만 연구한다. 귀가 어둡기 시작해서 여러 가지로 조심할 일이 많아졌다. 조용히 천천히 얘기하든지, 써 드리든지 하면서 사랑하는 마음을 더 나타낼 결심을 하고 있다.

"여보. 이 짐 좀 받아 주셔요."

하면,

"응. 내가 들어다 줄게."

라고 응대하는 것이 요즘 우리의 모습이다.

우리는 한 이불을 덮고 산다. 늙은 영감의 소원을 들어 큼직한 이부자리를 마련했다. 아무리 한 이불을 덮고 살아도 일심동체가 아니라 이심이체라고 외우며 늙어 가고 있다. 영감이 돈벌이를 전혀 하지 않게 되자 살이 오르고 식사도 달게 하고 잠도 달게 든다.

_2001년 2월

결혼을 앞둔 수첩

30년 전 막내 딸을 시집 보낼 때나 요즘이나 혼수니 예단이니 하는 허망된 습관은 좀처럼 없어지지 않는다. 그래서 자식의 결혼이 축하할 일이 못 되고 눈물 흘릴 일이 되기도 하는 모양이다.

우리 집안의 어른들은 내가 딸을 넷이나 낳자, 딸 셋만 낳아도 집안이 거덜 날 뿐만 아니라 나중에 '아버지 코를 베주시라요. 제갈통(젓가락통)으로 쓰갔습네다.' 한다며 딸은 아예 낳으면 안 된다고 웃으며 이야기하곤 했다. 그 어른들을 모시고 살면서 연구를 많이 했다.

젊은 날의 나는 헛된 말을 옮기는 어른들을 싫어했다. 이불장에 알록달록 이부자리를 곱게 개켜 쌓아 놓고 평생 덮지도 않는 겉치레도 싫어했다. 쌀 100가마를 채우기 위해 이웃이 굶주리는 것을 아랑곳하지 않은 부자가 100가마를 채운 날 죽었다는 우화처럼은 살지 말자고 굳게 다짐했다.

시동생들과 내 아이들에게 대학생이 되면 용돈은 물론 학비도 스스로 벌어 쓰는 것이 원칙이라고 일렀다. 남편도 나도 이 점에서는 모범이 된 셈이었지만, 원칙대로 잘 안 됐다. 시대가 달라진 것인지는 모르지만 고학을 하겠다고 먼저 삼팔선을 넘어왔던 삼촌들도 우리가 넘어오자 함께 살았다.

나는 '최고의 교육을 받은 딸을 결혼시키면서 혼수에 무슨 큰돈을 쓰겠느냐. 잘못된 결혼 풍속을 나는 따라하지 말자.'는 마음가짐으로 아이들이 약혼을 하면 곧바로 수첩을 준비했다.

첫 장에는 결혼예식 연·월·요일부터 적고, 주례 목사님, 혼수, 예장, 예식장, 결혼 사진, 반주자, 축가, 축사, 피로연, 신혼 여행, 집, 장롱, 밥상, 책상, 이부자리, 큰냄비, 중냄비, 작은냄비, 주전자, 대야, 소쿠리, 체, 들통, 비누, 세제, 그릇, 주방에서 쓰는 수저와 기구들까지 꼼꼼하게 적어 갔다.

전에 딸을 시집 보낼 때의 일이다. 내가 수첩에 적은 것들을 그 아이에게 보여 주었다.

"이크, 살림을 시작하면서 이토록 어마어마한 준비가 필요하다니."

딸은 그것을 보고 숙연해졌다. 맞벌이하겠다는 딸이 너무 힘들지 않게 두루두루 살펴서 준비하려던 것이었다. 그런데 당사자인 딸은 남의 일처럼 말하는 것이다.

"어머니가 이런 것 다 준비해 주시면 우리는 할 일이 없겠네요. '아니, 찻잔이 없네. 사러 갔다 옵시다.' 하며 둘이 나가서 골라 사다 쓰는 것도 재미있을 텐데."

딸의 말을 듣더니 남편이 한마디 거들었다.

"여보. 너무 짜게 굴지 맙시다. 좀 값 나가는 것을 사 주도록 합시다."

그러나 나는 '날마다 물건들이 좋아지기 때문에 아직 갖지 못한 사람이 행복한 법이니까 최소한의 준비만 하기로 하자.'고 외우며 수첩에 적어 넣었다.

결혼 소식을 전하자, 친척들이 이것저것 사 주시겠다고 기별을 해 주었다. 수첩에 큰아버지 댁 현재 오빠, 신애 언니, 다섯째 작은아버지 등등 친척들 이름을 썼다. 그렇듯 고마운 사람의 선물도 겹치지 않도록 수첩을 봐 가며 부탁드리고 기쁘게 일을 진행해 나갔다. 물건 때문에 상대방의 인격을 깎아 내리는 일은 절대로 없어야 한다고 생각하며 일 처리를 했다.

나는, 딸이 결혼하고 곧 외국으로 공부를 하러 가니 넓은 세상에서 많은 것을 보기도 할 것이고, 자기들의 수입이 좋아지면 더 비싼 것을 마련할 테니 지금은 뭐든지 조촐하게 준비해도 짐스러울 것이라고 판단했다. 그 판단이 옳았다.

우리에게는 금전으로 살 수 없는 귀중한 것들이 있다는 것을 느끼며 헛소리는 조금도 하지 않고 수첩을 들여다보면서 일을 해 나갔는데도 실수가 더러 있었다. 실수는 큰딸의 결혼 예식 때 일어났다. '신부 입장!'이라는 사회자의 소리에 딸이 아버지의 손을 잡으려는데 갑자기 아버지가 얼른 비켜 서는 것이었다.

"안 돼, 내가 한 일이 뭐 있어야디. 엄마가 데리고 들어가야 돼!"

하는 것이다. 어젯밤에 오늘 예식을 준비하느라고 옷도 입어 보고 순서도 외워 보고 했지만, 엄숙한(우리의 결혼식은 몹시 조용해서 엄숙하기까지 했다.) 분위기 속에서 까만 치마저고리 차림의 신부 어머니가 딸의 손을 잡고 들어가고 아버지는 보디가드처럼 들어가는 모습이 되고 말았다. 사전 준비가 부족했던 탓이다.

그 외에는 큰 어려움 없이 우리 집만의 아름답고 자랑스러운 결혼 예식을 하나님 앞에 올렸다고 생각한다.

_2001년 2월

딸, 딸, 딸, 딸 그리고 며느리

직장이 대전인 막내 딸이 제 딸 경희가 고등학생이 되자, 경희에게 이렇게 말하는 것을 들었다.

"우리 경희는 여성 혈맥을 알지?"

그 말을 하면서 저희들끼리 웃는 모녀를 보면서, 한번은 내가 물은 적이 있다.

"그게 무슨 소리냐?"

"나의 외할머니, 어머니, 나 그리고 내 딸 경희는 같은 핏줄이라는 뜻이죠."

이렇게 말해 놓고 모녀는 또 웃었다.

바쁜 어미가 '내 딸아 멋있게 살자.' 하고 격려하고 싶을 때마다 구호처럼 외우는 말이라는 것을 알았다.

나는 현재 큰딸, 둘째 딸, 셋째 딸, 넷째 딸, 외며느리와 같이 살고 있는 셈인데, 무척 고맙고 행복하다.

30년 전 맏사위가 연애할 때 우리 집에 자주 오는 것을 내가 말리자 맏사위가 말했다.

"이렇게 생각하시고 내버려 두십시오. 어떤 나그네가 꽃밭을 발견하고 들어와 앉아 피곤도 잊고 일할 힘도 얻는다고 말입니다."

나는 대단한 표현이라고 감탄했다.

그때 우리 집 큰딸이 대학 졸업반이고, 둘째는 이대 2년생, 세째는 고3, 넷째는 고1이었으니, 정말 꽃밭은 꽃밭이었다.

그 꽃밭에서 자란 큰딸이 결혼한 후 시할머니가 몹시 아픈 일이 있었다. 병원에 모시고 다니다가 시원하게 낫지를 않는다고 우리 집으로 모시고 왔다. 장티푸스였던 것으로 기억하는데, 치료가 잘 되었다.

"할머니, 이젠 다 나으셨으니 집으로 가시지요."

손주며느리가 이렇게 말씀드렸더니,

"그래, 다 나았다, 그런데 나 여기서 조금 더 있다가 가면 안 될까?"

하는 것이다. 그래서 보름하고도 닷새를 더 계시다가 가셨던 생각이 난다.

큰딸은 시댁 어른들뿐만 아니라 시동생, 두 시누이와도 바람직하게 사랑하며 지냈다. 남매를 낳아 기르며 그림을 그리며 살고 싶다는 소원도 이루고 친정에도 맏딸다운 몫을 하며 항상 기뻐하는 가운데 지내고 있다.

둘째 딸은 유아교육과를 졸업한 뒤, 서울 YMCA 유치원에 근무하다가 연세대 경영학과를 졸업하고 해병대에서 군대생활을 마친 청년과 결혼해서 캐나다 토론토로 이민을 갔다. 지금은 형제를 낳아 기르며 잡화상을 경영하고 있다. 1993년에 토론토에 갔었는데 형제가 정말 재미있게 지내고 있었다. 둘이서 바이올린을 연습하고 청소를 하고 공치기를 하고 번 차례로 원맨쇼를 연출하며 킬킬대기도 했다. 한밤중에 비가 새는 지붕을 아범하고 손을 본다며 플래시를 비추며 수고하는 모습을 보고 그렇게 흐뭇할 수가 없었다. 네 식구가 한 여성을 중심으로 항상 웃으며 기쁘게 살고 있다. 지난 해에는 대학 졸업반인 작은 아들이 연세대 한국어학당에 왔다 갔는데, 말이 문제가 안 되는 기쁨을 맛보며 지냈다.

셋째 딸은 서울사대 국어교육과를 마치고 서울 영동중학교, 봉천여중교에서 교사로 6년 반을 근무하다가 전업 주부가 되었다. 2남 1녀를 낳고 스물여섯에 홀로 되신 시모님을 모시고 예쁘게 살림을 하고 있다. 식물학자인 사위는 100여 평 되는 정원을 아름답게 꾸미고 꽃이 피면 기별해 주어 기쁘게 그림을 그리러 가기도 한다.

한번은 봉선화가 한창인 뜰을 그리고 있는데 중학생인 손녀 시내가 피아노로 소녀의 기도를 치고 있다가 나에게 오더니 그림을 들여다보며 말했다.

"할머니, 할머니는 어떻게 이렇게 아름다운 그림을 그리셔요? 저는 피아노를 치다가 너무너무 행복해 가슴이 벅차서 할머니께 그 얘기를 해드리려고 나왔어요."

"그러게 말이다. 정말 꿈이로구나. 우리가 이렇게 행복하니 얼마나 감사하냐? 난 하루에도 몇 번씩 '에그, 어떻게 이렇게 감사할까.' 하며 감탄한단다. 고마운 때 '고맙습니다' '감사합니다'라고 해야 된단다. '지금은 아니지만 그때는 좋았지.'는 안 되는 거야."

그때 시내 할머니께서 잔디 사이의 잡초를 손으로 뽑으시다가 한 마디 거들었다.

"아이고, 우리 시내, 외할머니도 모시니 너무 좋아 피아노도 못 치겠는가 보다. 네 말이 내 말이다. 네 아범이 이렇게 집도 짓고 느그들 삼남매가 아무 탈 없이 공부하니 을매나 보기 좋은지 모른다. 사돈님, 저는 아무 욕심 없어예. 스물 몇 살부터 시어머니께, 얘 아범 맡겨 놓고 공장에 다녔거든요. 결혼생활 했던 기억도 없어예. 애들이 이렇게 잘 해 주니 뭐 부러운 것이 하나도 없어예. 저기 병원에 봉사활동 나가서 내가 자랑만 하거던요. 모두 부럽대요."

하는 것이다. 이런 시모님의 사랑과 협조가 얼마나 큰 재산인지를 새댁 시절부터 잘 알고 지낸 며느리는 미혼모를 지원하는 '마리아의 집'이라는 곳에서 16년째 강사로서 봉사하고 있다.

넷째 딸은 서른 살이 되었을 때, 서울대 식물학과에서 박사학위 과정을 밟고 있었다.

어떤 날은 이런 말을 했다.

"어머니는 막내 딸 시집 보낼 걱정을 하고 계셔요?"

"담벼락하고 결혼하라고도 못하는데 기도만 하는 것이지."

"그런데, 내 친구 어머니는 '야, 서울대에 다닌 지가 8년인데 왜 연애도 못하니? 약혼하면 선물로 주려던 시계가 구형이 돼 버렸다고 바꾸래서 바꿔 왔어. 빨리 하나 골라잡도록 해라.' 하신대요."

그 아이는 결국 홀아버님을 모시고 칠남매의 맏아들인 청년의 아내가 되었다.

사위는 결혼하고 나서 미국에 2년, 영국에 4년 유학을 다녀온 후 현재 육군본부에 있다. 사위가 외국에 있는 동안에 딸이 쫓아가서 같이 지내다 오기도 하며 남매를 낳아 길렀다. 사위의 동생들 중 막내만 아직 총각이고 모두 짝을 만나 독립했다.

현재 막내 딸은 배재대학의 자연과학대학 학장으로 일하고 있다. 그녀가 학장으로 임명될 당시, 남편에게 전화를 걸어 앞의 일을 상의하였더니 '학장은 아무나 하는 것이 아니야. 집안 일은 우리가 다 같이 해 나가지.' 하며 밀어주었다는 얘기를 듣고 참으로 멋진 사위라고 감탄했다.

시누이가 네 명이라면 대개 머리를 설래설래 젓게 되는데 나의 외며느리는 전혀 그렇지가 않다.

"그 누님은 어찌 그토록 복이 많을까요? 자식 복도, 남편 복도 정말 대단하시네요."

하며 도리어 부러워한다.

모두가 바쁘지만 설날과 부모의 생일에는 어떻게든 틈을 내서 달려오기 때문에 나는 조촐하게 손님 맞을 준비를 한다. 며느리가 번번이 김치, 깍두기, 물김치를 담가 준비를 해 주고 당일에는 어른들을 모시고 사는 시누이들이 빈손으로 돌아가는 일이 없도록 떡과 전유어와 특별한 음식들을 싸 놓았다가 주기까지 한다. 그럴 때마다 딸들은 이렇게 외우는 것이었다.

"고맙기도 해라. 천사가 따로 없네."

뿐만 아니라 다급한 시간에 얼마나 지혜롭게 일을 하는지 나까지도 그애에게 감탄할 때가 많다.

"너 아니면 큰일 날 뻔했구나. 고맙다."

지난해 캐나다 토론토에 있는 둘째 딸의 작은 아들, 그러니까 나에게는 손자 되는 녀석이 와서 며칠 묵어 간 일이 있었는데

"외숙모님, 너무 멋있어요."

라고 해서 나를 놀라게 했다. 게다가 그 외숙모는

"어떻게 저렇게 잘 길렀을까요? 너무 좋은 청년이네요."

하고 말해 주어 또 나를 기쁘게 했다.

20년 전의 일이다. 어려서 뇌막염을 앓고 지능이 나쁜 줄로 잘못 알고 글씨도 모르는 채 초등학교 졸업장을 탔다는 아가씨가 나를 찾아온 일이 있다. 나를 도와주며 공부를 하고 예쁘고 씩씩한 여성으로 변해서 시집을 갔다.

내가 낳지는 않았어도 온 가족의 사랑을 받았고 나에게도 극진한 도움을 준 까닭에 그녀의 결혼 예식에 딸, 사위들이 다 모였다. 예식과 피로연에 참석한 뒤 다방에서 차를 마셨다. 그 자리에서 셋째 딸이 나를 보고 말했다.

"어머니, 너무 큰 수고를 하셨네요. 오늘 무척 행복하시지요? 이제 어머니에게는 한 가지만 남은 셈이네요."

"그래, 고맙다. 그런데 남은 한 가지가 무언데…?"

"외며느리 고운데 없다는 속담이 있는데, 우리 어머니가 바로 외며느리가 미워서 애를 쓰시게 될까 봐 걱정이네요. 기도 많이 하셔요."

"정말 그렇구나. 너희들도 도와다오."

그리고 외며느리를 맞았다. 놀랍게도 나의 기도는 이루어졌다. 속담은 헛소리였다.

_2001년 3월

육아일기를 쓰는 모임

서울 신설동에 진흥문화사가 있다. 이 건물의 3층에는 아트홀이 있는데, 그곳 관장인 맏딸로부터 어느 날 청을 받았다.

"화요일마다 10시 반부터 오후 4시까지 육아일기를 쓰고 싶은 분들을 도와 주실 수 있을까요?"

나는 쾌히 승낙했다.

2000년 11월 7일에 첫 인사를 했고 3개월이 지나 끝난 분들의 것을 제본해서 2월(2001년) 3일에 축하 파티를 가졌다. 그리고 또 2001년 2월 6일부터 새로 육아일기 강좌를 시작했다.

육아일기 강좌 2기의 첫날 모임에서 유명애 관장은, 다음과 같은 인사말을 했다.

"한 달에 3만 원을 내시고 화요일마다 10시 반부터 오후 1시 반까지 나오십시오. 종이, 팔레트, 물감, 붓, 연필, 지우개는 몽땅 여기서 준비해 드리겠습니다.

여기 박정희 할머니가 준비해 온 진행표를 복사하여 가지고 부지런히 그리고, 쓰시도록 하십시다. 사실 관장인 저도 안 쓰고 살아왔는데, 지난 번에 스물여섯 살인 딸아이가 '어머니, 내 육아일기 꼭 써 주셔요. 시집갈 때 아무것도 해 주지 말고 육아일기는 써 주셔요.' 하더라구요.

그런데 아들이 서른 살인데 이번 정월에 첫 아기를 낳게 되었어요. 선물을 보내 주고 싶다고 생각하다가 아빠의 육아일기를 쓰고 그래서 보내자고 생각을 했어요. 이메일로 그 뜻을 전했더니 아들이 너무너무 고맙다며 빨리 보내 달라고 하네요. 그래서 석 달치를 등록했습니다. 부지런히 그리겠습니다. 직접 지도해 주실 박정희 할머니의 인사 말씀이 있겠습니다."

하며 관장은 나를 소개했다.

"나는 79세 된 박정희 할머니입니다. 여러분들을 만나 뵙게 되어 반갑습니다. 50년 전, 40년 전만 해도 육아일기를 남들도 다 쓴 줄 알았어요. 우리 집 아이들이 읽고 또 읽으며 안방에 굴러다니던 것이 이토록 귀중한 기록물이라고 대우를 받게 될 줄은 정말 몰랐어요.

지난 해 12월 17일 KBS 일요스페셜에서 저녁 8시부터 한 시간 동안 '사랑, 박정희 할머니의 육아일기'라는 제목으로 방송이 되었는데 그 뒤로 '늦었지만 쓸 수 있을까.', '쓸 수 있게 가르쳐다오.' 하는 요청이 컴퓨터 인터넷에 많이 올라와서 이런 모임을 갖게 되었다고 들었습니다.

여러분들이 용기 내신 것 참 잘했습니다. 저는 오랫동안 그림을 그려 왔기 때문에 여러분들이 이런 것을 그리고 싶다고 말하시면 구도를 잡아 드리고 본을 떠 드리고 하면서 그릴 수 있게 도와드리겠어요.

인사는 여기까지 끝내고 오늘 첫날의 작업을 시작합시다."

나는 칠판에 첫날 〈① 표지 그리기와 제목 ② 머리말〉이라고 크게 적고 본보기를 돌렸다.

"가운데다가 나처럼 '명애'라고 이름만 써도 좋고 이분처럼 '우리 집의 천사 다스리'라고 쓰셔도 좋지요. 그리고 둘레에 꽃이나 열매나 나뭇잎을 그려서 장식을 합시다. 초등학교 때나 중학교 때로 돌아가서 그리는 거지요. 그림은 60세에 시작하셔도 가능하니까요."

모두가 꿈에 부풀어 활발하게 시작했다.

"나는 목련으로 테두리를 장식하고 싶어요. 어떻게 하면 될까요?"

"진달래를 그리고 싶은데 어느 빛깔로 칠할까요?"
"해바라기를 연필로 그려 주세요."
"나는 후리지아로 테두리를 장식하겠어요. 본을 떠 주세요."
"목욕을 시키고 보니 둘째 발가락이 이상하게 길더라구요. 그래서 자꾸만 들여다봤는데 그것을 그림으로 나타내고 싶거든요. 어떻게 그리면 될까요?"
"너무 썰렁한데 어떻게 하면 좋을까요?"
"어머나, 잠깐 손을 대 주시니까 이렇게 그림이 살아났으니 웬일일까요?"
"두 살 때 엄마가 회사에 근무하게 되자 너무 피곤해서 아기를 할머니께 맡기고 아빠가 올 때까지 폭삭 잠이 들었거든요. 그것을 여기에다 그리고 싶어요."
"우리 집은 개나리, 진달래가 만발했었고요, 저 멀리 도봉산이 보이고요, 대문은 요기 있는데 나는 아기를 안고, 시누님은 보따리를 들고 병원에서 집으로 왔거든요. 그 그림을 이 만치에다 그려 주셔요. 우리 시누님은 미인이시고요."
바쁘고 즐겁게 시간 가는 줄 모르고 돕다 보니 11월, 12월, 1월이 훌쩍 가버렸다. 그것에 글을 써 넣고 페이지 표시를 하고 문방구점에서 코팅을 하고 책을 매니 얼마나 호사스러운지 모른다.
2월 3일 완성된 육아일기를 딸 아들에게 전하는 파티를 열었다. 엄마가 자기가 쓰고 그린 육아일기의 한 토막을 읽고 아이에게 넘겨주었는데 읽는 엄마의 눈에서 눈물이 떨어졌다.
"어머니, 고맙습니다."
아들도 엄마를 껴안으며 눈시울이 붉어졌다. 내가 우리 아이들이 일곱 살, 여섯 살 때
"현애, 책 다 되었다. 옛다!"
하고 했을 때는 너무 좋아서,

"어머니, 고맙습니다. 하하하!"
하며 웃기만 했었다. 어른이 된 뒤에 전하고 받을 때는 감동이 진한 모양이다.

_2001년 3월

| 추천의 말 |

나의 장모님,
시편 92편을 떠올리며

나는 결혼 후 줄곧, "박정희 할머니"를 "인천어머니"로 불러왔다. 간접 호칭 때, 다른 명칭을 쓰려면 어색한 느낌이 든다. 뭐 특별한 일은 아니다. 그러나 10여 년 전, 인천어머니가 수채화 모녀전을 열면서 딸의 권유로 내놓은 '육아일기'가 세인의 주목을 받으면서, 그리고 그 일기가 책으로 출판되면서, 나는 가끔 다른 사람들 앞에서 인천어머니를 간접적으로 어떻게 불러야 할지 고민스러웠다. 이 글을 부탁 받았을 때도 맨 먼저 떠오르는 생각이 그것이었다. 그래 내 편한 대로 나에게 늘 따듯함을 선사하는, "인천어머니"란 호칭을 사용하기로 했다.

인천어머니의 삶은 특별하다. 동시에 소박하고 평범하다. 모든 평범한 일상이 모여 "아름다움"으로 가득한 특별한 삶을 일군다. 물론 그녀의 성장배경이 평범하지 않고 그것이 그녀의 삶을 모습지어 왔음에 틀림없다. 그녀는 우리나라에서 가장 오래된 기독교 집안에서 태어났고, 평생을 시각장애인의 눈을 뜨게 하는 일에 헌신한, 그리하여 한국의 모든 시각장애인들이 아버지라고 부르는, 엄격하나 자애로운 아버지(송암 박두성 선생) 밑에서, 그리고 신학문을 배우고 지혜롭고 말없이 사람들의 아픔을 보살피고 마음을 품어 준 어머니(김경내 권사) 밑에서 자랐다. 그녀는 처녀 때에는 당시의 여성으로서는 최고의 교육을 받아 교사를 지냈고, 혼인을 해서는 독립운동을 하다 옥살이를 하고 진로가 바뀐 평양의 가난한 목사(유두환 목사) 집안의 며느리가 되어 대가족의 살림을 책임졌다. 남편은 의사였지만 한 번도 풍요의 삶을 택하지 않았다. 한마디로 매우 특별하다. 당시에는 물론 요즘 기준으로도 엘리트였으나, 그런 겉모습은 어디서도 찾을 수 없다. 인천어머니는, 내가 아는 한, 한 번도 세속적으로는 남에게 선망의 대상이 되는 삶을 살지도, 추구하지도 않았다. 그녀는 평생 가난한 동네에서 살았고, 가난한 교회를 섬겼고, 사람을 차별하지 않고, 많은 어려운 사람들의 친구, 누이, 어머니, 할머니로서 살았다. 그녀의 주위는 늘 온갖 부류의 사람들로 가득하다. 남편을 여의였을 때는, 세무서 직원이 병원 간판을 떼어 가 그 뒤에 "평안 수채화의 집"이라고 써 가지고 와서 다시 제자리에 달아 놓았다. "수입도 없는데 할머니 전기세라도 줄여 드려야겠다."고 한 일이란다. 그래서 또 그 간판을 보고 여러 사람이 찾아온다. 그런데 그 수채화 교실이 정말 진풍경이다. 한번은 내가 갔을 때, 거기에는 초등학교 학생, 공장 노동자, 그 집 문 앞에서 풀빵 파는 아주머니, 뇌성마비 청년, 지체장애우, 수녀님, 스님, 목사님이 한자리에 모여 즐겁게 웃으면서 함께 신나게 그림을 그리고 있었다. 모두가 인천어머니가 좋단다. 누가 자기 같은 사람도 그림을 그릴 수 있느냐고 물으면, "눈과 마음만 있으면 그리지 별거냐?"는 것이 그녀의 대답이란다.

인천어머니의 허름한 장롱은 보물단지다. 그 곳은 잡동사니로 보이는 원고와 메모로 가득하다. 그러나 그 어떤 것도 특별한 목적을 가지고 써진 것이 아니다. 인천어머니는 줄곧 삶을 소중히 여겼고, 주위 사람들을 사랑했고, 이웃에게 관심을 보였다. 원고는 바로 이들에 대한, 어떻게 보면, 지극히 사적인 이야기를 담고 있다. 이미 200자 원고지로 600매가 넘는 '맏사위'라는 원고의 존재가 알려졌고, 본인이 결혼할지 말지를 결정하기 위해 후보 배우자와 앙케이트를 주고받은 얘기라든가, 부모님과 시부모님의 임종기도 일부 소개된바 있다. 한국전쟁 이후 줄곧 써온 가계부를 비롯해, 얼마나 많은 얘기를 썼는지는 우리도 아직 모른다. 본인도 잘 모를 것 같다. 우리가 외국 유학시절에 받은 편지만 해도 족히 200통은 될 것이다. 매 편지마다 빽빽하게 두세 장씩 썼으니 말이다. 가끔씩 그것을 꺼내 읽으면, 내 삶이 되살아나는 감동을 느낀다. 세상 얘기, 의례적인 얘기가 아니라, 우리 가족, 우리 주변의 얘기로 가득하기 때문이다. 인천어머니는 여지없는 얘기꾼이다. 혼인 후 언제나 가난한 대가족의 살림을 책임지느라 누구와 수다를 나눌 시간도 없이 지내 온 그녀로서는 자신에게 얘기할 수밖에 없었고, 그 얘기가 소중해 글로 남겼으리라. 사람들이 말하는 그것의 역사적, 사회적, 문화적 자료로서의 가치에 대한 평가는 그녀를 어리둥절하게 만들 뿐이다. 인천어머니가 "내가 살아있다는 것을 내 자신에게 깨우치기 위해, 글을 잊지 않기 위해 쓰기 시작했다."고 한 말이 생각난다. 없는 짬에 남의 눈에 띄지 않게 말이다. 그래서 나는 인천어머니의 글을 어떤 것과도 비교할 수 없는 특별한 의미를 갖는 것으로 여긴다.

인천어머니는 탁월한 교육자다. 그것은 그녀의 아이들에 대한 사랑의 자연스러운 결과다. 그녀는 좋은 장난감이나 인형 등이 없는 어려운 시기에 20년 동안 인천화도 유치원 원장을 맡아 운영하였다. 그녀는 손수 아이들에게 헝겊 장난감을 만들어 주고, 동화 속 인물들의 의상을 만들어 입히고, 아이들과 함께 얘기하고, 만들고, 그리고, 노래하고, 뛰었다. 그녀가 관심과 창의력만으로 최고의 교육환경을 만들어 온 것은 널리 알려진 얘기이기도 하다. 전쟁 이후 황무지 같은 환경에서도, 인천어머니는 조카들, 자신의 아이들, 동네 꼬마들까지 열댓 명을 데리고 다니며, 인천 앞바다에서 수영을, 공설운동장에서 스케이트를 가르쳤고, 장소가 허락하면 노래와 간단한 악기 연주까지 가르쳤다. 아내와 연애할 당시, 인천을 방문할 때, 나 또한 가끔 조교로 동원되기도 했다. 쉰 살이 훌쩍 넘은 이 아이들은 아직도 그때의 행복을 잊지 못하고, 만나면 그때의 얘기로 꽃을 피운다.

인천어머니는 그림 그리기를 좋아한다. 아니 사람들은 그녀를 화가, 수채화가라고 부르기도 한다. "글을 쓰면서 그림은 언제 그렸지?" 하는 의문이 떠오른다. 그도 그럴 것이 그림은 글보다 훨씬 번거롭다. 공간과 모델이 필요하고,

재료도 있어야 한다. 또 사람의 눈에 띄지 않을 수 없다. 그러나 아무리 조건이 열악하더라도 예술적 열정은 어찌할 수 없는 모양이다. 처음에는 큰딸에게 그 열정을 쏟았고, 환갑이 지나 자기 시간을 갖게 되면서부터는 본격적으로 자신의 그림 세계를 만들어 갔다. 화가로 등단하기를 바라서가 아니라, 가지각색의 꽃과 풀, 나무, 언덕 등, 하나님이 창조한 평범한 자연이 너무 아름답고 신비로워 보고 지나칠 수가 없어서, 또 다른 사람들과 이 기쁨을 함께 나누고 싶어서 소박하게 고민하지 않고 그려 왔다. 그래서 인천어머니의 그림은 자연의 소리를 가감 없이 들려주고, 생명의 기쁨을 한껏 품어 낸다. 그 가운데 있으면 나도 자연의 일부가 되어 그것들과 친구가 되는 피조물의 행복에 젖어 들게 된다. 인천어머니의 그림은 누구나 좋아한다. 전시장에만 가면 주눅이 드는 사람들도 "옛날 우리 동네 같다."하면서 즐거워하고, 이제 막 말을 배우기 시작한 애기들도 "꽃이다."하고 탄성을 지른다. 인천어머니는, 그렇게 전하기 어렵다고 하는, 창조주의 인간을 향한 사랑을 아무 거부감을 주지 않으면서 쉽게 전한다. 그래서 그녀는 자타가 인정하는 "천재(天才: 하늘이 선물한 재능)"인가 보다. 아름다운 피조물을 통해 창조주를 노래하고, 주위 사람들과 사랑과 기쁨을 나누는 것이 너무 좋아 인천어머니는 아파도 쉬지 않고, 걷지 못하면 기어 다니면서도 그림을 그린다. 나이도 있고, 몸도 약해, 이제 못 일어난다는 전문가의 경고가 무색하게, 지팡이도 내려놓고 쌩쌩하게 다시 걷고 그림을 그려 주위 사람들을 놀라게 한 것이 한두 번이 아니다. 그림이 그녀에게 생명을 주는 것 같은 느낌마저 든다. 그러나 그녀는 틀림없이 하나님께서 자기의 그림을 좋아해 그림을 계속 그리도록 하신다고 믿고 있다. 그녀는 한 번도 그림을 위해 그림을 그린 적이 없다. 그래서 사람들의 평에 별 무관심이다.

매일매일이 인천어머니에게는 새로운 날이다. 그녀는 감사와 간구로 하루를 시작한다. 모든 일에 눈물로 감사하고 성령의 인도를 구한다. 그리고 힘찬, 기쁨에 넘치는 하루가 이어진다. 주위 사람들은 아무리 어려워도, 그녀가 자기들을 위해 기도하고 있다고 믿기에 힘을 얻는다. 그리고 어려울 때는 찾아와 의논하고 좋은 일이 있으면 제일 먼저 알리기 위해 바로 달려온다. 아예 온 가족이 함께 방문하는 것이 보통이다. 그녀의 입에서는 늘 창조주에 대한 찬양이 흘러나온다. 아직도 나에게는 그녀의 일상이 신비롭다. 나는 시편 92편을 읽을 때마다 인천어머니를 떠올리고, 인천어머니를 생각하면 시편 92편이 떠오른다. 아래 부분을 읽으면, 그것이 그녀의 끊임없는 읊조림으로 다가온다.

"여호와께 감사하며 그 이름을 노래하는 일, 지극히 높으신 하나님, 그보다 더 좋은 일이 어디 또 있사오리까? 아침에 당신의 사랑을 알리며 밤마다 당신의 미쁘

심을 전하는 일, 그보다 더 좋은 일은 다시 없사옵니다. 열 줄 비파와 거문고를 뜯으며 수금 가락에 맞추어 노래합니다. 여호와여, 당신의 업적 생각하며 이 몸은 행복합니다. 손수 이루신 일들을 앞에 그리며 환성을 올립니다. 여호와여, 하신 일이 어이 이리 크시옵니까? 생각하심 또한 어이 이리 깊으시옵니까? 여호와여, 당신만은 영원토록 높으십니다." (공동번역)

시편 92편의 뒷부분은 이제 90세를 바라보는 인천어머니에 대한, 이미 이루어진 그리고 현재 이루어지고 있는, 하나님의 축복임에 틀림없다. 우리에게 이는 그녀의 삶의 증거요, 그녀를 위한 기도이기도 하다.

"의로운 사람아, 종려나무처럼, 우거지고 레바논의 송백처럼 치솟아라. 우리 여호와의 집안에 심어진 자들아 하나님의 뜰에 뿌리를 내리고 우거지거라. 늙어도 여전히 열매 맺으며 물기 또한 마르지 말고 항상 푸르러라. 그리하여 나의 반석이신 여호와께서 굽은 데 없이 곧바르심을 널리 알려라." (공동번역)

권태환 / 맏사위, 서울대 사회학과 명예교수 /